本书为 2016 年度浙江省社科规划后期资助项目"渥川历史文化寻踪与研究"（16HQZZ30）研究成果

浙江省哲学社会科学规划
后期资助课题成果文库

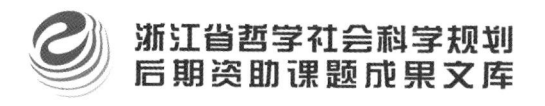

渥川历史文化寻踪与研究：
基于梁村古籍文献整理

Wochuan Lishi Wenhua Xunzong Yu Yanjiu:
Jiyu Liangcun Guji Wenxian Zhengli

王泽玖　吴志华　著

中国社会科学出版社

图书在版编目(CIP)数据

渥川历史文化寻踪与研究：基于梁村古籍文献整理 / 王泽玖, 吴志华著.
—北京：中国社会科学出版社, 2017.4
（浙江省哲学社会科学规划后期资助课题成果文库）
ISBN 978-7-5203-0222-7

Ⅰ.①渥… Ⅱ.①王…②吴… Ⅲ.①村史-丽水 Ⅳ.①K295.55

中国版本图书馆 CIP 数据核字（2017）第 086521 号

出 版 人	赵剑英
责任编辑	宫京蕾
特约编辑	乔继堂
责任校对	张依婧
责任印制	李寡寡

出　　版	中国社会科学出版社
社　　址	北京鼓楼西大街甲 158 号
邮　　编	100720
网　　址	http://www.csspw.cn
发 行 部	010-84083685
门 市 部	010-84029450
经　　销	新华书店及其他书店
印刷装订	北京君升印刷有限公司
版　　次	2017 年 4 月第 1 版
印　　次	2017 年 4 月第 1 次印刷
开　　本	710×1000　1/16
印　　张	27.25
插　　页	2
字　　数	448 千字
定　　价	108.00 元

凡购买中国社会科学出版社图书，如有质量问题请与本社营销中心联系调换
电话：010-84083683
版权所有　侵权必究

前　言

渥山耸兮昂昂，渥水流兮汤汤。
思伊人兮何在？徘徊兮独石桥边。

——清·梁大钦

渥川，即今之梁村，又称梁溪，坐落于浙江丽水城西北龟山之麓，狭长谷地之中，距市区32公里。清流潺潺的渥溪穿村而过，气候宜人，土地肥沃，因此古称"渥川"。

渥川梁氏，宋时即为括苍望族。宋太平兴国年间（976—984），由福建移居处州城的梁旃兄弟见渥川泉甘土厚，遂从城内迁居于此，繁衍子孙，至今已有1000余年。梁氏定居后，因而又名"梁村"。

梁村，唐宋元明属处州丽水县懿德乡；明景泰三年（1452），丽水析置云和、宣平两县，梁村归属宣平；1958年4月，宣平撤县，分属丽水、武义两县，梁村重回丽水县，属梁周乡，乡公所驻地于此。后改属丽水市曳岭区永丰乡。2000年，丽水市撤市设区，梁村属莲都区老竹畲族镇，现有村民440余户，人口1297人。以梁氏为多、陈姓次之，另有王姓等散户。

古渥川梁村，苍松蔽日，景色宜人。神奇的景致，古老的传说，赋予这座亘古秘境以无穷韵味。光绪《宣平县志》载，此地早有"花楼绝巘、高峰卓笔、白象卷鼻、飞鹤下田"等渥山十景以及"澄潭石龙、半岭石鼎、渥溪水柱、石桥仙踪"。《梁氏宗谱》有诗赞曰："先茔前苍松环抱，祖庙外古柏平排。十里石龙潜水底，几枝文笔贞山隈。""一枕微凉足午熏，万竿绿竹净无尘。世人欲避炎炎暑，此地能令暑避人。""苍松环抱""古柏平排""万竿绿竹"，渥川之秀，意蕴之古，油然而生，更有流传千年的"丙星化羽""法善试剑""水柱祥瑞"等奇观异迹，让历代文人墨客溯源探幽，流连忘返。

　　古渥川梁村，耕读传家，人杰而地灵。"不求代代有富贵，但求儿孙出秀才"，渥川名宦贤士，代不乏人。梁氏先人青灯苦读、金榜题名的故事，在《处州府志》《丽水县志》《宣平县志》《梁氏宗谱》等典籍里多有记载。在一个小小的村落里，历代科举渥川梁氏的入仕规模令人惊叹，共有进士11人、举人3人、贡生35人。此外，梁氏还有通过征辟、人才、武功、荫庇等途径进入仕途的达120余人。族中魁伟者，有宋代名宦，缙云郡公梁汝嘉，治钱塘都邑，功在千秋，《宋史》（中华书局本）传评："汝嘉长于吏治，在临安风绩尤著"；宋代书家梁安世，文章书法，名于一时；宋代吏部侍郎梁季苾，为国宣劳，创办慈院，两袖清风，时以廉吏著称；元代梁载，通经博学，以经学大师名世，其侄梁琪、梁完、梁珪，均为文学世家；明初梁道高，荐任知州，勤政廉洁，政声卓著，州人奉为名宦。

　　古渥川梁村，积善行德，源远而流长。宋代乡贤梁侅创义塾，建廊桥，年八十二被请为郡县乡饮大宾；明代善士梁应期，捐谷四千石，施粥救灾民，其子一鸿，传承父志，建桥筑庵，施茶利民；康熙耆老梁尚璧，焚券拯佃农，待仆如子女，年八十一被请为府县乡饮大宾；道光寿妇梁褚氏，行事豁达，乡党恭睦，五世同堂，年逾百岁。梁村不仅是慈善之地，也为长寿之乡。今之贤达王君岳成，自祖父赘居于此，祖孙三代崇尚以德为邻，友善乡党，承先祖厚德之风尚，捐助巨资，修桥筑路，缮葺古居。

　　古渥川梁村，忠勇义士，刚健豪迈。北宋梁孚将，兄弟四人，协力御敌，血战东岩，泣惊鬼神；明代梁淬，力能扛鼎，韬略满腹，平定苗叛，叔侄殉国；景泰梁秉迩，突入敌阵，斩酋两首，乱刀割面，至死不降；咸丰梁毓才，组织乡勇，捍卫桑梓，激战众敌，乱刀而亡；民国郑和斋，乃梁氏后裔，入党革命，抗税抗粮，身陷囹圄，斗争不止，狱中就义。当代有梁士宏、梁廷还和梁礼德，为国捐躯。

　　渥川美景，似展画屏幅幅，恰缘翠霭堆堆。梁氏先祖，名宦贤达代代，忠勇义士时时。美哉，千年渥川，景致幽幽；壮哉，渥川千年，俊杰衮衮！

戏作渥川山水记

清·梁大钦

  豫章岩峰峦万仞，巧丝路脉络千寻。屈曲迂回下展，平原十里纵横，怀抱中藏村落一区。后倚大人凸，安稳有如盘石；前看午石山，嶙峋确似锦屏；左拖白象卷鼻，右伏天鹅孕胎。水门外豆麦芃芃，义学前桑麻郁郁。名胜实繁，称奇不一。像六藏而号龟山，形四绝而称牛寨。白马半天隐现，乌熊平地有无。牛坞阔而鹅坞圆，龙潭深而碧潭浅。香炉峰远峙天师岗外，豆腐石常依寡妇岩边。金蛇百丈已成丘，老龙千载犹存殿。苦竺岭苦竹连云，杨梅塘杨梅胜火。走马岭头枫树满湾，家狗丘下桑园一片。桃花洞花飘红雨，碓臼饭甑俱全。麻蛇坑蛇吐黑风，蜈蚣蛙蟆并到。芭蕉数卷仙人宅畔高撑，葫芦一提道士腰边紧羁。破头山莫不是五丁经过，合掌岩却除非大士化生。花楼轩厂石桌台，金校椅千古常新。灯盏光明雾岭亭，云峰寺一齐普照。若夫郑弄杞弄无非柳绿桃红，伊彼张村徐村岂不农耕士读。颂曰：渥山耸兮昂昂，渥水流兮汤汤。思伊人兮何在？徘徊兮独石桥旁。

清光绪《渥川梁氏宗谱》之《戏作渥川山水记》

目　　录

导言 …………………………………………………………………（1）

上编　渥川历史文化研究

第一章　梁氏望族成因探析 ……………………………………（13）
　第一节　建庄渥川 …………………………………………………（13）
　第二节　儒业起家 …………………………………………………（18）
　第三节　家教传承 …………………………………………………（27）
第二章　梁氏家族文学研究 ……………………………………（32）
　第一节　梁氏家族文学创作概述 …………………………………（32）
　第二节　梁氏家族文学创作风貌论述 ……………………………（40）
　　一　浓郁的儒家文化色彩 ………………………………………（40）
　　二　潜在的道家思想影响 ………………………………………（43）
　　三　无神论的影响 ………………………………………………（46）
　第三节　梁氏家族文学创作题材阐述 ……………………………（49）
　　一　抒怀类 ………………………………………………………（49）
　　二　咏物类 ………………………………………………………（51）
　　三　怀古类 ………………………………………………………（53）
　　四　山水类 ………………………………………………………（54）
　　五　酬赠类 ………………………………………………………（55）

中编　梁氏俊贤考述

第三章　名宦梁汝嘉 ………………………………………………（61）
  第一节　宦迹政声 …………………………………………………（61）
  第二节　国事遗章 …………………………………………………（69）
  第三节　高宗垂爱 …………………………………………………（76）
  第四节　文章酬唱 …………………………………………………（78）
  第五节　《宋史》与梁汝嘉 …………………………………………（81）

第四章　书家梁安世 ………………………………………………（86）
  第一节　生平仕宦 …………………………………………………（86）
  第二节　交游唱和 …………………………………………………（91）
  第三节　寻访名碑 …………………………………………………（97）
  第四节　摩崖题刻 …………………………………………………（100）
  第五节　梁安世与《乳床赋》………………………………………（104）

第五章　梁氏贤俊 …………………………………………………（107）
  第一节　历代宦迹 …………………………………………………（107）
  第二节　文坛名士 …………………………………………………（120）
  第三节　忠烈义士 …………………………………………………（140）
  第四节　慈善义举 …………………………………………………（148）
  第五节　孝节流芳 …………………………………………………（159）

下编　渥川历史文化寻踪

第六章　山水胜景 …………………………………………………（169）
  第一节　山水遗韵 …………………………………………………（169）
  第二节　梁溪八景 …………………………………………………（178）
  第三节　渥山十景 …………………………………………………（186）
  第四节　奇观异迹 …………………………………………………（195）

第七章　古迹风物 …………………………………………………（198）
  第一节　庄址变迁 …………………………………………………（198）
  第二节　渡桥济川 …………………………………………………（201）

第三节　亭台楼阁 …………………………………… (208)
　第四节　书院义塾 …………………………………… (220)
　第五节　梵寺宫观 …………………………………… (223)
　第六节　先贤祠庙 …………………………………… (237)
　第七节　梁氏故宅 …………………………………… (248)
　第八节　佳城福地 …………………………………… (254)
　第九节　梁巨古道 …………………………………… (262)
第八章　英烈事迹 ……………………………………… (264)
　第一节　血战东岩 …………………………………… (264)
　第二节　抗击矿暴 …………………………………… (266)
　第三节　狙击太平军 ………………………………… (269)
　第四节　红色之乡 …………………………………… (271)

附录一　历代题赠诗文选录 …………………………… (273)
　一　寿文跋赞 ………………………………………… (273)
　二　诗词歌赋 ………………………………………… (277)
附录二　梁氏诗文辑录 ………………………………… (286)
　一　梁安世文选 ……………………………………… (286)
　二　梁椅文选 ………………………………………… (288)
　三　梁泰来文选 ……………………………………… (291)
　四　梁淳澜文选 ……………………………………… (311)
　五　梁钺文选 ………………………………………… (314)
　六　梁铸文选 ………………………………………… (319)
　七　梁谷存文选 ……………………………………… (319)
　八　梁尚璧文选 ……………………………………… (320)
　九　梁一鹄文选 ……………………………………… (322)
　十　梁祚璇文选 ……………………………………… (323)
　十一　梁世萊文选 …………………………………… (354)
　十二　梁大任文选 …………………………………… (355)
　十三　梁万春文选 …………………………………… (355)
　十四　梁大观文选 …………………………………… (355)
　十五　梁祚芳文选 …………………………………… (357)

十六　梁大钦文选 …………………………………… (357)

十七　梁大器文选 …………………………………… (364)

十八　梁甫文选 ……………………………………… (364)

十九　梁大临文选 …………………………………… (374)

二十　梁乔文选 ……………………………………… (374)

二十一　梁藩文选 …………………………………… (375)

二十二　梁甸文选 …………………………………… (375)

二十三　梁敦复文选 ………………………………… (376)

二十四　梁定海文选 ………………………………… (377)

二十五　梁瀛文选 …………………………………… (377)

二十六　梁杰文选 …………………………………… (381)

二十七　梁淳文选 …………………………………… (383)

二十八　梁位文选 …………………………………… (383)

二十九　梁定国文选 ………………………………… (384)

三十　梁畴文选 ……………………………………… (385)

三十一　梁畦文选 …………………………………… (385)

三十二　梁佐文选 …………………………………… (386)

三十三　梁偕文选 …………………………………… (387)

三十四　梁畏文选 …………………………………… (388)

三十五　梁燕文选 …………………………………… (391)

三十六　梁谞文选 …………………………………… (392)

三十七　梁俭文选 …………………………………… (393)

三十八　梁明旦文选 ………………………………… (397)

三十九　梁明泰文选 ………………………………… (397)

四十　梁天鸾文选 …………………………………… (399)

四十一　梁儒珍文选 ………………………………… (400)

四十二　梁儒林文选 ………………………………… (400)

四十三　梁儒行文选 ………………………………… (404)

四十四　梁儒忠文选 ………………………………… (405)

四十五　梁儒书文选 ………………………………… (412)

四十六　梁企愈文选 ………………………………… (413)

四十七　梁毓才文选 ………………………………… (413)

四十八　梁建康文选	(415)
四十九　梁建侯文选	(415)
五十　梁文舟文选	(416)
五十一　梁品芳文选	(416)
五十二　梁登云文选	(417)
五十三　梁寅文选	(418)
参考书目	(421)
后记	(422)

导　言

　　有宋一代，是处州世家大族与家族文化文学兴起繁盛的重要时期，如执南宋朝廷之牛耳的丞相世家龙泉何执中、何澹家族，宋嘉定癸未状元蔡仲龙家族，这些家族在处州甚至国内政治生活或文化文学领域中颇具影响。他们往往是历经数百年而长盛不衰，仕宦发达，文学繁盛，是当时社会生活的一个缩影。

　　处州梁氏家族自宋始，以儒起家，以儒兴家，家族成员世代为宦，文献遗存丰富，是处州历史上典型的世家大族。是渥川（梁村）文化寻踪和梁氏家族的个案研究及深入展开浙西南文化世家研究的基础。清光绪十七年（1891）《渥川梁氏宗谱》，遗存文献丰富，族谱记载了梁氏家族自南宋至清末历代族人名讳简历、族规家训、碑铭行状等，是研究梁氏家族和宋代处州文化文学的珍贵史料。梁氏家族创造了丰硕的文化成果，在处州地方文化中扮演了十分重要的角色，具有深远的文化意义。目前对这些珍贵文献的整理与综合研究尚付阙如，诸多问题亟待解决，例如宋代政治文化政策、社会思想意识及处州地域文化是怎样影响这个以儒起家的文化世家的？梁氏家族尊儒重教的传统在科举制度下，怎样脱颖而出的？梁氏家族内部又是如何实现传承的？梁氏家族文学创作成就在处州文化史上的地位和作用如何？千年梁村风物古迹有何文化底蕴？对渥川文化寻踪及梁氏家族447篇文献梳理，无疑对处州望族的研究、处州文化与文学的研究意义重大。

　　此外，遗存的梁氏世家大族文化中包含着许多积极的思想，它们超越历史，对今天的文化发展与文明建设具有重要的现实意义。如梁氏族人为官清廉、勇于任事、以民为本的仕宦态度，仁孝传家、勤俭节约、尊师重教的家族文化传统，乐善好施、关心乡梓的处世原则，对今天打造梁村省级宜居示范村及建设美丽乡村，都具有启发意义。

明万历七年（1579）梁村区域位置（明《栝苍汇纪》舆图）

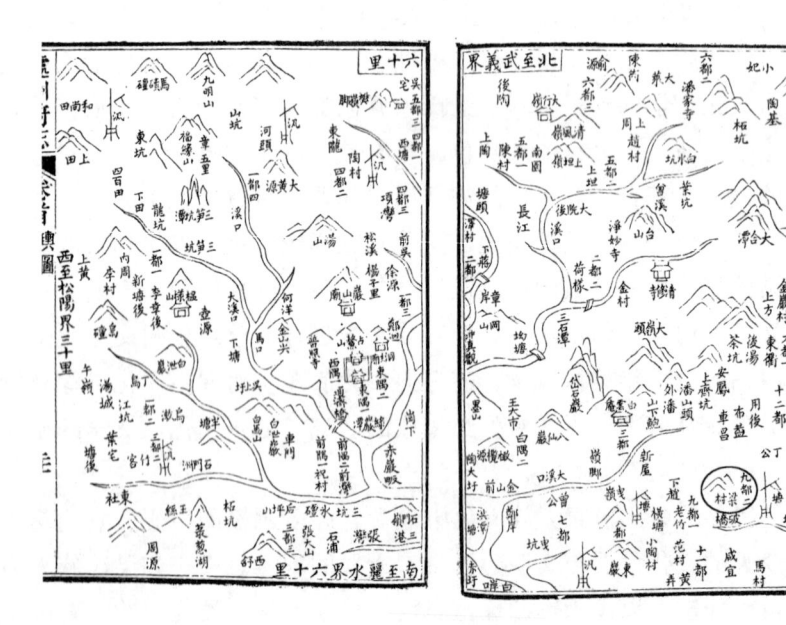

清光绪三年（1877）梁村区域位置（清光绪《处州府志》舆图）

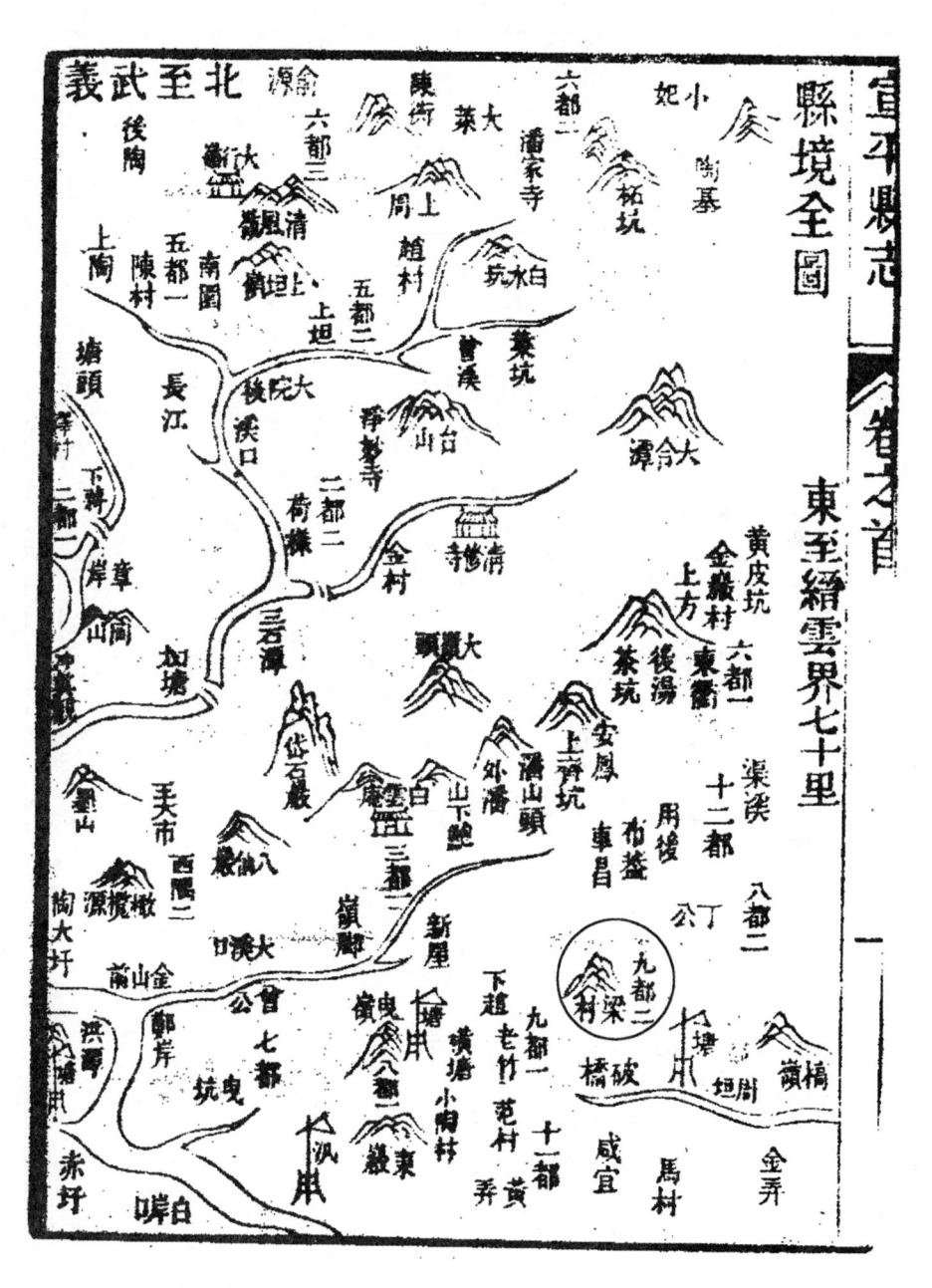

清光绪四年（1878）梁村区域位置（清光绪《宣平县志》舆图）

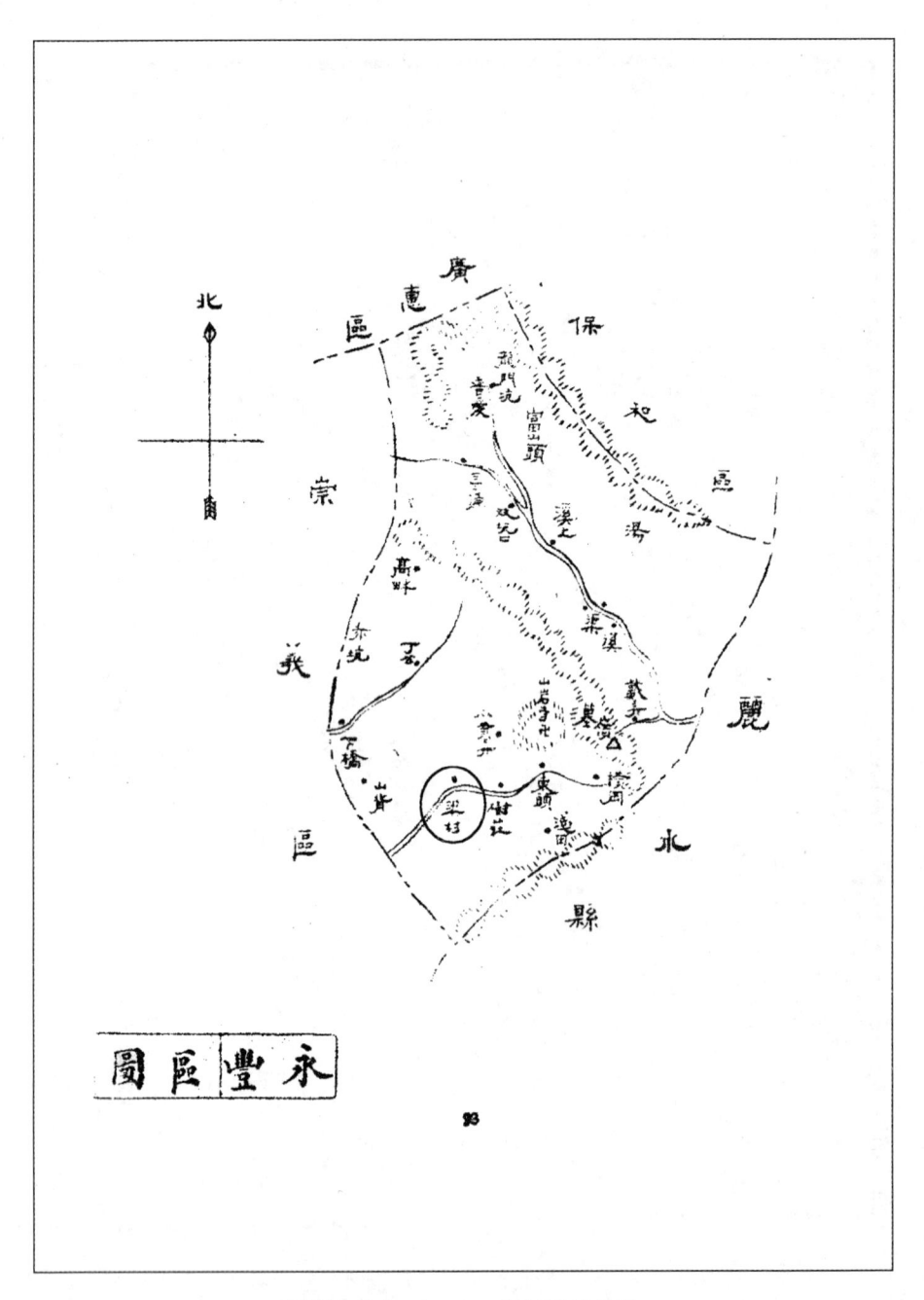

民国十六年（1927）梁村区域位置

（民国《宣平县志》卷首）

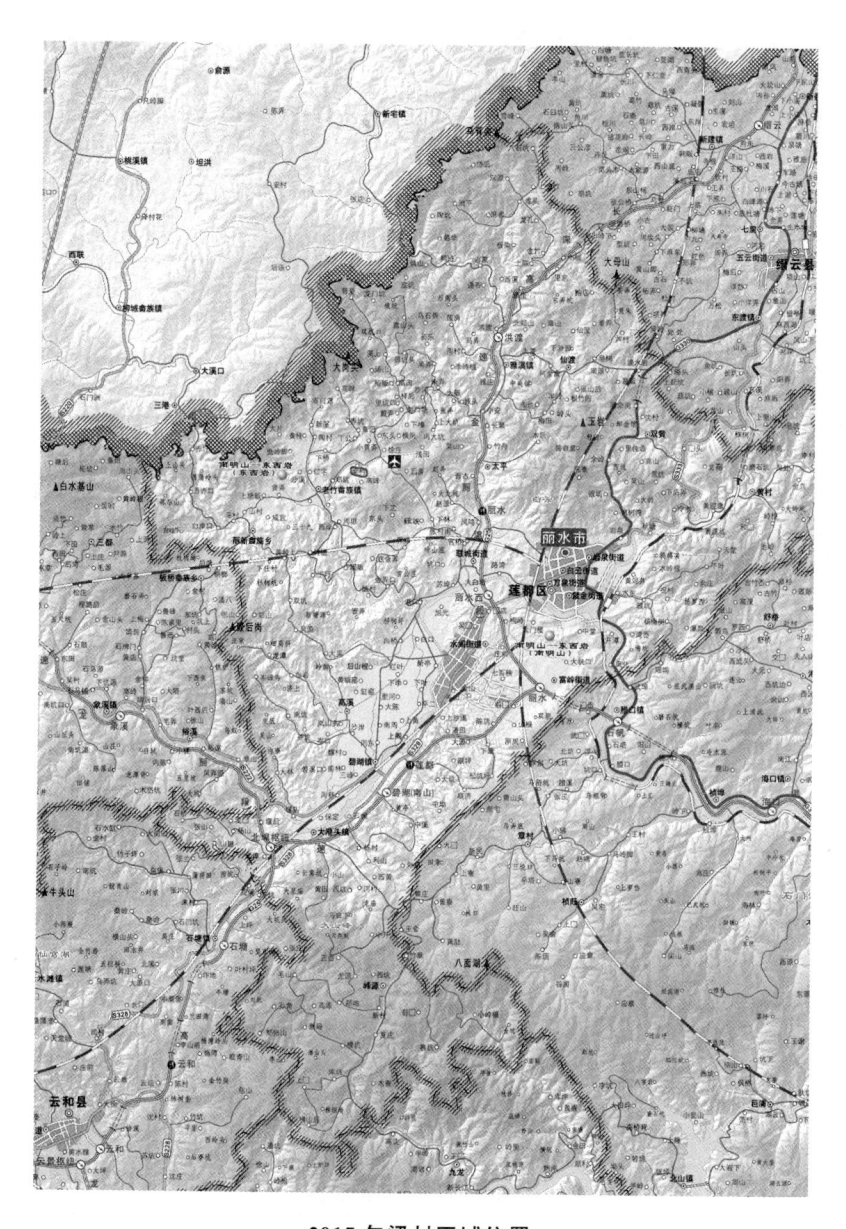

2015 年梁村区域位置

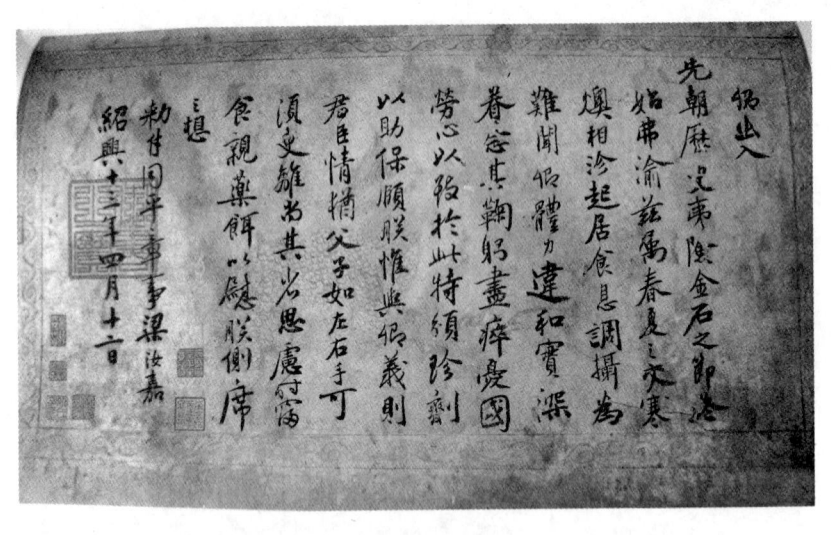

宋高宗敕梁汝嘉御书

全宋文卷四五一六 宋高宗七八

赐梁汝嘉御书 绍兴十三年四月十二日

卿出入先朝，历更夷险，金石之节，终始弗渝。故闰春夏之交，寒燠相诊，起居食息，调摄为难。闻卿体力违和，实深眷念。其鞫躬尽瘁，爱国劳心，以致於此。特颁珍剂，义则君臣，情犹父子，如左右手，可须臾离？尚其省思虑，时膳食，亲药饵，以慰朕侧席之想。勒付同平章事梁汝嘉。绍兴十三年四月十二日。《壮陶阁书画录》卷三。

化州签判任满赏格诏 绍兴十三年四月十七日

化州签判任满赏格，今後依本州幕职官例，奥理不依名次家便差遣一次。《宋会要辑稿》职官四八之九（第四册第三四〇页）。

李健落职制 绍兴十三年四月二十三日庚辰

往者元恶盗我魁柄，淆乱国纪，爲不道之宗主，故汝得以免。赖天之靈，国是大定，汝曾不知

宋高宗赐梁汝嘉御书

梁商敕牒及画像

(原为梁村梁氏祖传，今藏丽水市博物馆)

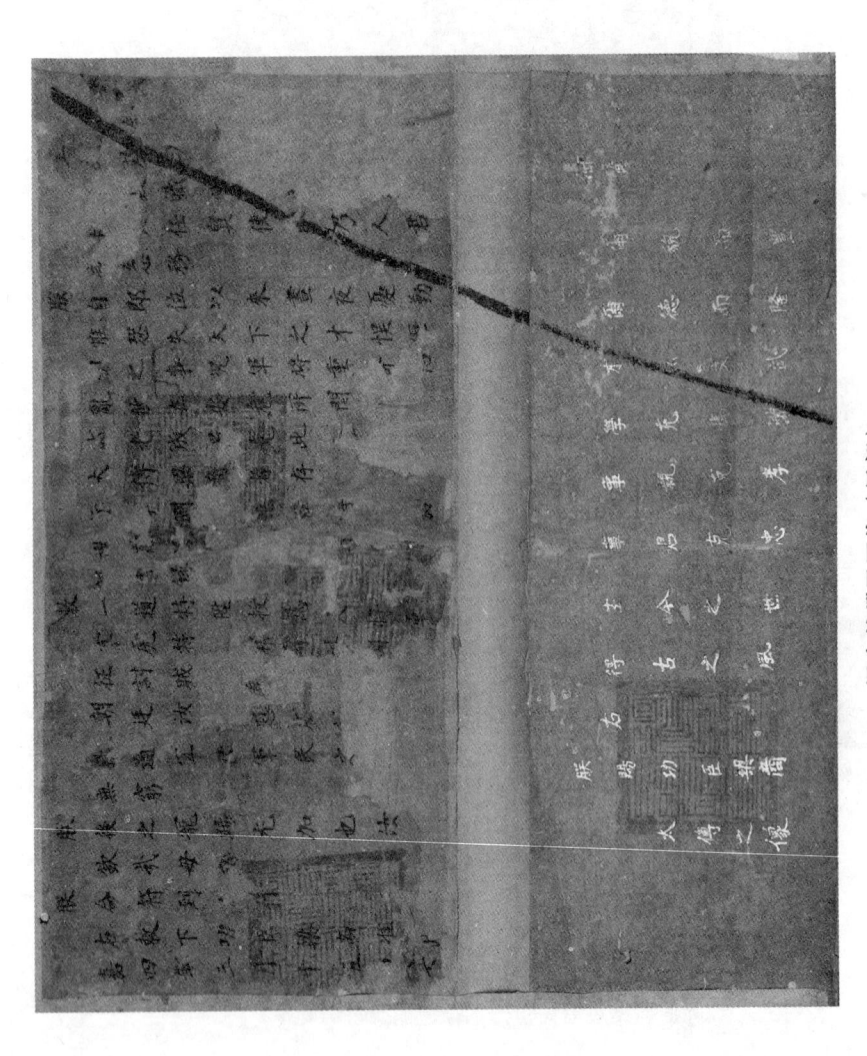

梁商敕牒及画像（局部）

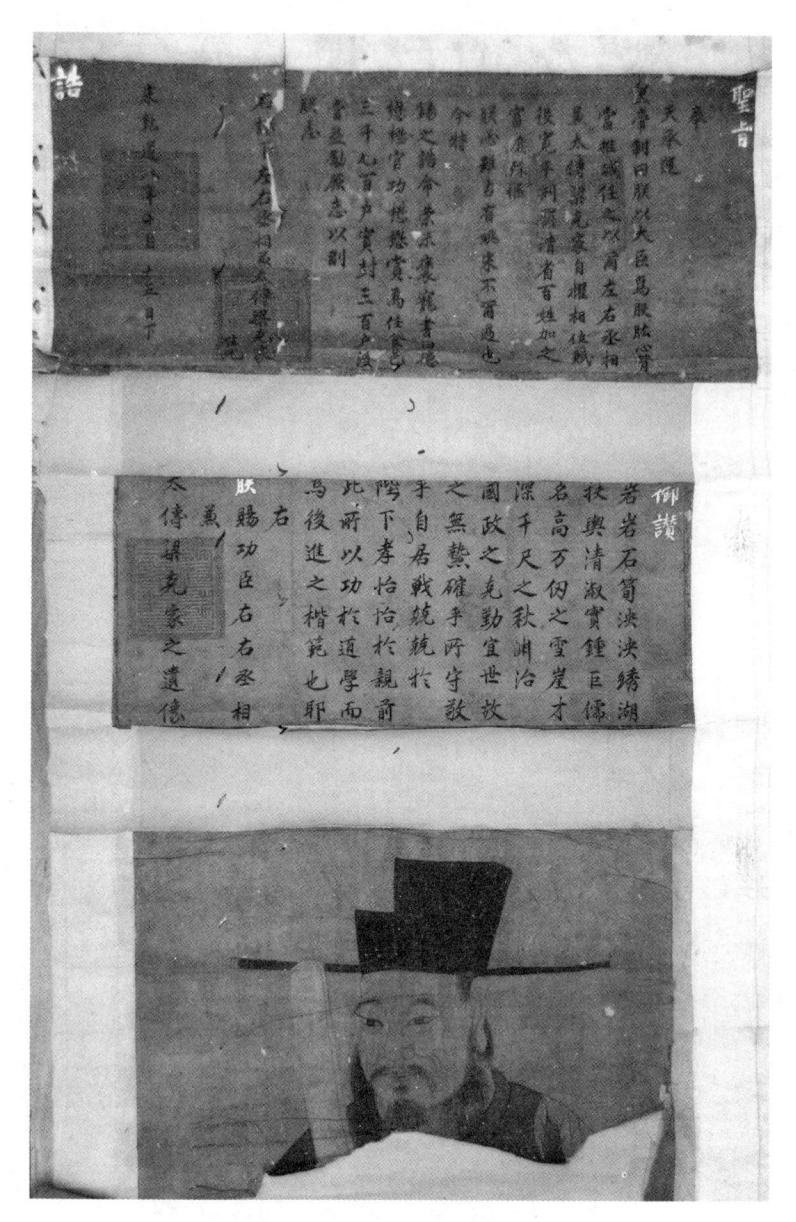

梁克家画像
（原为梁氏祖传，今藏丽水市博物馆）

《乳床赋》摩崖

(局部,广西桂林,梁安世作并书)

梁村河桥

(浙江省级重点文物保护单位)

上编　涅川历史文化研究

第一章

梁氏望族成因探析

第一节 建庄渥川

　　山川清丽、道学渊源的处州历史文化孕育了生机勃勃的世家文化与文学。有宋一代，处州文化世家往往以儒起家，仕宦人数众多，政绩显赫。家风严谨，家学深厚，使许多世家大族历数百年而长盛不衰，形成了内蕴丰厚的家族文化与文学，对宋明时期的政治、经济、思想、文化和文学诸多领域影响深远，在传承和发展处州历史文化与中华传统文化的过程中扮演了十分重要的角色。处州梁氏世家人才济济，创造了丰硕的文学成果，梁氏一族的发展演变在处州历史长河中具有典型性。从地方文化视域中研究梁氏家族以及对古渥川梁村风物古迹、遗存文献进行梳理考察，对研究处州历史文化、社会风俗等具有深远的意义。

　　隋开皇九年（589），分松阳东乡置栝苍县，建处州，是为处州之始。建州早期，处州经济凋敝，人口稀少。自北方藩镇割据和安史之乱后，经济重心逐渐南移，特别是建炎元年（1127），南宋建立，定都临安，为处州的发展带来了新的契机。在宋金对峙时期，南方的经济持续发展，并且明显超过了北方。北方由于战乱，大量的人口南迁，由此带来了先进的生产力。这一时期，因处州是山区，远离战争，进入了相对稳定的发展时期。此外，随着农田水利的建设、生产技术的提高和手工业的迅猛发展，尤其是龙泉制瓷业，带来了商业的繁荣。当年鼎盛时，瓷窑林立，烟火相望，非常热闹，大量人口入迁处州。据庆元县志载，自汉武帝时到北宋，人口续有迁入。南宋是人口增加较快的时期，庆元置县时，已建村庄43个，人口逾万人。可见，南宋时期，处州经济是有史以来发展最稳定、最繁荣的时期，人口亦得到快速繁衍。

古时处州府出城有六条道路，其中之一就是曳岭道。曳岭道的开辟可追溯至隋唐以前，该道起自丽水城西北左渠门（亦称通惠门），经溪口、桃山、芦湾、官桥、张村街、菱坑至木朾坛到界牌村。过界牌村后，进入原宣平县境内，越槁岭，下周坦，经破桥、老竹、曳岭脚至岭头，再往北则进入武义县境。昔日，人们南北往来络绎不绝，历来是兵家要地。

老竹梁村，古称渥川，坐落于距丽水城西北32公里的狭长谷地之中。渥川位于曳岭古道旁，加之有多条古道支线汇聚于此，交通极为方便。考察附近几个望族如曳岭脚蔡氏、丁公村潘氏和弄里竹洲刘氏（刘伯温先祖）等选址也多是靠近曳岭古道。渥川周边土地肥沃，良田遍布，有渥溪穿村而过，依山傍水，日照充足，气候宜人，是繁衍生息之根基，是立屋安宅的风水宝地。

渥川地处丹霞地貌，山水奇秀，景色宜人，是士人学子向往之地。风景名胜东西岩距此不足4公里。东西巨石对峙，险峰绝壁，宏奇壮观，有一夫当关万夫莫开之险，也是战乱避难的去处。和平之年，先民们耕作渥川原野，居住渥溪之畔，休憩渥山脚下；动乱之年，进可攻，退可守，实为万世居业之福地。

据清光绪《渥川梁氏宗谱》载："梁旃因爱处州懿德渥川山水佳胜，宋初太平兴国间入迁渥川，遂为懿德之始祖。"渥川梁氏，出自嬴姓，为伯益之后。伯益因辅佐大禹治水有功，复续嬴姓祀，伯益便为古代嬴姓各族的祖先。西周时，因其后裔中秦仲父子征讨西戎有功，周宣王封秦仲次子嬴康在夏阳梁山（今陕西韩城附近），建立梁国，立为国君，称梁康伯。梁康伯成为梁氏得姓始祖。

梁康伯后裔梁商，字伯夏，袭乘氏侯，阳嘉四年，拜大将军，进太傅，渥川梁氏于南宋就建太傅家庙，敬奉梁商敕牒及画像。

梁商生二子，长子梁冀，拜大将军，渥川梁氏建世子庙祀奉之；次子梁不疑，永和六年（141），官河南尹，建和元年（147），封颍阳侯，为渥川梁氏嫡祖。

梁不疑后裔梁颛，于咸通年间（860—874）迁居福建崇安武夷山。梁颛生梁肇，号武夷山人。梁肇生二子，长子梁迈，次子梁逊。唐末，梁迈携弟梁逊探亲到丽水，遂定居古城隍庙侧（梅墩附近）。

梁迈生子梁弥远，梁逊生子梁弥大。梁弥远生五子，长子梁囊，居郡城仓前，五世孙梁汝嘉，官至户部尚书；次子梁怀，居城郊下河；三子梁

梁康伯画像

旃，出继叔父梁弥大，为梁村始迁祖；四子梁蔡，居碧湖三峰；五子梁郎，居南乡石侯（今属莲都区大港头镇）。

据民国癸亥《渥川梁氏宗谱》卷五载：梁旃原籍八闽崇安县武夷山。迁居处州城后，因爱处州懿德乡平津里龟山渥水佳胜，宋初太平兴国间，披荆斩棘，创室庐于龟山上，至今已有1000余年。梁旃于此梁氏定居后，因而又名"梁村"。

后世子孙除聚居梁村外，散居全国的有十余支。

第六世梁嗣绩迁居周坦，至二十一世梁用中；第七世梁俨居景宁鹤溪；第七世梁侃居青田山荡；第八世梁泽居同邑山下鲍；第九世梁拱居扬州；第十一世梁淡居同邑马村；第十一世梁元珪居同邑丽水城内府前；第十三世梁不花居丽水城内通惠门；第十六世梁阒随居山东东平州；第二十一世梁一鲲居同邑周坦；第二十八世梁文选居同郡松阳。

据考，渥川梁氏先祖与福建梁克家属同宗。梁氏为八闽望族，向来有耕读传家之风。为此，梁氏一族定居渥川后，经几世累积，家境丰裕，又乐善好施，济人急难，家业巨大，地产遍布曳岭一带，以地名"梁用"、梁氏墓庵以及祭田遍布懿德乡各处。可见，渥川梁氏家族经过子孙数代的努力，已有了雄厚的经济实力。

渥川梁氏作为一个传承有序的世家大族，具备雄厚经济实力，不但恩泽乡里，更是有着济世兴邦理想。宋代乡贤梁佼创义塾，建廊桥，年八十二被请为郡县乡饮大宾；明代善士梁应期，捐谷四千石，施粥救灾民，其子一鸿，传承父志，建桥筑庵，施茶利民；康熙耆老梁尚璧，焚券拯佃农，待仆如子女，年八十一被请为府县乡饮大宾；道光寿妇梁褚氏，行事豁达，乡党恭睦，五世同堂，年逾百岁。另有梁季珌，创办慈幼院，以收养弃儿，并拨公田为经久计，后升任户部侍郎、吏部侍郎兼敕令所详定官。梁季珌虽居要职、但为官清廉，深为光宗皇帝倚重。梁季珌多次上疏请求外放守州郡，未得允许。《吏部侍郎梁季珌乞待次州郡不允诏》予以高度肯定其政德政绩。梁季珌一生清白为官，每次行至各道、州、府、县，唯恐扰民，从不留宿下榻城市。其常言："吾以清白遗子孙。"丞相谢深甫称赞其"真廉吏也！"可以说，梁氏家族为官则清廉刚直，居家则安然自适，不以望族自骄，不仅在经济上给予乡里帮扶，同时以家族成员高尚的品格作风化育乡里，促进乡邻间良好社会风尚的形成。

表1-1　　　　　　渥川梁氏始迁祖梁旃世系

世系	姓名	事功	备注
第一世	梁统	光武时大中大夫、九江太守、高山侯	字仲宁，乌氏人
第二世	梁竦（？—83）	保亲侯	字叔敬。汉代文学家。小女为汉和帝母，尊恭怀太后
第三世	梁雍	乘氏侯	
第四世	梁商（？—141）	乘氏侯、太傅	字伯夏。长女顺烈皇后梁妠，汉顺帝刘保的皇后；次女梁女莹，汉桓帝刘志的皇后。渥川梁氏建庙祀之，曰"太傅庙"
第五世	梁不疑	河南尹、光禄卿、颍阳侯	
第六世	梁弃疾		避居魏郡
第七世			
第八世			
第九世			
第十世			
第十一世			
第十二世			

续表

世系	姓名	事功	备注
第十三世			
第十四世	梁茂周	南朝周沧州刺史	
第十五世	梁毗	隋刑部尚书、御史大夫	字景和。性刚正,有"梁毗哭金"之典故
第十六世	梁敬真	大理司直	
第十七世			
第十八世			
第十九世			
第二十世	梁肃(753—793)	唐德宗时翰林学士	字敬之。唐代著名古文学家
第二十一世	梁芬		居魏郡大名府
第二十二世	梁昶		
第二十三世	梁颛		唐咸通间迁居福建崇安武夷山
第二十四世	梁肇		一作蔓。号武夷山人
第二十五世	梁迈	评事	与弟逊从至戚来梧州刺史任所,留居古城隍庙侧,今名梅墩。娶张氏,葬桐坊圳
第二十六世	梁弥远	致政	娶潘氏,合葬丽水县元和乡十八都沙田。生五子:长梁囊,居郡城仓前,为梁汝嘉五世祖;次子梁怀,居丽水城郊下河;三子梁旃,出祀叔梁弥大,为渥川始祖;四子梁蔡,居丽水西乡三峰;五子梁即,居元和乡十八都石侯
	梁弥大	致政	葬丽水县元和乡十八都沙田。未出,嗣兄弥远第三子梁旃为子
第二十七世	梁旃		迁居丽水县懿德乡龟山鹤案之崖,为渥川梁氏始迁祖

第二节 儒业起家

儒家强调士大夫要"修身齐家治国平天下",事实上在中国传统社会,修身不仅是个人之修为,而且要心怀家族之思,天下之思;齐家也不仅是齐小家,而且要齐大家。亲人之爱也是由血脉之亲推及于社会的,如儒家典籍《礼记·礼运篇》云:"人不独亲其亲,不独子其子",《孟子·梁惠王上》之云:"老吾老以及人之老,幼吾幼以及人之幼。"这使齐家与治国平天下之思一脉相连,治国人才在很大程度上需要家族教育的保障。钱穆在《国史新论》中指出:"就中国文化史而言,学术教育命脉,常在下,不在上。"文化世家为保持家族的长期兴盛,非常注重对家族成员的教育,在宋代科举制度趋于完备的情况下,家族教育以科举出仕为主要目的,但同时,也非常注重家族成员的文化传承,从而形成各具特色的家学门风。

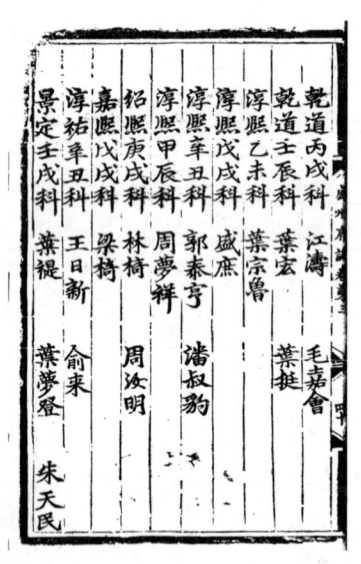

明成化《处州府志》梁椅登科录

梁氏家族为保持家族在科举仕宦以及在文化、文学上的传承与发展,梁氏先祖对教育的重视表现在家族生活的方方面面,诸如以家训、族规规范家族成员的行为,给家族子弟的教育提供物质支持,以修谱祭祖对家族成员进行美德教育等。但梁氏家族与封建时代大多世家大族一样,也非常注重私塾教育，建立起文武私塾，不论贫富贵贱，族中子弟均应接受知书识礼的文化教育，提高家族成员的整体素质，为科举入仕储备家族人才，使渥川文脉延绵千年不衰。

梁村创办义学，历史悠久，最早可追溯到宋代善士梁佽（1153—1234），在渥川东北山坳建义塾，延师教授族中子弟，渥川文风由此兴盛。清光绪《宣平县志》载，"梁佽创立义塾，延师训族中子弟"，他还扩大招生范围至邻村，"各乡就学者皆廪给焉"。据清光绪十七年（1891）《渥川梁氏宗谱》记载，宋梁安世建远堂书院，元梁浡澜建三阳书院，清梁大观建留墨庄书院，还有不知建于何时的学易书院，在1000余年的历史长河中，梁氏先人前赴后继，设书院，开义塾，教化族中子弟，兴士重教之风，闻名处郡，为邑中之典范。

"耕为本务，读可荣身"，农耕是百业之本，读书为进身之阶。"朝为田舍郎，暮登天子堂"，梁氏耕读传家的优良家风，使得梁氏后裔对读书入仕、光耀门楣有强烈愿望，据清光绪《宣平县志》载："清康熙五十五年，宣平知县张廷佑经上宪首肯，设立义学，敦请渥川梁祚璇暂假郑氏书馆，俟择地重建义塾。"渥川梁氏义塾之风，已融入梁氏家族的血液之中，一有机会便会萌芽生根，茁壮成长。

始于隋唐的科举取士，如同一只无形的手，指导着世家大族子孙向科举这一目标进发，家族成员的科举成就为衡量一个家族实力的重要标志。渥川梁氏先人以诗礼传家，富而崇文，藉祠兴学，梁村梁氏科举入仕规模令人惊叹。《处州府志》《丽水县志》《宣平县志》及《安定郡梁氏宗谱》都有记载，历代共有进士科登第者11人，其中宋代10人，明代1人；有举人10人、贡生35人。

此外，通过荐辟亦是渥川梁氏家族进阶仕途的重要之道。荐辟，为古代求贤录官之制。清侯方域《南省试策二》："皇帝之所谓保举者，求济世之才也……保举者，即古之荐辟也。"而武功者，指在军事方面取得成就或立下战功，因而受朝廷旌表，授职赐禄。自宋至清，渥川梁氏通过征辟、武功、荫庇等途径进入仕途的有120余人。

梁氏英才辈出，代有贤能。梁朴，绍兴甲寅进士，历官建德县尉、建昌主簿、桂阳军司法参军；梁汝永，绍兴庚寅进士，官兵部郎中、著作郎；梁安世，绍兴甲戌进士，官韶州守、广西道转运使；梁致恭，开禧乙丑进士，官建安知县；梁叔括，乾道己丑进士，官平阳主簿；梁错，绍熙庚戌进士，濮王府教授；梁椅，嘉熙戊戌进士，太常寺丞礼部郎官；梁泰来，咸淳甲戌进士，台州宁海尉、补迪功郎，生平著有《菊平小稿》，其中《龟山赋》《潘氏前言录序》收入《全元文》；梁彦国，咸淳辛未进士，补文林郎；梁以孜，洪武乙丑进士，官永城县丞，擢平遥知县。

关于宋梁安世进士及第，明成化《处州府志·宣平县祥异》载："绍兴二十三年（1153）夏，丽水县懿德乡梁氏所居小溪，忽中流涌起若柱，高二丈余。是年梁安世乡举，甲戌登第。至咸淳九年（1273），复然，梁泰来乡举，甲戌登第。"连地方志书对梁氏科举之事也赋予神秘征兆，由此可见，渥川梁氏科举之盛，影响之广，在处州地域百姓心目中亦充满了神秘色彩。

表1-2　　　　　　　　　渥川梁氏历代进士名录

姓名	籍贯	科名	公元纪年	主要官职	备注
梁 朴	梁村	绍兴甲寅科	1134	桂阳军司法参军	见民国癸亥《渥川梁氏宗谱》。《宋进士名录》无，也无此科名
梁安世	梁村	绍兴二十四年甲戌科张孝祥榜	1154	韶州守、广西转运使	字次张，梁孚惠子。见《安定郡梁氏宗谱》。见传
梁汝永	梁村	绍兴三十年庚辰科梁克家榜	1160	兵部郎中、著作郎	见《安定郡梁氏宗谱》。居碧湖三峰
梁叔括	梁村	乾道五年己丑科郑侨榜	1169	平阳县主簿	《陆游集》载。见梁村《安定郡梁氏宗谱》。居县城仓前
梁 铦	梁村	乾道八年壬辰科黄定榜	1172		《栝苍汇纪》作"叶铦"。梁叔玠子。县城仓前
梁 错	梁村	绍熙元年庚戌科余复榜	1190	濮王府教授	梁汝嘉孙，梁叔玠子，《浙江通志》作梁楷，误。居县城仓前
梁致恭	居石侯	开禧元年乙丑科毛自知榜	1205	建安知县	绍兴间任，见《宋人传记资料索引》
梁 椅	梁村	嘉熙二年戊戌科周坦榜	1238	太常寺丞、礼部郎官	字子奇，见梁村《安定郡梁氏宗谱》。居县城
梁彦国	梁村	咸淳七年辛未科张填孙榜	1271		见梁村《安定郡梁氏宗谱》。居县城

续表

姓名	籍贯	科名	公元纪年	主要官职	备注
梁泰来	梁村	咸淳十年甲戌科王龙泽榜	1274	宁海尉	字伯大,号菊平子,见光绪《宣平县志》
梁以孜	居青田	洪武十八年乙丑科丁显榜	1385	平遥知县	见民国癸亥《渥川梁氏宗谱》

表1-3　　　　　渥川梁氏历代举人名录

姓名	籍贯	中举时间	主要官职	备注
梁佐	梁村	宋		民国癸亥《渥川梁氏宗谱》载:乡贡进士。按:"乡贡进士"即举人
梁深	梁村	宋		民国癸亥《渥川梁氏宗谱》载:乡贡进士。字景初
梁仲益	梁村	宋	迪功郎浙西运干	民国癸亥《渥川梁氏宗谱》载:乡贡进士
梁洵	梁村	宋		民国癸亥《渥川梁氏宗谱》载:乡贡进士
梁挺然	梁村	宋		民国癸亥《渥川梁氏宗谱》载:乡贡进士
梁梦魏	梁村	宋宝祐戊午		民国癸亥《渥川梁氏宗谱》载:乡贡进士
梁道瑶	梁村	明洪武	砀山教谕	民国癸亥《渥川梁氏宗谱》载:岁贡
梁以孜	居青田	洪武十七年（1384）	平遥知县	见"进士"名录表
梁镈	梁村	明弘治二年（1489）己酉	安顺知州	居隐浦
梁爵	梁村	明嘉靖十年（1531）辛卯	永宁知县	道光《丽水县志》载"梁寿",今从民国癸亥《渥川梁氏宗谱》《栝苍汇纪》改为"梁爵"

表1-4　　　　　渥川梁氏历代荐举（封赠）名录

姓名	籍贯	时间	主要官职	备注
梁迈	居郡城	宋	评事	见民国癸亥《渥川梁氏宗谱》
梁逊	居郡城	宋	评事	见民国癸亥《渥川梁氏宗谱》
梁弥大	居郡城	宋	致政（按:疑有误,此非官职）	见民国癸亥《渥川梁氏宗谱》
梁沔	居郡城	宋	赠承直郎	改名鼎。见民国癸亥《渥川梁氏宗谱》
梁桧	居郡城	宋	赠朝奉郎	见民国癸亥《渥川梁氏宗谱》

续表

姓名	籍贯	时间	主要官职	备注
梁尧臣	居郡城	宋	国子监助教	见民国癸亥《渥川梁氏宗谱》
梁固	居郡城	宋	赠光禄大夫	见民国癸亥《渥川梁氏宗谱》
梁彦端		宋	承信郎	见民国癸亥《渥川梁氏宗谱》
梁植		宋	承议郎、淮西观察判官	见民国癸亥《渥川梁氏宗谱》
梁楠		宋	赠朝奉大夫	见民国癸亥《渥川梁氏宗谱》
梁榛		宋	承节郎	见民国癸亥《渥川梁氏宗谱》
梁汝谐	居永康	宋	赠从政郎	见民国癸亥《渥川梁氏宗谱》
梁辉		宋	龙图阁待制	见民国癸亥《渥川梁氏宗谱》
梁汝则		宋	太学教谕	见民国癸亥《渥川梁氏宗谱》
梁伯璩		宋	从仕郎	见民国癸亥《渥川梁氏宗谱》
梁季珩		宋	大理寺丞、朝请大夫	见民国癸亥《渥川梁氏宗谱》
梁季玭	居郡城	宋	吏部侍郎	举贤良方正。梁汝嘉子。清光绪《宣平县志》载：梁村人。见民国癸亥《渥川梁氏宗谱》
梁沦	梁村	宋	兴国知军	梁季玭子。清光绪《宣平县志》载。居郡城。见民国癸亥《渥川梁氏宗谱》
梁季玙		宋	承奉郎	见民国癸亥《渥川梁氏宗谱》
梁季凤		宋	王府教授	字子义。见民国癸亥《渥川梁氏宗谱》
梁季琅		宋	登仕郎	见民国癸亥《渥川梁氏宗谱》
梁季寿		宋	承事郎	见民国癸亥《渥川梁氏宗谱》
梁成巳		宋	镇江通判	字仁甫。见民国癸亥《渥川梁氏宗谱》
梁子佑		宋	漕举进士（按：即漕试，非官职）	见民国癸亥《渥川梁氏宗谱》
梁仲由		宋	宣教郎、奉化知县	见民国癸亥《渥川梁氏宗谱》
梁釺		宋	兴国府通山知县	见民国癸亥《渥川梁氏宗谱》
梁铨		宋	临安府推官	见民国癸亥《渥川梁氏宗谱》
梁镇		宋	文林郎、佥判	见民国癸亥《渥川梁氏宗谱》
梁钺		宋	澧州石门知县	字节甫。见民国癸亥《渥川梁氏宗谱》
梁锐		宋	将仕郎、国学教谕	见民国癸亥《渥川梁氏宗谱》
梁鐏		宋	承信郎、监衢州酒税	见民国癸亥《渥川梁氏宗谱》
梁青		宋	通直郎、平阳县丞	见民国癸亥《渥川梁氏宗谱》

续表

姓名	籍贯	时间	主要官职	备注
梁道足		宋	迪功郎、温州监酒税	见民国癸亥《渥川梁氏宗谱》
梁溱		宋	平江府通判	见民国癸亥《渥川梁氏宗谱》
梁堂		宋	国子监免解进士（按：非官职）	字季高。见民国癸亥《渥川梁氏宗谱》
梁澈		宋	文林郎、金判	见民国癸亥《渥川梁氏宗谱》
梁源		宋	乡贡待补（按：非官职）	见民国癸亥《渥川梁氏宗谱》
梁潜		宋	迪功郎、临安府排岸（宋监当局名）	见民国癸亥《渥川梁氏宗谱》
梁澄		宋	待补进士（按：非官职）	见民国癸亥《渥川梁氏宗谱》
梁汲		宋	承直郎、福州都监税	见民国癸亥《渥川梁氏宗谱》
梁介然		宋	登仕郎	见民国癸亥《渥川梁氏宗谱》
梁梦可		宋	待补进士（按：非官职）	见民国癸亥《渥川梁氏宗谱》
梁泰		宋	典史	字君玉。见民国癸亥《渥川梁氏宗谱》
梁琚		宋	丁卯举人（按：非官职）	见民国癸亥《渥川梁氏宗谱》
梁丙		宋	燕山儒学学正	字可斋，居都下五门外。见民国癸亥《渥川梁氏宗谱》
梁戊		宋	扬州儒学学录	字悦堂。见民国癸亥《渥川梁氏宗谱》
梁龙		元	掾吏	字仲实。见民国癸亥《渥川梁氏宗谱》
梁载		元	处州路教授	字逊耕，撰《处州路志》。见民国癸亥《渥川梁氏宗谱》
梁琪		元	处州路教授	字符圭。见民国癸亥《渥川梁氏宗谱》
梁心传		元	处州路提领	字符琳，能翻译诸番言语文字。见民国癸亥《渥川梁氏宗谱》
梁伯通	梁村	明	光州知府	老人。明成化《处州府志》载。又见民国癸亥《渥川梁氏宗谱》
梁应期	梁村	明	郡掾、修职郎	二十世，字子信，号忆庵。见民国癸亥《渥川梁氏宗谱》
梁一鸿	梁村	明	郡掾、修职郎	二十一世，字思扬，号启吾。见民国癸亥《渥川梁氏宗谱》
梁尚福			郡掾	二十二世，字国祥。见民国癸亥《渥川梁氏宗谱》
梁尚璧			封修职郎	二十二世，字国玉，号韫生。见民国癸亥《渥川梁氏宗谱》

续表

姓名	籍贯	时间	主要官职	备注
梁儒英			九品职员	二十七世,字遴千。见民国癸亥《渥川梁氏宗谱》
梁儒勋			九品职员	二十七世,字懋功。见民国癸亥《渥川梁氏宗谱》
梁儒范			赏八品	通宣平通济桥捐银五百元。字其中。见民国癸亥《渥川梁氏宗谱》
梁毓才			九品职员	二十八世,字品三。见民国癸亥《渥川梁氏宗谱》
梁毓芹			九品职员	二十八世,字鲁采。见民国癸亥《渥川梁氏宗谱》
梁增业			九品职员	二十九世,字宗财。见民国癸亥《渥川梁氏宗谱》
梁绍泰			九品职员	二十九世,字景垣。见民国癸亥《渥川梁氏宗谱》

表1-5　　　　　　　　　　渥川梁氏历代征辟名录

姓名	籍贯	征辟时间	主要官职	备注
梁汝嘉	居郡城	宋	户部尚书、缙云郡侯	举贤良方正。《宋史》有传。清光绪《宣平县志》载:梁村人
梁叔玠	居郡城	宋	郴州知州	举贤良方正。梁汝嘉子。清光绪《宣平县志》载:梁村人
梁　钥	居郡城	宋	兴国知军	举贤良方正。梁季珌子。见道光《丽水县志》
梁天将	梁村	宋	莆田主簿	民国癸亥《渥川梁氏宗谱》
梁汝达	居郡城	宋	朝议大夫	字谦善。民国癸亥《渥川梁氏宗谱》
梁子仁	梁村	宋	和州司理参军	清光绪《宣平县志》载
梁季安	梁村	宋	新淦主簿	清光绪《宣平县志》载
梁　询	梁村	元	西安县丞	民国癸亥《渥川梁氏宗谱》
梁　寿	梁村	元	松阳县尹	字子寿,民国癸亥《渥川梁氏宗谱》
梁琼林	梁村	明	澧州知州	清光绪《宣平县志》,"人才"
梁道高	梁村	明	光州知州	清光绪《宣平县志》,"明经"
梁德庆	梁村	明	广平推官	清道光《丽水县志》,"明经"
梁　长	梁村	明	长汀知县	字得善,见民国癸亥《渥川梁氏宗谱》

表1-6　　　　　　　　渥川梁氏历代武功名录

姓名	籍贯	武功时间	主要官职	备注
梁晢	梁村	宋	修职郎、公安县主簿	见民国癸亥《渥川梁氏宗谱》
梁孚将	梁村	宋	迪功郎	清光绪《宣平县志》，"武功"
梁孚惠	梁村	宋	进义校尉、赠朝奉郎	见民国癸亥《渥川梁氏宗谱》
梁仲珽	梁村	宋	湖南安抚司干办	见民国癸亥《渥川梁氏宗谱》
梁季璆	梁村	宋	宣教郎、福建运官	见民国癸亥《渥川梁氏宗谱》
梁季琦	梁村	宋	宣教郎、监行在诸司	见民国癸亥《渥川梁氏宗谱》
梁季璠	梁村	宋	奉议郎、运官	见民国癸亥《渥川梁氏宗谱》
梁季璋	梁村	宋	朝请郎、建康提官	见民国癸亥《渥川梁氏宗谱》
梁铢	梁村	宋	迪功郎、主簿	见民国癸亥《渥川梁氏宗谱》
梁淮	梁村	宋	广州增城主簿	字其人。见民国癸亥《渥川梁氏宗谱》
梁宗大	梁村	宋	潭州司户参军	见民国癸亥《渥川梁氏宗谱》
梁沐	梁村	宋	将仕郎	见民国癸亥《渥川梁氏宗谱》
梁洓	梁村	宋	武翼郎、马步军副总官	见民国癸亥《渥川梁氏宗谱》
梁桂	梁村	宋	临安提刑干办	见民国癸亥《渥川梁氏宗谱》
梁可学	梁村	宋	仲翊校尉、义兵镇抚	字通庭。妣纪氏，旌表贞节。见民国癸亥《渥川梁氏宗谱》
梁友	梁村	宋	千户	见民国癸亥《渥川梁氏宗谱》
梁师圣	梁村	宋	都巡	字起翁，号雷峰。见民国癸亥《渥川梁氏宗谱》
梁志道	梁村	宋	敦武校尉、义兵镇抚	字甫德。见民国癸亥《渥川梁氏宗谱》
梁海	梁村	元全正间	宣、应两乡巡检	字景祥。见民国癸亥《渥川梁氏宗谱》
梁浩然	梁村	元	义兵百户	字师孟。见民国癸亥《渥川梁氏宗谱》
梁涣	梁村	元	义兵万户、松阳主簿	字景文。见民国癸亥《渥川梁氏宗谱》
梁正中	梁村	元	陕西镇抚	见民国癸亥《渥川梁氏宗谱》
梁童	梁村	元	巡检	字伯英。见民国癸亥《渥川梁氏宗谱》
梁忠	梁村	元	主簿	字文进。见民国癸亥《渥川梁氏宗谱》
梁越	梁村	明	王府典仗	见民国癸亥《渥川梁氏宗谱》
梁从逾	梁村	明	建昌府南城主簿	字允玉。见民国癸亥《渥川梁氏宗谱》
梁淬	梁村	明	义兵千户	清光绪《宣平县志》载武功。见民国癸亥《渥川梁氏宗谱》
梁瑜	梁村	明	迪功郎、长溪主簿	清光绪《宣平县志》，"荐举"。民国癸亥《渥川梁氏宗谱》，"武功"
梁橦	梁村	明	韩府典伏	梁淬子。清光绪《宣平县志》，"武功"
梁秉迹	居隐浦	明		清光绪《宣平县志》载。民国癸亥《渥川梁氏宗谱》载

渥川梁氏之所以繁荣昌盛，除自身重家学、重教育以外，亦离不开与处州望族的联姻。有宋一代，处州望族之执牛耳者非龙泉丞相世家何氏家族与同为懿德乡门出状元的蔡氏家族莫属。

处州龙泉，历史悠久，人杰地灵。宋人祝穆《宋本方舆胜览》："沙洲到寺上，龙泉出宰相；沙洲到寺前，龙泉出状元。"龙泉古往今来，名人辈出，仅两宋自天圣二年（1024）至咸淳十年（1274）的250年间，龙泉上榜进士就有248人，其中先后出了何执中、何澹二位宰相。何氏一家从五代始到南宋末的十八朝中就有23位进士及第，有宋一代就涌现两位宰相，实不多见。在《两浙名贤录》或《宋史》上，何氏家族人才济济，名宦累累。"清源何氏"之得名，正是何执中去世后被封清源郡王的缘故。可见，清源何氏一族不愧为宋时浙江的名门望族。

而梁氏家族却有幸与何氏家族联为姻亲。梁固（1066—1114），字达夫，为梁旃五世从孙。梁固少年时，即能传承其父亲之学问。时常携带书籍周游四方，每听闻哪里有饱学之士，便徒步千里去拜访求教。曾经参加礼部会试未中，于是以诗书教授乡里学子，为当时诸多学者所宗。龙泉何执中有一女，颖悟过人，精通训诂，酷爱书画。何执中十分爱惜梁固的才能，称"里中之贤无逾达夫者"。于是将爱女许给梁固。大观元年，何执中向朝廷推荐，封梁固为登仕郎。后授吏部架阁官，不久改任医药惠民局。后出任汝州（今属河南省）司法参军。任上，政绩卓著，升为从事郎，调任陈州节度推官，又以功次迁升任文林郎、太府寺编估局监。长子梁汝嘉，赠少师，封缙云郡公。

而距离渥川仅5公里的曳岭脚村乃是一个英才辈出、文风蔚然之名村。五代时蔡氏迁居曳岭脚后，非常重视教化，英才辈出。尤其在宋代进入鼎盛时期，宋皇祐五年（1053）到咸淳元年（1265）212年间，出了14名进士，另外还有举人12人，征辟7人，因而有"进士村"的美誉。这其中，有父子同场、兄弟同进、叔侄同科的，被誉为"一家双桂""一门三人同叩龙门"。在14名进士中，著名的当属蔡仲龙。蔡仲龙是嘉定十六年榜眼，后升状元，成为处州府唯一之文状元。蔡仲龙官至端明殿学士。

《渥川梁氏宗谱》载有梁、蔡二家族共同御敌的故事。北宋宣和三年（1121）二月，方腊起义军洪载部经松阳，进犯处州，时城府已被攻陷，十乡仅有懿德、宣慈、应和三乡未破。洪载遣僧道珍劝降梁孚将、梁孚光、梁孚锡、梁孚惠四兄弟,并以富贵相许。梁氏兄弟拒不听命。洪载大怒,率军夜袭懿德乡,纵火焚烧民房。梁氏兄弟倾尽其家资,募壮士千人,与曳岭脚蔡氏兄弟纠集懿德、宣慈、应和三乡民众,抗击洪载部。梁孚将据险地东岩山顽强抵抗。洪载部举兵围困东岩三个月,发起猛攻二十余次,梁孚惠"身被十数创",仍英勇杀敌。击败洪载部,斩首二千余人。朝廷奖赏梁孚将等功绩,授予官职,梁氏兄弟力辞不受。此后,梁、蔡两族互动频繁,多有联姻,结为至亲。梁、蔡两族英勇护庄,亦足见梁氏家族英武崇高之气概与家产置业之殷实。渥川梁氏与处州望族联姻加快了家族的崛起与发展。

第三节　家教传承

梁氏家族编谱牒修方志,传承家族文化不遗余力。梁氏《渥川梁氏宗谱》,为宋淳熙年间广西转运使梁安世始创,至2010年,先后修纂16次,时间跨度有800余年。目前,存世版本有清道光癸未年(1823),距今已192年。另有清同治七年戊辰(1868)、光绪十七年(1891)版、民国癸亥(1923)版和2008年版,共五个版本。

表1-7　　　　　《渥川梁氏宗谱》历代修纂名录

序号	年代	修纂人世系	修纂人	修纂人身份	修纂情况
1	宋	第六世	梁安世	进士、广西转运使	立谱、编撰
2	宋	第七世	梁佽	处士	重修
3	宋	第九世	梁楚	处士	重修
4	宋	第十世	梁泰来	进士、宁海尉	重修
5	元	第十一世	梁惟垦	乐清教谕	重修
6	明	第十四世	梁柱材	隐士	重修
7	明	第十六世	梁宏坦	处士	重修
8	清顺治戊子	第二十一世	梁一蛟	处士	重修
9	清雍正丁未	第二十三世	梁祚璇	汤溪教谕	重修
10	清乾隆戊寅	第二十四世	梁世济	族长	重修
11	清乾隆壬寅	第二十四世	梁正孟	处士	重修
12	清道光三年癸未	第二十五世	梁大器	庠生	重修

续表

序号	年代	修纂人世系	修纂人	修纂人身份	修纂情况
13	同治七年戊辰	第二十六世	梁坛松	族长	重修
14	光绪十七年辛卯	第二十八世	梁根松	族长	重修
15	民国十二年	第二十八世	梁三春	族长	重修
16	2008 年		合族修纂		重修

清稽道光版《渥川梁氏宗谱》共有十卷，内容除记录新旧序文、源流世系、仕宦人物、建置坟墓、褒赠杂事等，内容极为丰富，向后人展示了一个家族繁衍生息、多姿多彩的历史发展图卷。尤其于谱牒专门设立的"著作"卷，现存录 381 篇著作及奏章，其量之多，收文之广，极为罕见，也极其珍贵。

修谱续牒、祭祀祖先的活动是对家族成员进行慎终追远美德教育的一个重要途径，不仅可以明世系，增强家族血缘亲情的凝聚力，还可以通过对家族渊源的追述，对家族中杰出人物行状、传记事迹的记叙，激励后辈子孙发奋图强。宋理学家朱熹言："子姓遵而好之，则可以修身正家；扩而充之，则可以事君治人。然后儒学之相传，宦世之相望，皆所以重伦纪，厚风俗，非他人所能及也。"修家谱在封建治国体制中，其意义不仅限于修身齐家，更是梁氏族人文化传承与教化后人的重要方式。

此外，梁氏家族尤重方志的修纂工作，族人常以参修方志，传入其中为要事。稽历代郡县志书，尤其历代《宣平县志》，可谓"无梁不成书"。以清光绪《宣平县志》为例，全书分设的山水、桥渡、祠祀、古迹、选举、人物、艺文和风俗诸门，皆有与梁氏相关内容。梁氏历代参修方志者，诸如元代梁载，编纂皇庆《处州路志》，为后世国史所纪。清康熙《处州府志》修纂，梁祚璇"协修府志，治行、人物久缺，亦纂辑成编"。清康熙五十四年，知县张廷佑主持修纂《宣平县志》，梁祚璇作为主要参修成员共同完成之。清乾隆十八年，宣平知县陈加儒主修宣平县志，监生梁泰牲、梁大钦督修而成。清道光二十年，宣平知县汤金策主修宣平县志，监生梁儒珍采访参修、监生梁儒风督修。清光绪四年，宣平知县皮树棠主修《宣平县志》，仰仗廪生梁品芳等竭力分纂而成。可以说，梁氏家族热情参与方志的修纂，为传承梁氏家族文化，加强梁氏家族教育提供了可贵的资源与平台。

梁氏家族，除重家谱方志对家族文化的传承，亦重家族精神的传承与发扬。古渥梁村，积善行德，传承而千年。宋梁季珌（1143—1208），位居要害，为官清廉，每次行部各道、州、府、县，唯恐扰民，从不留宿下榻城市，并以"吾以清白遗子孙"为行事原则，为光宗皇帝倚重，丞相谢深甫称赞其"真廉吏也"。他创办慈幼院，以收养弃儿，并拨公田为计经久。明代善士梁应期，捐谷四千石，施粥救灾民，其子一鸿，传承父志，建桥筑庵，施茶利民。明梁道高，知光州，勤政严谨，廉洁且有才干，多惠政。朝廷颁《赐河南汝宁府光州知州梁道高敕》："朕闻昔之君天下者，设官分职以赞治功。虽秩有大小，自下而上，自上而下，以考赏罚焉……"后州人将其供奉于名宦祠祭拜。康熙耆老梁尚璧，焚券拯佃农，待仆如子女，年八十一被请为府县乡饮大宾；道光寿妇梁褚氏，行事豁达，乡党恭睦，五世同堂，年逾百岁。梁氏家族成员之间，姻亲乡邻之间，贫富穷达，互为救助，与姻亲之间的相互扶持，固然有传统伦理中的宗亲意识，有维护家族地位和利益的需要，但同时梁氏家族重亲情道义、不吝资财的仁厚之举，也正是儒家"忧道不忧贫"、君子重义而轻利等伦理道德观。同时，梁氏家族善行善举对乡邑民风有积极深远的影响，经济上改善乡民生计，精神上树立德行的榜样，不仅家族之风代代相承，同时敦促地方淳厚民风的形成。

孔子言，君子当"守死善道"，梁氏家族成员身体力行，恪守族训，其对节操义行的坚守，有时甚至会为之贡献生命。查阅民国癸亥《渥川梁氏宗谱》，梁氏家族中确实有众多坚守道义的壮举，北宋梁孚将，兄弟四人，协力御敌，血战东岩，泣惊鬼神；明代梁淬，力能扛鼎，韬略满腹，平定苗叛，叔侄殉国；景泰梁秉迹，突入敌阵，斩酋两首，乱刀割面，至死不降；咸丰梁毓才，组织乡勇，捍卫桑梓，激战众敌，乱刀而亡；民国郑和斋，乃梁氏后裔，入党革命，抗税抗粮，身陷囹圄，斗争不止，狱中就义，威震山河。

更值得敬畏的是梁氏家族中，还有许多不惜生命来捍卫家族声誉的英勇女子。正统十四年（1449），宣慈乡寇变，梁氏族人避乱东岩顶上。六月十七日，乱兵众围攻放火并登至岩顶，梁氏九妇人与曳岭脚蔡俨妻包氏不肯被辱，相继投崖下而死，其节操，彪炳千秋。

梁氏家族为把义行天下、善行乡里的思想传承于后世，尤重宗祠庙宇的建设。古人云："宗祠者，尊祖敬宗之地也。祠祭者，合爱同敬之事也。祠租者，粢盛酒醴之公物也。"族众虽有亲疏，临以祖宗，皆一人之身也。时代虽有远近，列于宗祠，皆同室之亲也。宗祠既立，合族以祭，油然生孝悌之心；入庙而思，肃然动恪恭之意。

尊祖追远是一种植根于百姓骨髓的传统，使家族文化蔓延生息的体现。宗祠在中国传统的民族文化里一向被视为宗族的象征，它是供设祖先神主牌位、举行祭祖活动的场所，也是执行族规家法、举办宗族议事事务、团结族人的神圣之所。

梁品芳《重修宗祠记》曰："族之有祠，犹木之有本，水之有源也。"梁氏家族向来重视宗祠，最早始建于宋。淳熙年间，渥川第六世孙广西转运使梁安世携侄梁佽，在本庄对弄坑右井头建立梁氏宗祠。至明初，梁垌以旧祠狭隘，改建新祠于龟山之麓，梁旃墓茔之东。清嘉庆间，族内梁培九、维垣、开宝、阳初等合议扩展宗祠之规模。族中长者梁大兴非常赞成，召集族中长者、房长、耆老等商议重建宗祠。而后号召族人捐钱出力，伐木于豫章山，凿石于马弄之侧，于嘉庆十一年初夏落成，第二十五世孙梁大兴作《重建祠堂记》。清光绪十年，梁氏族人倡修宗祠，第二十八世孙梁品芳作《重修宗祠记》。

梁氏先人建梁氏宗祠外，还有祖师堂、世子庙、禋德祠、忠孝义烈祠、安定宗祠等祭祀祠庙，可见渥川家族文化尤重尊祖追远，亦见梁氏先祖宦官贤达、忠勇义士之累累。渥川古迹中，至今尚存梁太傅庙，尤值梁氏后人景仰呵护。梁太傅庙又称"汉太傅万石侯王庙"，村民俗称"太傅殿"，祀渥川梁氏先人梁商，其两女，均为汉庭皇后：顺烈皇后梁妠，为汉顺帝刘保的皇后；懿献皇后梁莹，乃汉桓帝刘志的皇后。古时，太傅古庙翠柏苍松，庄严宏伟。今废墟上仅存一残墙门楼，然拾阶而上，尤见当年恢宏气象。

此外，梁氏一族尤重保护祀先人的墓庵。作为千余年历史之古渥梁村，生在这里的梁氏族人无法记数，绝大部分的先人在梁村这片土地上，从无到有，从有到无，安然消失在历史的长河中。而一些影响过郡邑乡里，甚至在中国历史某些领域上做出贡献的先人，他们的名讳以及去世后的安生之所，在方志谱牒中世代传承，供后人景仰凭吊。诸如渥川梁氏始迁祖梁旃墓，据宗谱记载位于龟山。梁安世墓，据清光绪十七年（1891）《渥川梁氏宗谱》载："安世公，葬本村杨岭楮树凸。"梁大观据光绪十七年（1891）《渥川梁氏宗谱》卷八载：大观公墓，葬本村义学前自田，卯山酉向。由此可见梁氏家族把尊祖追远视作家族延续的精神家园，教育子子孙孙永远凭吊。

综上所述，渥川梁氏以儒起家，人才济济，政绩显赫，而且家风严谨，家学深厚，形成了内蕴丰厚的家族文化，通过多渠道、多样化的家族教育、世系相传，历经百年长盛不衰，对宋明时期的政治、经济、思想、文化和文学诸多领域影响深远，在传承和发展处州历史文化与中华传统文化的过程中扮演了十分重要的角色。

第二章

梁氏家族文学研究

第一节 梁氏家族文学创作概述

处州，于隋开皇九年（589）置县，虽地处浙西南，交通不便，但其毗邻的四周区域却有着悠久且浓厚的学术文化。浙中以吕祖谦为代表的金华学派、陈亮为代表的永康学派，浙南以叶适为代表的永嘉学派，这些学派在宋时就已经崛起并影响朝野，显然也必定对处州世家大族的文化及科举教育产生深远影响。

处州山水秀丽，风光旖旎，吸引了许多佛道信徒、文人墨客纷至沓来，成为佛道双修之地和佛道文化昌盛之地。早在晋代就有葛洪、王羲之、谢灵运、陶弘景涉足其间；而后唐朝李邕、李阳冰、李白，宋代米芾、秦观、沈括、范成大等，他们或传经布道，或郊游览胜，或出仕任官，在处州创作的诗文佳作、摩崖石刻与衍生出的民间传说，以及处州籍的中国道教领袖叶法善和杜光庭传播的道教文化，皆影响深远。

政治上，宋室南迁，定都临安，大大促进了处州各县的经济发展，也为渥川梁氏家族积累殷实家产提供了稳定的社会环境。文化上，科举考试经过唐代的不断发展与完善，到宋代已趋成熟，为士子们提供了一个施展才华的机会和相对公平的竞争舞台，科举入仕成了一些人终身的追求目标。宋代处州官学和私学等蓬勃发展，据《丽水地区志》载，仅宋一代就有948人进士及第。诸如庆元大济村吴氏家族，宋代有25位，又如龙泉何氏一门就出何执中、何澹两权相执宋府之牛耳。

毗邻渥川梁村仅5公里之近并且与梁氏家族有联姻关系的曳岭脚村蔡家，亦为宋明时期处州一大望族。蔡氏在宋皇祐五年（1053）到咸淳元年（1265）212年间，出了14名进士，另外还有举人12人，因而也有

"进士村"的美誉。其中,淳熙十四年(1187),蔡浩登丁未科进士;嘉定十六年(1223),蔡仲龙登进士及第,第二名榜眼,后升状元,成为处州府唯一的文状元;咸淳元年(1265),蔡梦龙登乙丑科进士。蔡仲龙、蔡梦龙是兄弟,与蔡浩是叔侄关系,被誉为"一家双桂""一门三人同叩龙门"。明洪武五年(1372),御史中丞、处州乡贤刘基曾为曳岭脚《蔡氏宗谱》作序:"吾栝(指处州)世族,名阀非一姓,而莫盛于蔡。""独称龙门,世袭簪缨。"可以说有宋一代,处州各世家大族尤重视诗书教育,求学之风蔚然,人才辈出。

作为历史上显赫处州的梁氏望族,如处州其他世家大族一样,亦人文鼎盛,风雅相继,其家族成员在诗、词、文、赋、书法等领域均有突出的表现。由一般的耕读之家发展为望族世家,须经历了一个文化积累的过程。在这个积累过程中他们都特别重视耕读传家以及由读书而科举。梁氏家族,从梁旃开始居住在渥溪之畔开基置业,在绍兴甲寅(1134)进士梁朴之前,梁氏家族基本以农耕为主。从梁朴之后,梁氏家族开始稳步走上科举仕宦的家族发展道路。

处州梁氏族人不仅具有良好的家族传统,而且有出众的文学才华,并在文学创作上取得了较高的成就。梁氏成员的文学创作内容十分丰富,笔者根据明《处州府志》、清《宣平府志》以及清光绪十七年(1891)《渥川梁氏宗谱》等材料对整个梁氏家族的文学创作情况进行梳理(表2-1)。

表2-1　　　　　　　　渥川梁氏文章收录汇总

年代	作者	文章名称	备注
宋	梁汝嘉	乞令亭户仍依皇祐专法以监折纳二税奏、乞推赏两浙西路措置监事有功官员奏、乞许私贩纳价限地兴贩奏、乞牙人接引私盐犯人一等科罪犯奏、以运河水浅乞权许客人海道兴贩奏、乞两浙转运司管认草料钱之半奏、乞禁富阳至浙江江岸上一带舟船夜行奏、乞临安府依旧带安抚使奏、乞给降临安度牒以周给阙奏、言提辖纲运官职事奏、乞犒设护卫人使军兵奏、以明堂大礼事请求朝廷指挥奏、权宜措置绸绢折钱事奏、乞禁侵支借兑朝廷给降籴本奏、乞以南仓空地盖造太庙奏、除浙西淮东沿海制置使申请事件状、乞御舟系泊镇江南水门外奏、乞再差干办官一员奏、去月帖	《全宋文》19篇
		修庐江何氏家乘序	括苍《何氏宗谱》1篇

续表

年代	作者	文章名称	备注
宋	梁安世	旌忠祠记、乳床赋、尽言集跋、西江月·七星岩、冷水岩题记、屏风岩题记	《全宋文》6篇
		赠王锡老	《全宋诗》1篇
		秦碑一纸并古诗呈王梅溪太守	《宋诗纪事》1篇
		东岩天阅堂	清光绪《宣平县志》1篇
		游岩、至吉水寄杨诚斋、游紫虚观眉岩亭、奉制赠大将军吴璘吴玠诗二绝、东岩天阅堂	清光绪《渥川梁氏宗谱》5篇
宋	梁泰来	龟山赋、亦好轩书室、潘氏前言录序、题周坦戴氏桂林池馆、周坦戴氏图谱序	清光绪《宣平县志》5篇
		龟山赋、潘氏前言录序、题周坦戴氏桂林池馆、周坦戴氏图谱序、亦好轩诗、碁、山深、菊花、人心、对酒、山林、寄王横溪俞朋山二同年、劳生、闲笔、豆腐次侄达泉韵、和王友梅韵二首、梧州治演政堂烟雨楼诗二首、自赠、高叔祖远堂漕使与杨诚斋先生唱和敬用原韵、经走马坞往偶成、菊、酹菊、过秦少游祠、蔡中斋招避暑东岩、竹间无暑、月下读诗、担米夫、蚕妇怨、古意、八月十四夜、陈平、张良、昭君、钓台、屈原、漫成、过双溪访远堂遗迹、钱塘观弄潮、和靖墓、梅花、感兴、归田、偶书、野步、行安乐高、感知、贫乐有余、闲趣、菊、续问月歌、中秋无月、醉歌寄蟾州叶素斋、菜羹吟答鼎臣宗弟、云山堂歌呈容斋李侯、醉中歌集古句、杂意、自适、古意寄潘谏山圣俞、暑中、三鹤岭寄王横溪、闲居寄兴集渊明句、王石泉集山谷句见寄集东坡句和、石磴光风	清光绪《渥川梁氏宗谱》63篇
宋	梁椅	上元建学前记、清如堂记	宋景定《建康志》2篇
		重修丽水学记、缙云县儒学记、戒用缯黄文、戒火化文	明成化《处州府志》4篇
宋	梁禾	少微山掀蓬赋	明成化《处州府志》1篇
宋	梁载	三岩瀑布诗并序、题东岩、风门山	明成化《处州府志》3篇
元明	梁浡澜	次答叶贵韶梁观可龟山云舍	清光绪《宣平县志》1篇
		题紫虚观八咏、和陈伯亮游东岩韵、游天台为乡校师题煮字轩、梅花和韵、龟山云舍	清光绪《渥川梁氏宗谱》5篇
元明	梁钺	龟山白云堆	清光绪《宣平县志》1篇
		赴荐次郡庠叶文范宿庆恩寺、过双溪、道中遇暑、遇岩滩、仲璟赘居吾里时回青田以诗送之三首、闻梵兴钟声访僧一谦、题寺东厅壁、顾老树、佐果以王原安《古木竹石画》求题、初九日间疾者各饮以酒至晚有雨、初十日题自像、又和昨日天字韵、是夜见月起拜辞、十一日作谒、十二日临绝闻梵兴寺僧一谦卒	清光绪《渥川梁氏宗谱》15篇

续表

年代	作者	文章名称	备注
明	梁铸	题贞烈集	清光绪《渥川梁氏宗谱》1篇
明	梁镈	题贞烈集	民国《宣平县志》1篇
		王节妇戴氏守志庵记	碑记1篇
明	梁谷存	长短歌	清光绪《渥川梁氏宗谱》1篇
清	梁尚璧	题东西岩十景、新岭	民国《宣平县志》2篇
		崇俭约言、题东西岩十景、新岭	清光绪《渥川梁氏宗谱》3篇
清	梁一鹄	读刘文成公全集、赋得秋菊有佳色、小蓬莱绝句四首	清光绪《渥川梁氏宗谱》3篇
清	梁祚璇	浚郡城内河记	清道光《丽水志稿》1篇
		龟山赋、澄潭石龙、清宁翠屏、西山画彩、龟山云舍、重修渥川桥记、宁庵碑记	清光绪《宣平县志》7篇
		自觉集序、抑庵稿序、贞烈补遗传	民国《宣平县志》3篇
		莲城赋、龟山赋、清风峡赋、贞烈补遗传、抑庵稿序、箴五首、克复堂、味道轩、师古阁、乐天斋、劝农、勉学、左道行、空门行、后觉篇、沙门行、归老、晚眺、雪、月、风、云老年吟、砭俗吟、长松吟为胡仲郊中尊祝、芝田鹤吟为王赞梁外翰祝、君子山吟为吴鞏藩文学祝、渔、樵、耕、读、牧、题八仙画图、漫兴、玉山八景、郊行、壬戌元旦、清明、味道轩律陶诗序、归田漫兴、蠲荒志感、闲居杂诗、观获、田家即事、感叹、赠高蹈士、感愤、岁暮有不情之请者止宿而去、哭大任万春两侄孙、饮宿山庄、中秋庙戏会、重建渥川大桥记、佛教论、道教论、治丧说、营葬说、神佛辨、续高识传序、大总戎名寿图序、元旦迎岁星文、祖庙太傅公中秋寿诞祝文	清光绪《渥川梁氏宗谱》60篇
		曹郡侯鼎建济川桥落成喜赋	《莲都古代诗词选》1篇
清	梁元伟	豆腐店	清光绪《渥川梁氏宗谱》1篇
清	梁天眷	石门飞瀑、混元峰	《青田古诗词选注》2篇
		白云山	《莲都古代诗词选》1篇
清	梁正梓	适适吟	清光绪《渥川梁氏宗谱》1篇
清	梁世荼	偕友玉岩登高、豫章圣迹	清光绪《渥川梁氏宗谱》2篇
清	梁大任	答午溪郑子曹源	清光绪《渥川梁氏宗谱》1篇

续表

年代	作者	文章名称	备注
清	梁万春	偶成	清光绪《渥川梁氏宗谱》1篇
清	梁大观	范村归途、闲居、庚子冬始设忆庵公祠祭序	清光绪《渥川梁氏宗谱》3篇
清	梁大钦	戏作渥川山水记、自题行乐图赞、忆庵公祭文、西林吟、乙未重过白岩禅院、碌轩、安乐山词五首、东岩八景、乙未帝臣拔峰两侄同入泮志喜、戊戌三秋重游椒山、赋得秋色老梧桐、赋得山静如太古、挽蔡君鼎养、江心寺、戏赠聋友、石侯岩头寺记游、东岩	清光绪《渥川梁氏宗谱》17篇
清	梁大器	白云堆怀古、培兰、种菊	清光绪《渥川梁氏宗谱》3篇
清	梁大临	赋得远山兼天净、鹤峰书院	清光绪《渥川梁氏宗谱》2篇
清	梁甫	赋得一潭明月钓无痕、水底桃花、窗前玉竹和相宜、吊兰、茉莉、建兰、芙蓉、读史有感、风、晴、雨、露、玉岩山、普照寺、南明山、三岩寺、白云山、石门洞和韩子、芝田松鹤词、却金馆有感、突星濑、钓台、西湖、放鹤亭、镜屏秋月、苏堤晓云和青田陈先生、岳武穆坟、林和靖先生墓、鄂王坟前铁铸秦桧等像、琉田哥窑歌、振衣千仞赋、汉宫秋二首	清光绪《渥川梁氏宗谱》32篇
清	梁藩	赋得流响出疏桐	清光绪《渥川梁氏宗谱》1篇
清	梁泰牲	柳城	民国《宣平县志》1篇
清	梁甸	赋得渔子宿潭烟、醉山轩和培九弟韵、赋得桃花源里人家、渔妇晓妆波作镜、贺曳山蔡氏修谱	清光绪《渥川梁氏宗谱》5篇
清	梁敦复	赋得膏泽多丰年	清光绪《渥川梁氏宗谱》1篇
清	梁定海	赋得山水有清音二首、曳岭头、咏梅、颂黄邑侯焕、赋得带经而锄、腊月望月雪景、元旦落雪、赋得过勿惮改、赋得植杖而芸、赋得孟子见梁惠王、赋得孟子去齐	清光绪《渥川梁氏宗谱》11篇
清	梁杰	次韵内兄王相宜榴花绝句四首、赋得榆青缀古钱	清光绪《渥川梁氏宗谱》2篇
清	梁淳	赋得秋色老梧桐	清光绪《渥川梁氏宗谱》1篇
清	梁位	宿普照寺、补春夜宴桃李园诗三首	清光绪《渥川梁氏宗谱》2篇
清	梁定国	赋得白日莫蹉跎	清光绪《渥川梁氏宗谱》1篇

续表

年代	作者	文章名称	备注
清	梁畴	醉山轩、三岩观瀑布奉和周一鹏师台元韵	清光绪《渥川梁氏宗谱》2篇
清	梁畦	九日东岩登高、紫荆花、文武宫志	清光绪《渥川梁氏宗谱》3篇
清	梁佐	赋得九月筑场圃、西湖十景录六	清光绪《渥川梁氏宗谱》2篇
清	梁偕	赋得草色入帘青	清光绪《渥川梁氏宗谱》1篇
清	梁明烈	雪峰寺即景、云峰寺古佛新装	清光绪《渥川梁氏宗谱》2篇
清	梁畏	仙都石笋、登钓台二首、夏登南明山、石门洞、题青田试剑石、三岩寺纪梦、游江心寺、石门瀑布和邑谕张湘友韵、山意冲寒欲放梅、清明祭扫赋、嘉庆己巳年重建文武宫志	清光绪《渥川梁氏宗谱》11篇
清	梁燕	赋得鸡鸣而起、赋得人咏其寿	清光绪《渥川梁氏宗谱》2篇
清	梁谔	赋得成人之美、故理义之悦我心、学而优则仕、山梁悦孔性	清光绪《渥川梁氏宗谱》4篇
清	梁俭	牡丹花、赋得九日登高、劝诸生勉学、桃山岩、三岩寺	清光绪《渥川梁氏宗谱》5篇
清	梁畊	师古阁怀古、三岩观瀑、三岩地鼓、三岩丹池、石门瀑布、游石门访刘青田读书精舍、路感、都中感怀、鹤岭腊梅、奉和黄邑尊焕东岩留题次韵	清光绪《渥川梁氏宗谱》10篇
清	梁明旦	首夏重游玉岩	清光绪《渥川梁氏宗谱》1篇
清	梁明泰	太傅古柏、咏牡丹、竹露滴清响、残荷、重九游玉岩山、龟山听鸟音	清光绪《渥川梁氏宗谱》6篇
清	梁天鸾	赋得轻燕受风斜、赋得芍药殿春红、赋得桂林一枝、太傅古柏	清光绪《渥川梁氏宗谱》4篇
清	梁儒望	丙星亭怀古、水柱、醉山轩、和黄父台东岩次韵	清光绪《渥川梁氏宗谱》4篇
清	梁儒珍	谦吉堂五古二首	清光绪《渥川梁氏宗谱》1篇
清	梁儒林	东岩步黄邑侯焕韵、题东岩十景、白云堆、渥溪、兰亭怀古、过高浦赠蔡梅村舅兄、绝以自志	清光绪《渥川梁氏宗谱》7篇
清	梁儒行	访轩辕黄帝升天处、秋夜怀友、登严子陵钓台二首、严陵濑、龟山孤松唫、田家留饮、思归吟集栝苍山川古迹二首、醉中唫、和韩邑侯县志台山八景诗用元韵、挂榜岩、夏夜口占、山斋四诗咏、石门瀑布步庆元姚佃芝讳梁先生韵、登南明山、三岩寺、白云山、题石帆、踏社竺枝词、壬午获稻歌	清光绪《渥川梁氏宗谱》19篇

续表

年代	作者	文章名称	备注
清	梁儒书	人澹如菊、拟游玉岩山阻雨	清光绪《渥川梁氏宗谱》2篇
清	梁企愈	赋得林密含余清	清光绪《渥川梁氏宗谱》1篇
清	梁立功	白云堆、龟山、雾岭亭、杨岭口亭、渥溪桥、学易书院	清光绪《渥川梁氏宗谱》6篇
清	梁毓祥	留墨庄枇杷、学易堂梨花	清光绪《渥川梁氏宗谱》2篇
清	梁毓才	龟山、味道轩、玩月楼、兰花、建兰、荷花、白莲、金莲	清光绪《渥川梁氏宗谱》8篇
清	梁毓贤	闲居尊曾祖少亭公原韵、醉山轩尊祖西圃公原韵、玩月楼、竹筠轩、祖庙乔木、雾岭亭、渥溪桥、重建文武宫记附志	清光绪《渥川梁氏宗谱》8篇
清	梁建康	柳城、虎迹溪步蔡梅村舅父韵	清光绪《渥川梁氏宗谱》2篇
清	梁毓恺	新岭、学易堂夏日即景	清光绪《渥川梁氏宗谱》2篇
清	梁建侯	新竹	清光绪《渥川梁氏宗谱》1篇
清	梁廷祐	渥溪桥、世子庙	清光绪《渥川梁氏宗谱》2篇
清	梁文舟	留墨庄记、龟山感叹、放生潭观鱼	清光绪《渥川梁氏宗谱》3篇
清	梁毓荆	梁溪八景、重建文武宫志、重修延福庵记	清光绪《渥川梁氏宗谱》3篇
清	梁毓俊	渥溪桥、雾岭亭、杨岭口亭、学易书院	清光绪《渥川梁氏宗谱》4篇
清	梁品芳	心远斋四景、戒吃鸦烟赋	清光绪《渥川梁氏宗谱》2篇
清	梁登云	春山如笑、分秧及初夏、秋菊有佳色、冬吟白雪诗	清光绪《渥川梁氏宗谱》4篇
清	梁寅	叩马书生论、隐士、拟构牛塘山居未遂、赠东岩老衲	清光绪《渥川梁氏宗谱》4篇

如表2-1所示，从纵向来看，从宋淳熙年间建谱至清代，历代均有文章著作收录，其中宋代112篇、元明26篇、清代309篇；从作者人物来看，有宋代梁汝嘉20篇、梁泰来62篇、元明时期梁铖15篇、清代梁祚璇72篇、梁大钦17篇、梁甫32篇、梁儒行19篇；从体裁来看，有诗词歌赋、传记铭文等极为丰富；从写作的素材看，涵盖山水风物、生活劳作、风俗人情、哲理思考、人伦教育等，包罗万象。这些文学著作，不仅

以诗文形式记载了诸多鲜为人知的历史山川风貌，也为今人留下了极为珍贵的历史文献及文学艺术作品，足见梁氏先人在1000余年的历史长河中，言传身教、耕读传家的不菲业绩。

从表2-1所反映的情况，我们可以得出以下结论：第一，梁氏家族，可谓文学世家，其家族文学创作内容极其丰富，而且成就较高。第二，他们的创作题材多样、文体繁富。清光绪十七年（1891）《渥川梁氏宗谱》，专门设了一卷"著作"即是非凡之举。第三，梁汝嘉奏章19篇，不但文采飞扬，还极富史料价值。

一般世家大族可以靠科举出仕确立其社会地位，但是科举世家又并不完全等同于文化世家。对于文化世家而言，科举固然重要，但家族在长期发展过程中累积起来的文化底蕴和家学传承，才是一个家族的文化内核。梁氏家族自在渥川开基，就重视诗书教育，并以科举及第为荣。当梁氏在家族渐趋鼎盛之后，在重视科举教育的同时，更强调了以传统诗文创作为主的家学传承，这从梁氏家族丰富的文学创作成果即可得到明证。可以说，梁氏家族不但是处州望族，更是处州极为稀少的文化世家！

关于文化世家家风家学传承，钱穆在《略论魏晋南北朝学术文化与当时门第之关系》中说："当时门第传统共同理想，所期望于门第中人，上至贤父兄，下至佳子弟，不外两大要目：一是希望其能具孝友之内行，一则希望其能有经籍文史学业之修养。此两种希望，并合成为当时共同之家教。其前一项之表现，则成为家风；后一项之表现，则成为家学"。钱穆之言是针对魏晋南北朝文化世家而言，而实际上对家族成员品德与文化修养的重视培养，于历朝历代的文化世家也是具有普适性的。渥川梁氏家族重视家族成员的科举事业，能以科举功业立足于处州，但也并非把科举入仕当作唯一的人生道路。清梁毓贤《闲居曾祖少亭公原韵》曰："诗师李杜终难肖，字仿钟王欲与齐。满幅珠玑皆得意，争看浩气若霓虹。"［清光绪十七年（1891）《渥川梁氏宗谱》］由诗可见，梁氏家族在传统的经学教育之外，诗词文赋、书法翰墨亦是其家族教育的重要内容，古诗文词的创作逐渐成梁氏家学传统，且以文学事功蜚声一方。

渥川梁氏六世孙梁安世，醉心文史，极擅文辞，著有《远堂集》，周必大《文忠集》卷一八六《韶州梁守安世》赞梁安世"义高词古，深得欧、苏二文忠遗意……今执事本之以德业，持之以谦厚，将一洗陋习，尚友古人"。其评价之高，厚爱之深，溢于言表。

梁安世亦酷好金石书法，梁安世任桂林转运使任职期间，留下了诸多摩崖石刻，现存《乳床赋》《西江月·七星岩》和《试剑石词》等六件，文笔优美，书法遒劲，令人惊叹。综观梁安世碑刻，楷书明显受唐代颜真卿的雄强书风的影响；其行书，宗王羲之、王献之、米芾，潇洒奔放，锋势全备，墨酣意足，笔力扛鼎，挺拔瘦劲的线条，清峭疏朗的结构，明快有力的节奏，将二王笔法、米氏书风，娴熟地运用于笔端，可见梁氏书法功底之深厚。可推断渥川梁氏家学教育，不但重科举、重诗文，也重艺术人文。

知州梁椅，宋代学者，幼而颖异，精于骈俪，尤有《论语翼》等传世。梁椅卸职后，潜心研究经学，招徒讲学，著文抒怀，尤精于四六句（即骈文），晚年致力于程朱理学。梁氏第十世孙梁泰来三十七岁登进士第，补迪功郎，一生著作甚丰，今存诗文62篇，有集子曰《菊平小稿》。第十三世孙梁淳澜（1345—1412），自幼颖敏绝伦，书无不读，读无不记，长于《周易》，旁通天文地理阴阳卦数之术。博学多才而不求仕进，在龟山之西建三阳书院一所。生平著有《周易附注》《五行五事》《辨及象物》等篇及《沧江渔唱》等集子。第二十三世孙梁祚璇（1657—1744），好书如命，博通经史，学识超人。十六岁，参加处州府试，下笔数千言，知府惊异，留其共进午膳。

由上所述，渥川梁氏，英才辈出，这既是其家族重视诗书教育与家学传承的结果，更是梁氏家族历千年而不衰的最根本原因。

第二节　梁氏家族文学创作风貌论述

渥川梁氏，耕读传家，富而崇文，藉祠兴学，"不求代代有富贵，但求儿孙出秀才"，所以名宦贤士，代不乏人，抒怀著文，传于后世。综观煌煌巨作，多受儒、道家文化之影响。

一　浓郁的儒家文化色彩

当我们透过历史的长河来审视望族世家的家学传统时，会发现这个家族的创作群体，往往有着强烈的家族意识，积极参与创立并传承家学传统，并在代代相传的家学文化中表现出相对稳定的文化精神。处州梁氏家族向以经国济世、经世致用的儒家文化为精神内核，同时，又因儒家文化向来注重修身养性、注重内省，梁氏家族的文学创作中，更是充满了历代家族文士对喜怒哀乐的慨叹吟唱、对人生社会的哲理思考，其中饱含了对个体生命意义的探究与追寻。

如宋梁泰来《和王友梅韵二首（其一）》诗云：

自笑聪明不及前，长途屈曲且停鞭。未能水击三千里，聊复山居八九椽。往事逢朋说皇榜，新功课子诵青编。何时共把穷通数，相与衔杯一问天。

又如梁泰来《张良》诗云：

掉舌俄成万户封，报韩之外不言功。汉高笼络英雄者，却在先生笼络中。

两首诗中"水击三千里""皇榜""万户封"及"英雄"等词语，就可以感受到梁泰来胸怀经国济世、建功立业的雄心，"何时共把穷通数，相与衔杯一问天"，体现了作者炽热滚烫却壮志未酬的爱国情怀。

又如梁泰来《石磴光风》诗曰：

地阔天宽墅趣闲，莫教风月落空山。澄清潭影谦冲色，平远山光蕴藉颜。春入莺花从玩赏，秋深梨枣待搴攀。迂回石磴层层上，我欲振衣千仞间。

此诗描写的虽然是石磴光风景色，但"迂回石磴层层上，我欲振衣千仞间"句，何不是作者期待自己干一番大事业、想要有一番大作为的心里写照。梁氏第二十六世孙梁畏《嘉庆己巳年重建文武宫记》载："伐木于豫章之巅，凿石于马弄之侧……将见英贤鹊起，雁塔题名，甲第蟬联，凤楼可举，岂非两帝在天之灵，气运福报之隆也哉！"由此可见，由宋至清延续千年，梁氏家族一直秉持正统思想信念，坚守儒家人生观，认为"雁塔题名，甲第蟬联"，是家族最大的荣耀，也是对子孙后辈最大的期待。这一儒学思想一直影响着渥川梁氏的诗词文赋的艺术创作。

此外，在梁氏家族的文学创作中往往较多关注民生，以仁民爱物为其创作主旨。如梁泰来《蚕妇怨》曰：

  蚕熟蚕妇喜，绢成蚕妇怨。我言蚕妇不须怨，官中纳米不纳绢。蚕妇未言先皱眉，口说此怀人未知。且如今年桑叶贵，叶债未偿典春衣。春衣典尽无计赎，米粮只补官粮足。机头尺寸博米谷，寒指停梭已空轴。去年绢尽犹绩麻，今年麻已供敷科。青灯夜窗补郎襦，妾身受冻休嗟吁。

此诗用叙事诗的形式，表现了封建社会辛勤劳作的蚕妇，一年辛苦到头，虽然喜获丰收，但苛捐杂税导致了全家挨饿受冻的悲惨命运，表现了作者控诉封建统治及悲悯民生、仁民爱物之情怀。

渥川梁氏一族受家学及传统儒家思想的影响与熏陶，诗风雅正，内蕴深刻，历代不乏体味民生、关注农事题材的作品出现。如清梁祚璇《劝农》曰：

  皇民汹穆，饮血茹毛。养以粒米，神农之膏。
  稷教树艺，厥有成劳。千秋万国，履厚戴高。
  任土作贡，深耕不空。画井分疆，服勤者众。
  廪有稻粱，家无馁冻。阡陌一开，穷黎悲痛。
  食为民天，王政所先。历山莘野，鹿门富川。
  君相贤哲，栖亩躬佃。况我庶人，孰敢不然。
  天时易驰，地利难期。水耕火耨，人事莫迟。
  鸟催力作，兽畏肥遗。上农常饱，游民屡饥。

这是一首对家族后辈极其有教育意义的诗歌，"廪有稻粱，家无馁冻""食为民天，王政所先""君相贤哲，栖亩躬佃。况我庶人，孰敢不然"。告诫梁氏子孙，民以食为天，即使是明君圣贤，都要关心农事生产，更何况我辈百姓庶人，水耕火种事不宜迟啊。

儒家强调要"上以风化下，下以风刺上"，要心系国家之事。如宋代名宦、缙云郡公梁汝嘉正是秉承着这种信念才会陈疏时弊，敢于谏言。

宋绍兴元年（1131）四月，时任提举两浙路茶盐公事的梁汝嘉言："近点检临安府盐官县等处，承本路转运司牒：亭户二税依条以盐折纳，盖因当司奏行支俵人户丁蚕盐,每岁有取过盐货,给散人户,所有将税折盐。今来罢支丁蚕盐,更无取拨盐数,其二税自合依旧本色。本司窃详亭户……以煎盐为业,不曾耕种田亩,……所纳二税并是依皇祐专法,以盐折纳入官,候岁终纽计价钱拨还。"南宋初,都城临安产生了便钱会子。"当时临安之民,复私置便钱会子,豪右主之。"绍兴五年(1135)九月十五日,高宗曾采纳梁汝嘉的建议,诏令临安府:"在城寄付兑便钱会子,毋得出门,仍依在京小平钱法立定刑名。"这是一种私营汇兑,朝廷企图禁止将钱汇往外地,要按私运小平钱出城治罪。

梁汝嘉入仕30年,史评其"长于吏治",从县佐升至六卿,一路平步青云,除高宗皇帝赏识眷顾、其过人的胆识才学外,更是其深受儒家"忠君爱国"思想影响的自然操守与自觉行为。从其19份奏章的内容看,大多是针砭时弊、切中要害的善言,有浓郁的儒家文学色彩。

在中国封建社会,世家大族把"以儒起家,以儒传家"奉为家族教育的圭臬,渥川梁氏也不例外。修身、齐家、治国为其家族教育的核心思想,通过家训、族规、修建太傅庙及文武宫等一系列教育方式,将儒家思想中的伦理道德观具体化、通俗化,施之于家族教育,使之成为家族成员内在的品德修为,而这种个人道德修为往往随着梁氏子孙地位的提升、职位的变化,运用到治国平天下的政治实践活动中,从而实现政治上的远大抱负。所以,儒家思想无不深深烙刻在梁氏家族的士子身上,也自然地表露在他们创作的诗词文赋中。

二 潜在的道家思想影响

处州的道教文化历史悠久,出现了葛洪、叶法善、杜光庭等许多杰出的道学家。处州境内亦有众多的道家文化遗存,如松阳的茅山,处州府城对面的少微山、南明山以及缙云的仙都山等。

浓郁的道家文化,对仕途不得志的文人士大夫尤有吸引力,当他们在仕途遇到重大挫折时,往往有着对个体生命独立人格的追求,无论他们在困顿的政治困境中追求品格的完美,或徜徉于山水之间保持与世独立的高洁品格以及历尽仕途磨难而始终坚守不同流合污的独立人格,这种遵循自然,探寻人生意义,尊重个体生命价值的文化,都始终贯穿在梁氏家族的家学传承之中。

如载于光绪《宣平县志》宋梁泰来《龟山赋》,其文明显受庄子文风的影响。龟山在梁村之东，渥山之前，为处州之名山。清光绪《处州府志》载："龟山，以形名"。

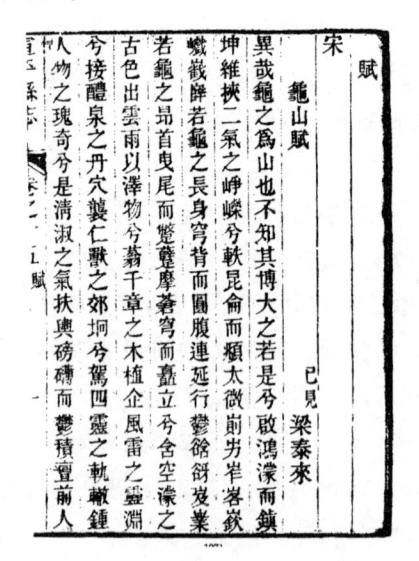

清光绪《宣平县志》之《龟山赋》

《龟山赋》行文开头就气势恢宏："异哉，龟之为山也！不知其博大之若是兮，启鸿蒙而镇坤维；挟二气之峥嵘兮，轶昆仑而俯太微。"接着借龟之形态与灵性对龟山进行了描写，"尉岇岸客，嵌巇巀崖，若龟之长身穹背而圆腹；连延行郁，谽谺岌业，若龟之昂首曳尾而鼈藥。摩苍穹而蠹立兮，含空蒙之古色。出云雨以泽物兮，蓊千章之木植。企风雷之灵渊兮，接体泉之丹穴。袭仁兽之郊垌兮，驾四灵之轨辙。钟人物之瑰奇兮，是清淑之气扶与磅礴而郁积。"

第二段，对神灵之龟，"灵于物者古如彼，灵于身者今未闻，其仿佛万一焉"进行了发问。接着从一梦境故事，得以回答道："梦一玄衣公子，曳裾蹱涂，施施而至，曰：'东蒙之山，黔江之麓。名以龟而形似，岂培塿之同属？嗟是山之得名兮，实崎嶔而峭巘。岂余美之所钟兮，信天同而坤比。翳灵瑞之献奇兮，极端倪之赑屃。惟梁氏之杰出兮，擅五行之秀气。何子望之深兮，谓灵于物而不灵于己。吾将避此之他兮而固不可，吾将逃子之责兮而遂弗果。噫！不知我之知汝兮，信非子之知我。'"

第三段，"言讫而去，予亦惊悟。形肖其名，遂为之赋。"点题作赋之由。

综观《龟山赋》全文，气势磅礴，意境宏伟，新人耳目的寓言故事，雄奇怪诞的艺术意境，出乎寻常的夸张、比喻手法，炽热激昂的诗人情感以及作者充满浪漫主义情怀的艺术精神，给人留下深刻的印象。如不具有博大气度、广阔胸襟，很难能孕育出这等气势宏伟之篇章。郭沫若认为，大半个中国文学史都受到庄子的影响，并非言过其实，《龟山赋》一文足见梁泰来有庄子般旷达超脱的个性及其幽默诙谐的艺术风格。

又如清梁国桢作《龟山孤松吟》诗：

> 榆柳拂道周，剪除不自保。庭阶树桃李，摧折亦云早。
> 何如龟山松，蟠结坚以老。负材自孤直，作气独浩浩。
> 霜皮破苍鳞，翠益接清昊。岁寒无凋落，清向彻昏晓。
> 枝来海鹤巢，根其蛰龙抱。工师所不达，樵采迹如扫。
> 顾此贞洁资，嗟予风尘道。君子耐寂寞，悠然终寿考。

"顾此贞洁资，嗟予风尘道。君子耐寂寞，悠然终寿考。"这首诗为我们呈现了一种"全然放达"的道教情怀，让我们深刻感受到道家思想的印痕。这类作品或写沉浮于仕途宦海的慨叹，或写生活中的闲情雅致，或写亲友乡情之浓郁，不论是随性抒发，还是哲理思考，其中往往充满了作者对个体生命价值的感悟与思考，充满着对人生意义的追问和对人性的关怀。

再如清梁毓荆《澄潭石龙》诗：

> 十里澄潭水色光，潜龙宛在水中央。毕生稳抱骊珠睡，何日行凭尺木翔。白石粼粼旋变化，赤鬐珑珑欲飞扬。藏踪曲涧缘奚事，却厌风雷世上忙。

此诗描写澄潭石龙，赞其"白石粼粼旋变化，赤鬐珑珑欲飞扬"，但笔锋一转，"藏踪曲涧缘奚事，却厌风雷世上忙"。这种融合身世之慨叹、表现对个体生命价值的追寻和对人生意义的探索等题旨的作品，流露出他们受道家思想影响。他们以"石龙"自喻，在"忙忙碌碌"的世间，潜沉水底，自我修持，自我解脱。他们以对生命的珍视和热爱，通过对个人道德的完善，不断地追寻着个体生命的存在价值，探寻人生之意义。可以说，这一类诗文也最能展示出处州梁氏家族成员最真实而丰富的内心世界。

三 无神论的影响

无神论，即否定神、鬼迷信和宗教神学的理论，是一种认为神或灵魂是不存在的哲学思想。历史上的无神论一般都提倡理性和科学，反对信仰主义和蒙昧主义，反对传统宗教的精神束缚，讴歌人的尊严和自由。一般说来，唯物主义者同时也是无神论者，无神论者常常是"自由思想家"的同义语，与"启蒙思想"具有类似的性质和意义。渥川梁氏第二十三世孙梁祚璇，乃为无神论者，其生性淡泊，尤恶僧道蒙蔽民间，撰《佛教论》《道教论》《神佛辨》和《续高识传序》等多篇辨析佛道文章，传于民间，以开民智，可谓意义非凡。

梁祚璇（1657—1744），字玑辰，号龟山主人，又号愚谷老樵。父梁尚璧。梁祚璇生性好书如命，博通经史，学识超人。年十六，参加处州府试，下笔数千言，知府惊异，留其共进午膳。梁祚璇年少时，耿精忠部队掳掠处州，其家未能幸免，梁祚璇对家中财物不顾，独自一人背负一大箱子古书于渥山石室之中。年三十受浙江省督学王掞知遇，选拔为明经。后以授徒为生，一时名满括苍。著有《味道萤雪集诗》和《曲肱丛说》行于世。晚年辑其所作为《味道轩集》二卷，南京图书馆有藏。

《味道轩集》凡诗文各一卷，诗文前皆有自序，时年七十有八。自序愤发感慨云："二十以前荒于兵戈，三十以后荒于逋赋，四十外荒于谋生，六十外荒于薄宦，到二十一至二十九岁，五十至六十岁，荒于教授生徒。"其集乃其一生的自我写照。

其一，《佛教论》之辨伪。

梁祚璇所撰《佛教论》，开篇即云："古无佛，中国亦无佛。至衰周而释迦生，苦修于灵鹫山，以空空为宗旨，观音自中印土来，尝坐罗刹之盘陀石。而文殊、普贤，则居洱海之鸡足，相距不远。则普陀、峨眉、五台诸道场，或系日后播迁，要皆乌斯藏天竺国人耳。"

第二段，论述达摩之人，乃自印度渡海来到中国，面貌黝黑，实他国人之真相貌，然当时亦未尝贻害于中国。但"自有迎佛骨、求佛经者，甘为罪魁，煽动其邪说。本非西方族类，而削发披缁，为皈依其教之释子，募黄金，建塔寺，泥塑木雕，诸俊俏之像，高居莲台狮座，曰释迦、曰文

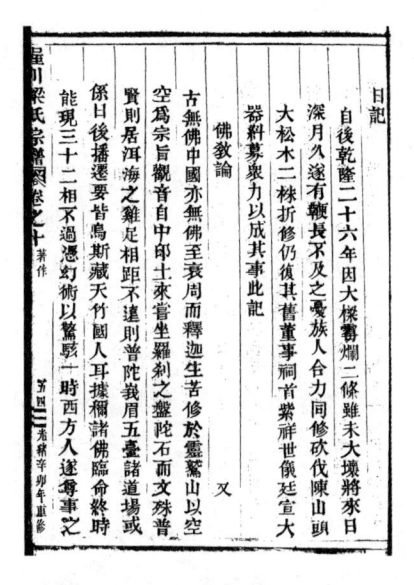

清光绪《渥川梁氏宗谱》之佛教论

殊、曰普贤、曰观音",才"大失本来面目,而谬称为如来",其实"不如不来也!"

接着,论述道:释迦之徒侣,迦叶、阿难有锡杖袈裟,历传衣钵,如后世慧远、佛印、德山、黄梅之流,调弄机锋,名为说法,犹存佛氏空空之正果。最可怪者,翻译胡言,咒章,晨昏持诵,不可解者,强解之。而《金刚经》《妙华经》和《弥陀经》,自述其授受之因缘;《寿生经》《血盆经》和《观音经》,又夸其普济之法力,皆鄙陋荒谬之说,无一句可为常典者。更严重者"至国达和尚,造为三昧水,忏意在释结解冤,已属诱惑人心。之其续有《血湖》和《梁皇》两部,更可诳骗妇人及无知。下流卖佛求财,真佛氏之罪人矣!"

作者论述佛教迷信泛滥之根本原因,在于"世俗日非,人心不古",并很少有真正了解西方世界,倘若父母、妻子有罪,其他人怎能超度呢!最后,作者自谦道:我才能不足,佛教之源流仅能论述如此,不知可以唤醒睡梦中人否?

梁祚璜所撰《佛教论》,实质上是佛教与迷信之辩。佛教可以说是一种哲学,一种世界观,一种文化。佛教是教人正信正行的,帮助人们转迷成悟,它倡导的是如法如律、大悟大觉和自利利他的处事哲学。但佛教又容易使人迷信,即在信仰的领域里,没有正确的知见,盲目地去崇拜一个人或一门宗派。迷信可致人痴狂，失去理智而不能自控。梁祚璇揭露了当时社会百姓中的种种迷信现象。

其二，《道教论》之辨伪。

梁祚璇又撰《道教论》，开篇论道教乃"老子以五千言传尹喜"，孔子问礼于老子，刘歆列九流溯其源，继而庄子、列御寇附其说，也仅仅得之旷达清静而已。解释了道教的最高尊神"三清祖师"，即玉清元始天尊、上清灵宝天尊、太清道德天尊（太上老君）；"三官"，即天、地、水；"三元"，即北斗、文昌、文曲等道学常识。

接着作者道出写此文之缘由，"而奉其教者，分立门户，互相传述，辨之不可胜辨也。余试约而论之，以符箓著者，曰天师奏章，步罡捉斩妖魔为事。林灵素、叶法善声闻犹隐，汉之张道陵，荣封至今"。并指出，道教发展至今已成"妖法幻术"，有如"吕岩为丹炉祖，黄白刀圭，相继蛊惑，遂致饵药暴崩之罪"；"《黄庭经》《海琼集》，皆非度人者，适祸人者耳"；"东方朔三窃仙桃，麻姑降蔡经宅，……悉彼等捏诬欺人之语"。再如"空中取物，叱石成羊"纯属游戏之事，"纸剪人马，变为天兵神将，呼风唤雨，走石飞沙，汉之黄巾，先代之白莲……"，这些都是"道外之道，不可述于后世者也"。至于"若闽中林三教，今称陈十四夫人者，其流亚也"。

更严重者，是我括苍恶习"降神之邪党"，"鸣锣击鼓，抢魂打王，妇人痴汉，屈伸听命，此风大坏！"作者最后感叹道："（有识者）虽大声疾呼，无能禁止，余亦无如之何也。姑伸其论，以匡维吾儒之正道焉耳。"——姑且我只能申辩道教之伪，以匡正儒学之正道。

梁祚璇在该文中，实质上阐述了道学与道教之关系及流变。道学是先秦诸子百家中的一个思想或哲学流派，其代表人物是老、庄。其思想崇尚回归自然、返璞归真，强调人与大自然相和谐，同宇宙本性相契合。在艺术上追求"天人合一"的境界，形成自然主义的审美意识，激发了文学艺术家的创造力。道教则是一宗教，是汉末从"五斗米道"发展而来，其主要代表人物是张道陵。但道教思想源泉因是袭用了老、庄思想，也将其二人奉为教主，他们的学术经典，即《老子》和《庄子》也被奉为道教经典，其实是把哲学思想庸俗化、宗教化了，流传到最后甚至妖魔化了。

清光绪《渥川梁氏宗谱》之道教论

第三节　梁氏家族文学创作题材阐述

渥川梁氏家族成员浓烈的儒家文化中融和道家智慧，创作了独具地域特色、富含儒道文化的大量优秀作品。这些作品题材丰富，形式多样，表现出了他们在文学领域的探索与创新。

一　抒怀类

所谓"抒怀"，就是抒发对生命的感悟，再现真实的自我情感体验。其作品传达的往往是一种超越物质的精神境界，给读者以直观的审美感受。其中不乏对人生的感悟和生活的感叹以及浓郁的情愁。

如宋梁泰来《人心》，诗云：

> 人心险似风波险，世态轻于云絮轻。
> 凫鹤短长皆定分，触蛮胜负只虚名。
> 琴书庭户闲方静，蔬果杯盘贫倒清。
> 真欲为农今已晚，篇诗话兴赋归耕。

宋梁泰来《山林》诗云：

　　山林自古老英豪，穷达从来运所遭。
　　世利甚微两蜗角，人情多变九牛毛。
　　寄怀琴外无声妙，袖手棋边不着高。
　　白骨休嗟秋井塌，相逢有酒且持螯。

"人心险似风波险，世态轻于云絮轻。""世利甚微两蜗角，人情多变九牛毛。"人心险恶，世态炎凉。只有寄怀于琴中声、杯中酒，"琴书庭户闲方静，蔬果杯盘贫倒清"，作者感怀道，何不做一介农夫，在归耕途中赋诗一首，清贫些许又何妨？再有梁泰来《亦好书室》，诗云：

　　人在远堂山下居，家有远堂堂上书。阶苔帘草意自如，有书可读山可庐。人于富贵不可足，我于贫贱乐有余。相逢休问我何好？亦有好处难语渠。
　　一池斗大泉可掬，一坡掌平数丛菊。菊吾金，泉吾玉，何用封侯万钟粟。君不见，孔门乐处无日无，疏食饮水肱常曲。

这首诗，写的是书斋感怀，但相比于前两首诗，作者在此诗中显得更加豁达乐观。"一池斗大泉可掬，一坡掌平数丛菊。菊吾金，泉吾玉，何用封侯万钟粟。"表现出一种文人士大夫所特有的博大而洒脱的胸怀以及遇到挫折从不怨天尤人的处世态度和宽容豁达的人生境界。

又如明梁钺《十一日作谒》，诗云：

　　我寿八十九方寸，居仁而行，居义而守。处世无亏，生无愧负。咦！云路迢迢，逍遥而走。

全诗仅32字，但一个正直慈祥、刚毅温和的耄耋老人的形象跃然纸上。"居仁而行，居义而守。处世无亏，生无愧负。"仁义双至，此生无愧，乃儒家思想的最高境界。一个"咦"字，把最高的道德要求生活化、自然化了，表现出自然而然的道德观。"云路迢迢，逍遥而走。"非常轻松自如地表现出了一个充满自信、豁达、快乐的智慧老者形象。

二 咏物类

所谓"咏物",就是选取熟悉的事物作为引用对象,以便寄托作者的情感体验。在梁氏族人的诗词中,生活中常见的事物都被他们信手拈来,加以咏叹。诸如:梅兰竹菊、风雪雨樵、琴棋书画以及生活中的食品等。

如宋梁泰来《梅花》诗云:

> 骨骼清癯大耐寒,人无道眼也休看。
> 吾侬为说梅花相,主定梅花作冷官。

"道眼",佛教语,指能洞察一切,辨别真妄的眼力。"冷官",清闲、地位不重要的官职。作者以梅花自喻,歌颂了梅花冰肌玉骨、不畏严寒及凌寒留香的高贵品质。

又如梁泰来《棋》云:

> 不动干戈觌面兵,非秦非楚自纵横。
> 十分得势寡敌众,一着投机死转生。
> 当局胜心迷取舍,旁人冷眼辨输赢。
> 翻来覆去须臾耳,对此分明见世情。

棋局翻云覆雨,变化莫测,当局者迷,旁观者清。作者感叹其世道变化之无常,以此隐喻自己淡泊人生,不随波逐流之品性。

梁泰来《豆腐次侄达泉韵》云:

> 巧出淮南仙术妙,今人只作食蔬看。
> 转旋蚁磨滋银汁,缥缈龙茶瀹碧湍。
> 落刃不闻冰有韵,覆盘惟见雪成团。
> 此时好入调羹手,已免醯儿风味寒。

淮南,即淮南王刘安。史上关于豆腐之发明,有两种说法:一是为春秋战国乐毅,二是西汉淮南王刘安,即使后者距今亦有2000多年的历史。刘安所著《淮南子》为最早收录豆腐制法之文献。梁泰来此诗赞美了淮南王刘安发明豆腐之功绩，亦详细描写了豆腐制作之过程，极有可能为处州豆腐最早文献之记载。

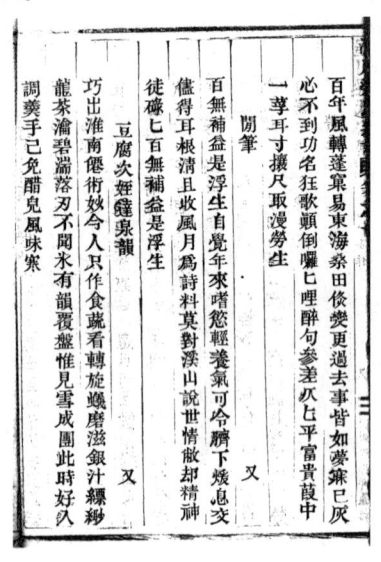

清光绪《渥川梁氏宗谱》之《豆腐次侄达泉韵》

又如清梁毓才诗《白莲》云：

不施雕饰本天然，素芳轻盈泛碧川。
褪尽红衣波瑟瑟，翻来玉尺叶田田。
一时名士多依社，千古佳人半入禅。
好是柳阴凉月坠，空濛花气乍停船。

"处州白莲"因原产处州而得名，种植历史有1400多年，以饱满、色白、肉绵、味甘的特点闻名。处州早在800年前即有"莲城"之誉。此诗描写处州白莲之姿、韵以及"不施雕饰本天然"之美。梁毓才另有赞《荷花》诗曰：

红兰十里数真州，掉拂明珠忆旧游。
未必花开曾解语，只因我见动生愁。
半湾香气清于水，一片凉波飒似秋。
好是吴娃歌艳曲，潇潇暮雨为勾留。

三 怀古类

在古代诗词中，怀古诗在思想和内容上都较为沉重。这类诗通常怀古惜今，或凭吊历史古迹，回顾古人业绩，不仅与古人产生共鸣，既而慨叹古人之功绩；或悼唁家族祖先、亲戚朋友，抒发物换星移、物是人非之悲情。此类题材诗歌之情感基调一般都比较苍劲、悲凉。

如清梁儒望诗《丙星亭怀古》云：

> 山环水抱树为屏，尚记先翁构此亭。
> 无复雕栏留胜迹，空留旧址想仪型。
> 仙踪自昔曾堪约，鹤唳于今何处听。
> 惆怅寂寥荒境下，徒令顾庙识文星。

丙星亭，在梁村渥山。相传宋季梁村人梁之焱（1235—1283）一日闲坐丙星亭，忽见羽衣飘然、道骨仙风之老人。梁之焱与老人饮酒畅谈，甚为投机，老人约于明年三月三日再来相会。是日，一仙鹤于丙星亭上空鸣叫盘旋，梁之焱见状，立刻沐浴更衣，端坐闭目，近于丙星亭中，乡人谓之乘仙鹤升仙而去。"无复雕栏留胜迹，空留旧址想仪型。"作者惆怅时过境迁，古迹荒寥，不知何日再现辉煌。

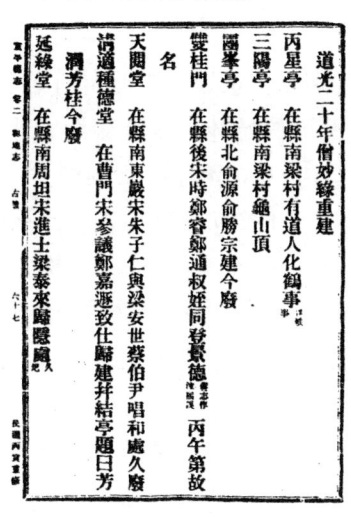

清光绪《宣平县志》之丙星亭、三阳亭条目

又如清载梁畔诗《师古阁怀古》云：

　　　　幽居最爱白云巅，祖作孙谋复任迁。
　　　　半亩膏腴绳旧业，几联韵语仿前贤。
　　　　风生竹径春常在，花落砚池色自鲜。
　　　　山鸟多情啼不住，声声唤醒五更眠。

师古阁，于渥川龟山，为梁祚璇别业。古人云："名山无恙，胜地不常。"时过境迁，园亭台榭付劫灰，繁华亦落幕，作者凭吊先人，追忆前贤，触景伤情，不胜感慨。

四　山水类

山水诗，是指描写山水风景的诗。孔子曰："知者乐水，仁者乐山"，大自然乃净化人心灵之摇篮，释放心中郁结之场所。梁氏家族中存有大量山水诗词，此类作品大多风格清新雅致，语言质朴明快。

如清梁祚璇《清宁翠屏》诗云：

　　　　似展画屏幅幅，恰缘翠霭堆堆。
　　　　好鸟一声何处，山花几树谁栽。

清宁翠屏，梁溪八景之一，景观位于渥川西南下官山麓，有清宁禅院，即清宁寺，宋代梁氏先人梁佼始建。至清康熙二十九年，僧人海禅重修。"画屏幅幅""翠霭堆堆"，描写了清宁寺古刹巍然，山峦叠翠。"好鸟一声何处"，幽静的美景中，突然不知从何处传来一声鸟鸣。"山花几树谁栽"，山花好像被谁有意栽培于此。一个"栽"，用得极为精彩，把山花写得富有生机，全诗动静结合，花鸟相融，一幅幽静而富生机的山水图浮现眼前。

有如清梁祚璇《澄潭石龙》诗云：

　　　　一径石鳞潜伏，半潭水镜光涵。
　　　　持竿钓矶独坐，把酒河桥共探。

澄潭石龙，梁溪八景之一，景观位于渥川东北方向乌面山麓，独石桥下梁溪之中，水明如镜，一怪石如龙首微昂，龙身潜水，惟妙惟肖，因名。"一径石鳞""半潭水镜"，碧波荡漾的小水潭，潜藏着如龙之怪石。"持竿钓矶独坐"，钓鱼者坐在岩石边享受独自的宁静。"把酒河桥共探"，此时诗人把河桥比作一个客人，与他举杯斟酌，一同察看鱼儿上钩的情景，寂静冷清的场面，忽而显得热闹生机。诗人运用丰富的想象，表现出一种孤而不寂、独而不孤的情景，全诗语言看似平淡无奇，细细读来却意味悠远，清新而自然。

又如清梁明烈《云峰寺即景》诗云：

小小云峰寺，东南一洞天。送烟翻白鹤，水石漾青莲。

云峰寺在渥川新岭，旁建有一亭，曰云峰亭。诗人曾寄居于寺中修身读书，故地重游，有感而发。"青烟""白鹤""水石""青莲"，云峰寺之美景油然而生。云峰寺虽小，却为"东南一洞天"，点出此寺之不同凡响。全诗语言平实，却描绘出一个风景优美、景色清幽的佛家胜地。

再清梁毓恺《新岭》诗云：

嵬嵬峻岭若屏缦，直上山岭更有山。
四面高峰烟雾密，置身恍在白云间。

新岭，渥川一景。"嵬嵬峻岭"，白云漠漠；"四面高峰"，云雾缭绕，呈缥缈迷蒙之状。全诗语言典雅含蓄，然其意境清幽而致远。

五　酬赠类

所谓"酬赠"，多为文人们之间相互唱和的诗词作品。古人以诗交友，以诗言志，朋友之间常互相唱和，此谓"酬唱"；而有所感受，有所表达，有所思念时，常以诗赠亲友，以明其情志，此所谓赠诗，二者并称"酬赠诗"。梁氏家族诗词中有较多亲人朋友之间的酬赠、唱和、题咏之作。

如宋梁泰来《和王友梅韵二首》诗云：

一第青衫十载前，浪跨龙马玉为鞭。
江湖倦已歌长铗，泉石归欤寄短椽。

清光绪《渥川梁氏宗谱》之《和王友梅韵二首》

诗为君吟穿铁砚，易因困学绝韦编。
年来又作曳裾客，时止时行一任天。
自笑聪明不及前，长途屈曲且停鞭。
未能水击三千里，聊复山居八九椽。
往事逢朋说皇榜，新功课子诵青编。
何时共把穷通数，相与衔杯一问天。

  诗人梁泰来，自幼颖悟，世袭家学。三十七岁登进士第。宋亡后，发誓不为元廷所用，筑别业延绿堂，广收门徒，开堂育才。这两首诗描写的正是诗人晚年才情万丈，有心报国，却不为元廷五斗米折腰的耿直刚毅品格。"江湖倦已歌长铗，泉石归欤寄短椽。""长铗"，典出《战国策·齐策四》：齐人冯谖贫苦不能自存，寄居孟尝君门下。因食无鱼、出无车，无以为家，三弹其剑铗，歌曰："长铗归来乎！"此处寓意为诗人已倦报"国"，宁可辞官归隐山林，与泉石为乐。"未能水击三千里，聊复山居八九椽"，然诗人胸怀报国之志，却无"国"可报，只能寓居乡间，这对封建社会以儒出世的士大夫来说情何以堪！"何时共把穷通数，相与衔杯一问天"，何时方能历尽困厄以达显通，相约与你问于苍天！诗人理想与现实之间的深刻矛盾，是这首诗慷慨悲昂的根本原因。

如宋梁钺《又和昨日天字韵》诗云：

八十九年无愧天，艰难身似上滩船。
有时对酒月为伴，一觉空床身当毡。

梁钺，澧州石门知县，其著《龟山白云堆》云："白云堆数椽茅屋，龟山隈中有老翁。甘澹泊无荣无辱，心如灰僾学希夷……行住坐卧云相陪，夜眠云作被，春衫云剪裁。朝出云相从，暮归云复来。此老龙钟逾九十，一生常与云徘徊。"由文可见，作者钟爱山林，淡泊功名，与世无争。"八十九年无愧天，艰难身似上滩船"，诗人虽生平艰辛，犹如逆水行舟，时有与月对酒，时有"一觉空床"，但八十九载无愧于天，不怍于地。全诗虽语言平实，然坦坦荡荡、无意于名利的耆老形象跃然纸上。

综上所述，梁氏一族，受地域文化的影响，所创作的诗词，语言大都平实典雅、含蓄隽永，意境悠远。即使用朴实无华语言记录下的所思、所闻、所感，亦情真意切，意味深长。梁氏家族成员不仅在诗词领域创作出数量颇具、质量上乘的佳作，在文赋领域也取得了丰硕的成果，其整个家族文学也具有独特的风貌，在表现浓烈的儒家文化中兼容道家智慧，创作出独具地域特色的儒道兼容的文学艺术作品，这些作品不但深深地影响了家族子孙文风，亦影响着后世文人的创作。

中编　梁氏俊贤考述

第三章

名宦梁汝嘉

第一节 宦迹政声

梁汝嘉（1096—1153），字仲谟（《神道碑》"谟"作"谋"），居郡城仓前。高高祖梁曩，高祖梁文捷（梁固墓志铭载为"梁健"），曾祖梁讷，祖梁佐，父梁固，母何氏，为北宋徽宗朝宰相何执中之女。梁汝嘉少时聪敏异常，深得何执中喜爱。成年弱冠，由何执中奏补登仕郎，入朝为官，后调中山府司议曹事。

公元1127年，因"靖康之变"，宋徽宗、宋钦宗被金国所俘，北宋灭亡。宋徽宗第九子康王赵构在应天府南京（今商丘）继承皇位，后迁都临安，史称南宋，改元"建炎"。是年，梁汝嘉擢升常州武进县（今江苏武进）令。

建炎三年（1129）六月，金兵进犯常州，州县官吏纷纷惊惶逃散，只有梁汝嘉带领兵民守城，金兵不敢犯。常州知州荐报朝廷，高宗认为他有异才，嘱咐大将张浚将他的姓名刻在御剑上，以备随时调用。

九月，升常州通判，加直秘阁。朝廷颁《梁汝嘉直秘阁制》：

> 敕：中秘寓直，清选也。异时文学材能之士，咸得厕职其间，所以劝在列而起治功也。尔倅贰支郡，服采惟勤。朕比因时巡，再临浙部。供帐趣办，民不告劳，则尔之材能可见矣。自顷贰车，未尝贴以秘识，今以命尔，是为优恩，其尚知劝而勉哉！可。

（《大隐集》卷一）

梁汝嘉根据当时形势，作好防范金兵侵犯的准备，加高加固城墙，疏浚挖深护城河。不久，金国大队骑兵果然来袭，常州数万民众赖城防坚固保全免难。

绍兴元年（1131），擢提举浙西路茶盐公事，为宋代路级监司之一，简称"提举"，亦称"仓使"，提举茶盐司的主官。

绍兴二年（1132）春，升任两浙转运判官。协助转运使管理路内钱粮盐铁的运输事宜。七月丁丑，宋高宗诏梁汝嘉措置镇江府县酒税务，以其钱助刘光世军费。

当时，临安连续发生火灾和盗案，社会治安动荡不安。宋高宗命梁汝嘉协助临安知府理政。《宋会要辑稿》方域二之二四载："绍兴三年一月六日，权知临安府梁汝嘉言：'被旨令措置朝大门一所，不用门楼，除置门外。有本门墙角至河亦合修筑城墙。更置角门一所。'诏依所乞，即不得别有增添，却致繁费。"

绍兴三年七月初三日，右朝请郎、直秘阁、两浙转运副使梁汝嘉除直龙图阁知临安府，是时，梁汝嘉正式主政临安。是年，宋高宗诏梁汝嘉，创廊庑于南门之内。

绍兴三年九月二十二日，宋高宗准时任临安知府梁汝嘉就临安府治安、防火等事上奏所请：乞将前临安知府卢知原所置二十界地分，依旧并作六界都监。每界更差官一员，同共管辖，防虞人兵已团结保甲，别差使臣一员使唤。仍每界置望火台一处，置办防火器具，轮差兵级二十人，令使臣都辖。（《咸淳临安志》卷四七《秩官五》）知临安府梁汝嘉言："被旨委开火巷。今乞用旧巷陌开城。如丈尺不及，即拆及三丈之数；如屋宇稍密，巷陌遥远，别画图申取指挥。"

由于火灾的频发，以加强防火设备为主的对策也逐渐成形。首先是灭火机能：当发生火灾时，拆毁小屋，大屋则涂以泥浆，以防止延烧。绍兴三年十一月，宋高宗诏令在已经火处每隔五十间房子、不经火处每隔一百间房子，建三丈宽的火巷。可是，此对策一旦实行就立即退缩，原因是杭州巷子宽的只有一丈，狭的还不足五尺，要加宽就涉及所有权问题。结果不到一个月，诏依知临安府梁汝嘉之请，改为"已烧去处，只展作一丈五尺，不经火处，展作一丈"。

梁汝嘉从消防、治安、改造房舍三个方面整治临安。他健全"火政"，加强巡徼，连续破获盗案，盗贼敛迹，火警骤减。"临安市皆茅舍"，易发大火，梁汝嘉"始以陶瓦易之""火灾亦息"。

临安都城图

绍兴四年七月，加直龙图阁。因称职，升徽猷阁待制、试户部侍郎兼临安知府。他首先修缮学校，"以示风化"。因金国将派使者来宋，宫殿梁柱破损，亟须修理，高宗命梁汝嘉主持修葺。经他精心谋划，"凡梁柱、竹木、瓦石，丹漆，皆度广狭高下，素为储待"，不久告成。"上至宫室，下至营屯及百司官廨，区处悉有方"，临安"始成都邑"。

绍兴四年二月，梁汝嘉向朝廷乞开撩临安里河，高宗依准，下《请依梁汝嘉所乞开撩里河奏》：

> 知临安府梁汝嘉具到开撩本府里河，深处乞更不须开掘，其坝子基并余杭门里外一节，措置并工，量行挑撩。臣等躬亲将带壕寨前去，自地名葛公桥坝子基探量水势，至余杭门里外两处，各有水四尺五六寸，可以随宜挑撩外，其余河本皆及四尺七八寸至五尺以来。欲依梁汝嘉等所乞施行。（《宋会要辑稿》方域一七之二一）

是年八月，知临安府梁汝嘉奏明堂行礼殿成。殿成，九月，祀明堂礼。

绍兴五年一月，户部侍郎兼权知临安府梁汝嘉率本府父老、僧道、士庶上表迎回车驾。在高宗回到临安后，据知临安府梁汝嘉奏请，诏建太庙。命临安府修盖瓦屋十间，权充太庙。既而侍御史张致远、殿中侍御史张绚均上奏，认为陛下去岁建明堂，今年立太庙，是将以临安府为久居之地，不复有意中原矣。但高宗还是诏梁汝嘉随宜修盖。只是说："不得过兴工役，俟移跸日复充本府（临安府）使用。"是年，太庙成，在瑞石山之左。

绍兴六年（1136）八月十一日，高宗巡幸金陵（南京），梁汝嘉随驾，为都转运使。

绍兴七年二月，时任显谟阁直学士的梁汝嘉试户部侍郎职。朝廷颁发《梁汝嘉磨勘转官制》：

《周官》驭贵，实为八柄之先；《虞典》陟明，必限三年之久。朕若稽往制，恪守彝章。傥庸历之无愆，岂升崇而敢后？具官某受材夫敏，赋性疏通。弹压推天府之能，断割蔼地官之誉。粤从均佚，傍彭泽以奉崇祠；屡沐疏恩，裂缯云而赐锡壤。会兹岁课，已应邦常。其升四品之官，仍赍八命之爵。往其祗服，嗣有宠褒。（《海陵集》卷一九）

八年（1138）三月初六日，梁汝嘉晋升为本部尚书。

是年随驾返京。金国来议和，枢密院编修官胡铨上书，奏请高宗斩主持议和的王伦、秦桧、孙近三人首级，秦桧痛恨胡铨，将他革职放逐，编管（官吏因罪除去名籍，贬谪州郡，编入当地户籍，并由地方官吏加以管束叫作"编管"）新州。梁汝嘉等六侍从同时上书说：金人的情势很难预料，以后必定违背盟约，对他们的礼节不可过于隆重，对胡铨的责罚太重。奏稿出自梁汝嘉手。胡铨乾道中为工部侍郎，以资政殿学士致仕。

绍兴九年（1139）秋，以旧职提举江州太平观。朝廷颁《梁汝嘉宝文阁直学士提举江州太平观制》：

敕：朕于近臣，视同一体，谓出处之事虽异，而劳逸之任宜均，曲轸其私，率归于厚。具官某平由简拔，荐试剧烦，识洞照于几微，才每优于盘错，再复版曹之贰，旋跻常伯之联。方须经久之图，遽上乞闲之疏。西清通籍，真馆奉祠，钦予从欲之仁，适尔会心之乐。往思其称，无替厥终。可。（《苕溪集》卷四七）

绍兴十年（1140）冬，梁汝嘉任川陕都转运使。他曾说，金人一定不守和约，希望早作准备。不久，东京留守孟庾果然投降金国。高宗对群臣说：只有梁汝嘉对我说过，孟庾不可信任。

绍兴十一年（1141）六月，梁汝嘉升任宝文阁直学士、右朝散大夫。高宗曾经密将"千字号"交给梁汝嘉，并嘱咐有所见闻，不管远近，写好密封直接送给他。梁汝嘉感激知遇之恩，知无不言，上了许多条陈。如为了收复失地，奏请分派诸将控扼要害之地；收陕西卫戍部队以巩固四川；异族将领难以任用，应派人担任副职；请求将大军分为三路，一是据守要害，二是往来策应，三是留视营寨，使宋军常处于主体地位，敌军常处于客体地位；又奏请用张浚、韩世忠、岳飞为西府，刘琦守荆南等。

绍兴十一年八月十三日，以宝文阁学士兼浙东沿海制置使改任平江（今苏州市）知府。到任后，组织修建苏州大成殿。苏州文庙（南宋时称平江府至圣文宣王庙）经建炎四年（1130）金兵的破坏，已是荡然无存。梁汝嘉考虑到"夫子之祀教化所基"，而"拜跪荐祭之地庳陋乃尔于是谋诸僚吏，搜故府得遗材逾千枚，取赢赀以给其费。鸠工庀役，各举其任，期月迄功""堂室廊序，门牖垣墙，皆一新之，无复兵火凋残之象"。

苏州文庙

绍兴十二年，改任明州（今宁波）知州。当时朝廷鉴收兵权行动传出朝野，很多有识之士表示反对，明州知州梁汝嘉就直接上书，指出赵构"无复进取之计"。州治内正心堂后、方池之侧有井一口，梁汝嘉建亭于上，故名"梁公泉"。相传，尚书梁汝嘉守四明时，又挽当时高僧法一禅师住锡雪窦禅寺。是年十一月，除提举江州太平观。

绍兴十三年，梁汝嘉改知温州。绍兴十五年十一月，日本国贾人有贩

宋宝庆《四明志》之梁公泉

琉黄及布者，风飘泊温州平阳县仙口港，舟中男女凡十九人。守臣梁汝嘉以闻，诏之嘉措置发遣。（宋李心传《建炎以来系年要录》卷一五四）

绍兴十六年正月，梁汝嘉转宣州（今安徽宣城）知州，不久丐祠，皇帝从之。

二十一年，起任鼎州（今湖南常德）知州。

绍兴二十二年（1152）以病请求辞官，客居武进，以宝文阁学士、右通议大夫致仕。为感皇帝隆恩，在府邸建荣赐亭以作纪念，并亲自撰写了《荣赐亭记》：

> 不才汝嘉，起自儒术，慎守列祖先学士公、著作公以及大父况之公、先考志述公之家训，隐迹青田，求入于叔鱼祖不器之域，未尝有荣遇之望。惟我先世，虽皆遭际圣明，致位通显，然所以遗其后者，亦惟以节义清白，无数顷之田、十亩之宅以庇其子孙，故汝嘉自身之外无长物也。不谓叨冒荐举立朝，蒙眷擢尹武进，幸逭悠罪。自是出入中外，由户部尚书、同平章事封缙云侯，凡十有五转，宠加少师，又特允许居武进，手奖给驿。嘻，人臣荣遇，至此极矣！
>
> 俯念生平，累承皇上眷注，宠锡频繁，所赐手笔褒美凡三十一通，历官诰敕共一十五道，御制诗扇五柄，紫金鱼袋、绯衣、金玉

带，若金玉铜、图书、彝器及宠头绦、如意等物，计一百二十件。盖自汝嘉此身以上，所有分毫，皆我圣明之赐也，焉敢忘邪！

汝嘉自去冬乞休于武进，用创亭于新第之南，屋凡十楹，敬藏宸翰及钦赐诸器物，其目悉具碑阴。又建崇基于前，每旦夕必登台祝香，以颂圣恩。非惟老臣汝嘉没齿不忘，且垂示子孙，世世修谨，克自树立，以报国恩于万一。顾此重器，更宜慎守之，以传诸不替，斯足以称梁氏文孙，尚无负我朝廷渊源汪濊之泽哉！（光绪《武阳志余》卷一，光绪十四年活字本。）

宋绍兴二十四年（1154）十月二日，逝于武进官邸。朝廷追赠少师，封缙云郡公。二十五年十月，归葬处州松阳县惠洽乡之原。

请当时宰相周必大作梁汝嘉神道碑，其子季珌以玉石砚为润笔。葬于松阳县惠洽乡之原（今属莲都）。旧志载："宋尚书梁汝嘉墓，在松阳万山间，有观行庵。开禧初，仙道徐泰定居之。"

梁汝嘉重视教化，在户部任职时，有人以国用不足为由，提出缩减州县养士开支，将省下的钱粮用作军需。梁汝嘉奏曰："学校者，风化之源，不可一日废也。乞申饬有司，凡赡学粮钱，不得辄更拘刷。"（《栝苍汇记》梁汝嘉传）高宗准其奏。郡学与他家相邻，学舍湫隘，他捐地以建斋庐，扩大郡学。

《宋史·梁汝嘉传》《咸淳临安志》以及南宋孝宗朝右丞相周必大撰写的《梁公神道碑》都说梁汝嘉兼知临安府时"风绩尤著"，经他葺治，临安"始成都邑"。梁汝嘉始建杭州为都邑，功不可没。

梁汝嘉因长子伯璩早逝，遂以渥川梁氏八世孙梁潧出继伯璩，延其香火，遂汝嘉又为渥川梁氏之祖。

宋时，青田刘廷槐娶梁汝嘉之孙女，生二子，刘爚、刘熠。刘爚娶妻叶氏，续娶富氏，生三子，二女。长子刘舒、次子刘基、三子刘升。如此说来，梁汝嘉还是刘基的高外祖父。

附文：

赐开国伯梁汝嘉敕

朕惟内阁之严，用阐祖宗之谟训，而学士之重，实储天下之贤才，就正班联式旌治效,宝文阁直学士、右朝请大夫、知明州军事兼管内劝农事兼两浙东路沿海制置使、开国伯、食邑九百户、赐紫金鱼袋梁汝嘉气冲而裕,识敏于明,中外践扬,声绩茂著,文昌分职务叅列于六卿,民部酬庸,洊升于八座,逮均劳于辅郡,旋报政于中朝,易畀东藩之雄,乃作西清之序,其锡书以赞庸,示眷怀尚究乃心,克祗予训,可特授依前封如故。

(清光绪《宣平县志》)

加封开国公梁汝嘉敕

《周官》驭贵为八凯之先,《虞典》陟明限三年之久。朕若稽往制,恪守彝章,傥庸历之无愆,在升崇而敢后。宝文阁学士、右中大夫、提举江州太平兴国宫、缙云郡开国侯、食邑一千八百户、食封一千户、赐紫金鱼袋梁汝嘉,授材肤敏,赋性疏通,弹压推天宰之能断,制蔼地官之誉粤,从均秩傍彭泽以奉祠,屡沐殊恩,割缙云而锡壤,兹税课已应邦,常其升一品之官,乃命八座之爵,往哉祗服,嗣有宠褒,可特授右中大夫,依前宝文阁学士、提举江州太平兴国宫进封开国公,加食邑三百户,食封如故。

(清光绪《宣平县志》)

清光绪《宣平县志》之《赐开国伯梁汝嘉敕》《加封开国公梁汝嘉敕》

第二节 国事遗章

古代臣属向帝王进言陈事的文书，又称奏折、奏疏、奏本。细分之，章以谢恩、奏以按劾、表以陈情、议以执异，还有一种专门议论朝政的文章叫作"疏"。梁汝嘉入仕30年，从县佐升至六卿，一路平步青云，除高宗皇帝赏识眷顾外，与其过人的胆识、才学、政绩也密不可分，史评其"长于吏治"。从其19份奏章的内容看，大多是针砭时弊、切中要害的善言，而且大多得到朝廷的采纳。

宋绍兴元年（1131），时任提举浙西茶盐公事梁汝嘉言："本路产盐二州未经贼年分，曾趁及一百四十万贯。自去年贼马残破，措置招集官吏亭户归业，量度借贷存恤，修治仓廒、舍屋、盘灶，拘辖起火，煎炼盐货，中卖入官，及严立课利，催督应副支抹客钞，通计一全年共增钞钱一百一十九万五千五百一贯文。"（《宋会要辑稿》食货二六）另据李心传《要录》载浙西提举茶盐公事梁汝嘉绍兴元年八月奏言，该路"岁收钞钱一百一十九万绢"。

宋绍兴元年（1131）四月，提举两浙路茶盐公事梁汝嘉言："近点检临安府盐官县等处，承本路转运司牒：亭户二税依条以盐折纳，盖因当司奏行支依人户丁蚕盐，每岁有取过盐货，给散人户，所有将税折盐。今来罢支丁蚕盐，更无取拨盐数，其二税自合依旧本色。本司窃详亭户……以煎盐为业，不曾耕种田亩，……所纳二税并是依皇祐专法，以盐折纳入官，候岁终纽计价钱拨还。"宋高宗诏遵依皇祐专法施行。

南宋初，都城临安产生了便钱会子。"当时临安之民，复私置便钱会子，豪右主之。"绍兴五年（1135）九月十五日，高宗曾采纳梁汝嘉的建议，诏令临安府："在城寄付兑便钱会子，毋得出门，仍依在京小平钱法立定刑名。"这是一种私营汇兑，朝廷企图禁止将钱汇往外地，要按私运小平钱出城治罪。

附文：

梁汝嘉乞令亭户仍依皇祐专法以监折纳二税奏

绍兴元年四月

近点检临安府监官县等处，承本路转运司牒：亭户二税依条以监折纳，盖因当司奉行支俵人户丁暨监，每岁有取过监货给散人户，所有将税折监。今来罢支丁蚕监，更无取拨监数，其二税自合依旧本色。本司窃详亭户僻在海隅，旧以煎监为业，不曾种田亩，故二税令折纳监货。昨自罢支丁暨，已涉年深。近年所纳二税，并是依皇祐专法，以监折纳入官，候岁终纽计价钱拨还。气申严行下。

（《宋会要辑稿》食货二六之一）

梁汝嘉乞推赏两浙西路措置监事有功官员奏

绍兴元年八月

契勘本路产盐二州未经贼年分，曾趁及一百四十万贯。自去年贼马残破，措置招集官吏亭户归业，量度借贷存恤，修治仓廒舍屋盘灶，拘辖起火，煎炼监货，中卖入官。及严立课利，催督应副，支抹客钞通计一全年共增钞钱一百一十九万五千五百一贯文。所有本司官吏，委见宣力，欲望除汝嘉乞不推赏外，其属官从事郎充本司干办公事黄诏、迪功郎充本司干办公事方滋、修职郎秀州华亭县市船务兼本司主管文字苏师德、都吏石景修、胡修、万陟、书吏陈晔、石景哲、奚泉（编者按：《宋会要辑稿补编》作"奚杲"），并乞优与推赏。

（《宋会要辑稿》食货二六之二）

梁汝嘉乞许私贩纳价限地兴贩奏

绍兴元年十一月

州县捕获私茶，依法勘证，并行当官焚毁，诚为可惜。切见有引没官茶，许客人纳茶价，出给文凭，前去都茶场请买，不住山场交引兴贩。

（《宋会要辑稿》食货三二）

梁汝嘉乞牙人接引私盐犯人一等科罪犯奏

绍兴二年正月

契勘私贩之人，若不因牙人招诱，指引出卖，即无缘破货。缘牙人依法止坐二分得一分之罪，遂致无所畏戢。欲望朝廷详酌，将牙人停藏接引私盐，与犯人一等科罪。

（《宋会要辑稿》食货二六之三）

梁汝嘉以运河水浅乞权许客人海道兴贩奏

绍兴二年正月

勘会客人般贩茶货至住卖处，各有所给程限。近缘浙西州县运河水浅，军马客贩，舟船壅塞，重船难于行运，委是有妨兴贩。今相度应客人请买茶货，如愿经由海道般贩者，欲乞依盐事已得指挥，权许听从客便，仍令称制批发。官司于引背分明批凿，出入海口，官司检察验引，批凿放行。河水快便日依旧。

（《宋会要辑稿》食货三二之二六）

梁汝嘉乞两浙转运司管认草料钱之半奏

绍兴三年七月

户部侍郎姚舜明，乞将每月合支都督府军马草二万三千三百二十二束，每束价钱五十文，宣抚使草九万六千四百一十四束，每束折支钱六十文，共计月支草一十一万九千七百三十六束，计折价钱六千九百五十贯九百四十文，依例令两浙转运司管认，自六月份为头应付支遣。本司契勘刘光世一军每年合用马草七十一万三千余束，折钱五十文足，共计钱四万六千三百余贯，半年计用钱二万三千余贯。蒙朝廷支降一半本钱，其余一半钱系令本司贴助应副。今来都督府、宣抚司每月支草钱，比之刘光世合支草钱数目倍多，本司别无可以挪拨，依刘光世今年上半年例，从本司甘认应付一半钱，自余一半钱乞朝廷贴降应付。

（《宋会要辑稿》食货四〇之一八）

梁汝嘉乞禁富阳至浙江江岸上一带舟船夜行奏

绍兴三年七月

临安府钱塘江一带，自浙江岸至富阳县观山，舟船往还，多是等候潮汛，中夜行船，是致盗贼乘时劫夺。虽督责巡尉缉捕，缘江面阔远，难以摆布。乞行自富阳至浙江江岸一带，应有舟船并不许中夜通放，仍令本地分巡尉常切止约，不得因缘搔扰。契勘钱塘江潮早晚两汛，如遇夜不行通放，所有日中潮汛，自不妨客旅舟船往还。

(《宋会要辑稿》方域一三之七)

梁汝嘉乞临安府依旧带安抚使奏

绍兴三年七月

临安府地望为一路最，况辇毂之下，莫先弹压，而守臣之任，仅同支郡。望令本府依旧带安抚使，析浙西八州为二，分隶镇江、临安。

(《建炎以来系年要录》卷六七)

梁汝嘉乞给降临安府度牒以周给阙奏

绍兴三年十月

临安府素号会府，前此费用，悉藉酒税。今日事体既倍于昔，费用滋广而酒税之利益薄。盖税课以驻跸之地，或多蠲除，而酒课比之往时十无三四。乞给降度牒五百道，以周给阙穴。

(《宋会要辑稿》食货二○之一五)

梁汝嘉言提辖纲运官职事奏

绍兴四年七月

勘会提辖纲运官依法许将带杖印随行，自本路至国门以来催促粮纲，有犯，听勘决。若纲梢偷盗，官司故纵，留难阻节，许报所至监司追究，候催促了日，赴尚书省呈纳足状。续承朝旨：粮纲在路，提辖官端闲不为催督检察，致少欠数多，令每半年具催促点检过事因并住滞官司，申部看详施行。仍候六路提辖官到阙呈纳足状，纵本部取索案牍点检，岁终具逐官绩状优劣，申取朝廷赏罚施行。本部契勘：江、湖提辖官昨改隶充发运司提辖催促，缘从来发运司官属已罢，惟两浙路见在提辖纲运二员。自移跸从来，其提辖官全无职事，又无治所廨宇，亦无申到催发粮纲文状。今来起到粮纲，多有糠粃损湿少欠，事属不便。兼即日驻跸两浙，地里比近，即与昔日事体不同。乞委自两浙转运司各出印历，付提辖纲运官二员，于本路装粮州军不住互各往来，检察催督，仍于州县批书所至日分，依监司例，无故不得住过三日。候到先从本司点检，以凭本部不时收历点检。如有粮纲情弊，具提辖官事因申乞朝廷特赐施行。所有逐官合破乘坐舟船，仍令本司早依格应副，所贵有以责办。

（《宋会要辑稿》食货四七之一七）

梁汝嘉乞犒设护卫人使军兵奏

绍兴四年七月

人使到馆，自候潮门至朝天门里，每一十五丈置一铺，每铺差军兵五人，令神武中军差拨外，及令本军差将官二员分地分约闹（编者按：疑"闹"当是"阑"，通"拦"）。已据神武中军兵五百七十五人及将官温全、左宏两员，并每员亲兵一十人，共五百九十五人。及蒙朝廷差到左右厢巡捡并兵丁六十二人，专在驿前昼夜巡逻。其前项军兵及将官、巡检共四员，自人使到馆，雨雪昼夜巡防，委是勤劳，别无疏虞，并不曾支破食钱。欲乞朝廷候人使出门，即行放散，仍乞指挥，量行犒设一次。

（《宋会要辑稿》职官三六之四三）

梁汝嘉以明堂大礼事请求朝廷指挥奏

绍兴四年九月

将来明堂大礼，据绍兴府案例指挥，本府知、通依开封府尹、少礼例，更不趁赴陪祠宿齐，止是往来弹压。今来本府知、通未敢便依绍兴府已得指挥。兼汝嘉系行在职事官，兼权府事，合取自朝廷指挥。

（《中兴礼书》卷七一）

梁汝嘉权宜措置绸绢折钱事奏

绍兴四年十月

每月经费合用钱一百余万贯，兼调发军马，所用倍多，理当权宜措置。今相度以江、浙合纳夏秋和买绸并行折纳，内二分每匹折钱四贯，余八分折钱六贯。绢以十分为率，折纳五分，内二分每匹折钱四贯，三分折钱六贯。令诸路转运司计纲送纳。

(《宋会要辑稿》食货三八之一七)

梁汝嘉乞禁侵支借兑朝廷给降糴本奏

绍兴四年十一月

契勘两浙、江南西路，朝廷给降糴本金银钱物，欲望特降指挥，如漕司并诸州军辄敢侵支、借兑移易，其当职官并重实典宪，人吏并行断遣。仍乞逐路提刑躬亲前去点检。

(《宋会要辑稿》食货四〇之一九)

梁汝嘉乞以南仓空地盖造太庙奏

绍兴五年二月

契勘本府同文馆当来起造仓猝，材植细小，间架窄狭，难以充太庙奉安。昨曾踏逐南仓空地，若以盖造太庙，委是稳便。兼四向地步阔远，可以限隔火烛。

(《中兴礼书》卷九五)

梁汝嘉除浙西淮东沿海制置使申请事件状

绍兴六年十月

被旨，汝嘉等蒙除前件使名，其合行事务，并依仇悆、马扩已得指挥。

一、乞以浙西、淮武汉路沿海制置使司为名，使、副各乞下所属铸造印记。其行移文字、入斥候并奉使等第，并乞依都转运司已得指挥施行。

二、人吏县城就差巡幸随军都转运司、都督府参议官所带入吏兼充。其请给等更不添支。

三、合群属官乞先次差参议官二员，今乞差左朝请郎新差通判建康府顾丙、右通直郎新差知濠州蔡延世等充。请给人从及未差员数，乞候关会到仇悆等已得指挥，续行申乞。

四、今来措置防托海道事务繁重，合要使臣分头使唤，今乞差置准备差使、听候使唤各一十员，并乞许已未参部见任得替、待阙大小使臣、校副尉、下班只应内指差。先次供职，理为资任。差讫，具名申朝廷给降付身。

五、沿江海措置防托合要激赏钱物，欲乞许依仇悆、马扩例，从朝廷支降应副支用。

六、契勘今来淮东、浙西沿海把隘官兵及海船桨梢等日支米钱，欲乞浙西委漕臣、淮东委提点公事专一应副。

七、仇悆、马扩前后申请昼降指挥，今乞并许使、副通用。

（《宋会要辑稿》职官四〇之一〇）

梁汝嘉乞御舟系泊镇江南水门外奏

绍兴七年二月

契勘镇江府城内河缘潮汛非时，舟船拥隘，通放未尽；又缘自浅以来，虑废民力，不敢大段开撩。今相度欲候御舟至本府南水门外系泊，并辇径入行宫。

（《中兴礼书》卷二三一）

梁汝嘉乞再差干办官一员奏

绍兴七年四月

勘会户部酒库八处，除已措置五库开沽外，有三库合行创置。又自今诸库路造麴蘖百万浩瀚，全藉官属监督应办。元申请画一，乞于见任官内权差属官二员，已差主官文字一员（编者按：疑"官"当作"管"），委是难已分头干办。今欲依元申请，更权许置干办官一员，亦于见任官内差。

（《宋会要辑稿》食货二〇之一七）

第三节 高宗垂爱

在"伴君如伴虎"的封建王朝，一个臣子能得到君王长期的赏识，可谓比登天还难。可梁汝嘉却是个幸运儿。梁汝嘉刚入仕时，是朝政动荡、内忧外患的北宋末年。步入南宋后，其仕途飞黄腾达，位至六卿，爵封郡公，荣耀至极。宋高宗是信任、提携梁汝嘉的知遇之师。

梁汝嘉在武进县令任上，因常州知州荐报朝廷，高宗认为汝嘉有异才，嘱咐大将张浚将他的姓名刻在御剑上，以备随时调用。

绍兴六年（1136）八月十一日，高宗巡幸金陵（南京），点名由梁汝嘉随驾，为都转运使，调用左右。

宋高宗画像

梁汝嘉在临安的卓越政绩，是之前宋辉、卢知原等历任知府都无法企及的。宋高宗由衷地赞叹道："前政宋辉俗而懒，卢知原谬而执，今得人矣。"这样的肯定，对臣子梁汝嘉来说无疑是无上荣光的。

东京国立博物馆馆藏宋绍兴五年至十三年间宋高宗赐梁汝嘉彩笺墨书4幅，每幅尺寸为36.2厘米×56.7厘米。御札中，可读出宋高宗与梁汝嘉之间至真至深的君臣情谊。梁汝嘉病中，宋高宗百般慰问："朕惟与卿，义则君臣，情犹父子，如左右手，可须臾离？尚其省思虑，时宿食，亲药饵，以慰朕侧席之想。"可谓隆恩至极矣。

附文：

宋高宗赐梁汝嘉札（一）

宋绍兴五年

序属季春月复当望，笃生王国之彦，蔚为廊庙之华。望重道尊，庆隆德厚。方诞育之令辰，有匪颁之盛典。今赐卿宝锃、带服、羊酒等品，服我异恩，永膺介祉。敕户部尚书梁汝嘉。

绍兴五年三月十五日。（画押）

宋高宗赐梁汝嘉札（二）

宋绍兴六年

朕惟为国莫要于得人，用人莫先于求旧。卿勋名累世，辅翼三朝，德望之隆，中外所属，矧体力未衰，旧宣是寄，亟图自便，遂欲言归，三复喟然，未喻厥指，朕意不易，卿勿复言。敕付浙淮京广经制使、前户部尚书梁汝嘉。

绍兴六年五月十七日。（画押）

宋高宗赐梁汝嘉札（三）

宋绍兴十一年

朕惟三朝元老，义同休戚。先帝旧学，存者几人。卿谋国之重，历年于兹，纪纲修明，中外宁辑。今委卿"平章"之任，谅其风采耸闻，可使朝廷增重。夫薄于德而当之不智，裕于材而辞之不仁，若卿材德可谓称矣，亟服新宠，以付天下之望，毋烦固辞。敕付同平章事梁汝嘉。

绍兴十一年四月二十九日。（画押）

宋高宗赐梁汝嘉札（四）

宋绍兴十三年

卿出入先朝，历更夷险，金石之节，终始弗渝。兹属春夏之交，寒燠相渗，起居食息，调摄为难。闻卿体力违和，实深眷念。其鞠躬尽瘁，忧国劳心，以致于此。特颁珍剂，以助保颐。朕惟与卿，义则君臣，情犹父子，如左右手，可须臾离？尚其省思虑，时宿食，亲药饵，以慰朕侧席之想。敕付同平章事梁汝嘉，绍兴十三年（上钤"御书之宝"）四月十二日。（画押）

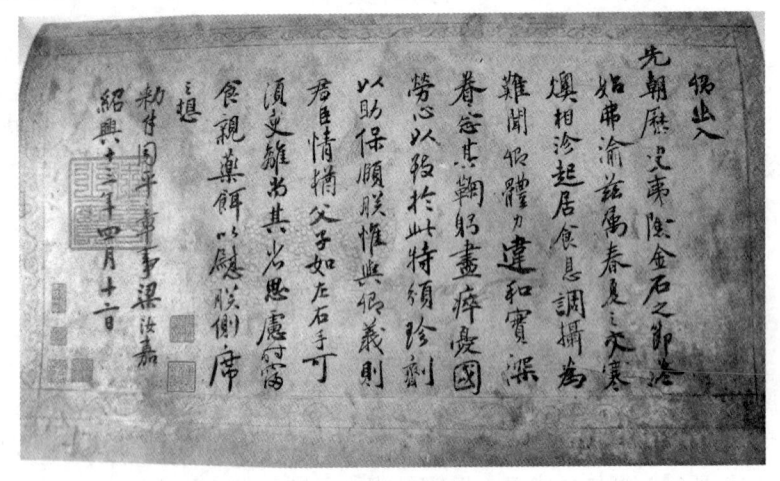

宋高宗赐梁汝嘉札

（下钤有仇氏及"季彤鉴藏"等印　东京国立博物馆藏）

第四节　文章酬唱

洛阳人、参知政事陈与义（1090—1138）与梁汝嘉交游甚好。绍兴七年（1137），陈与义离杭，梁汝嘉设宴践行。席上，陈与义作《浣溪沙》致谢：

离杭日，梁仲谋惠酒，极清而美。七月十二日晚卧小阁，已而月上，独酌数杯。

送了栖鸦复暮钟。阑干生影曲屏东。卧看孤鹤驾天风。　起舞一尊明月下，秋空如水酒如空。谪仙已去与谁同。

富览亭在温州城西北郭公山上，宋嘉祐三年（1058），知州楚建中建。北临瓯江，"登者不越几席而尽山水之胜"。绍兴十三年某日，梁汝嘉与永嘉人、婺州知州林季仲同游富览亭，林季仲作《次韵梁守登富览亭》：

> 朝来爽气自横空，蹑屐宁须学谢公。
> 似此江山何处有，合分风月与人同。
> 消磨万古潮声里，摇兀千林酒浪中。
> 欲和阳春无好语，尊前莫笑嗫嚅翁。
> 绛人老矣休问年，万事灰心宁复然。
> 有客雅知林下趣，怜渠独得酒中天。
> 摩空雁影沉波底，照眼梅花破腊前。
> 雪意方浓君且住，行歌同挂杖头钱。

温州富览亭

绍兴十七年，梁汝嘉外祖父家修何氏宗谱成，外亲请其作《修庐江何氏家乘序》：

何氏之始，肇自皇帝，生于姬水。姬为姓。姬为周之始，韩为何之始，一脉相承，纤悉无谬。初韩王安国弱，其子非作《说难》数万言，父使于秦，竟为强秦砧上之肉，徒然作书不能自脱其难，良可惜哉！非之裔孙庶避父仇，遂改韩为何，而复以繁衍其后者，非易世之功欤。今视韩孰复而孰少，韩可无憾，而何其昌乎。庐江之著姓自庶始，庶之下十二世休，居任城，道统名儒，而世族最著。休之下四世晏，居宛邑，亦以儒业显，而不克其终。晏之下四世无忌，居郯邑而阵亡，名高于日月，其下韫晦于方山，秦望及云门小东阁。而之元字世伯，屏迹于晋陵之南，至于赐第长安，植和川不得，次第为之笔叙，其下五代则迁道州，宋初则入洛阳，继此而又有成都西兑也。

自后旦始居龙泉，旋以宦游开住于他。大乙郎公名旦，后有琬，五郎公言讳上先，琬后有执中，仍居龙泉，执中即汝嘉之外父也。外父举进士，始居台、亳，复知海盐，秩满徙平江，里之人名其曰：何家墅。母居居丧，邻居失火，外父抚棺号恸，即反风却烟于苍冥，以全其孝，厥后外父官累迁，爵累厚，谶云："沙州到寺山，龙泉出宰相。"外父果拜相，以符其谶。外父为国论才，敬于直内，举不避亲，以菲簿畏猥。荐以任用。汝嘉由司谏敕知武进，武进之东平土村即晋陵也。内兄兑颇以平江地阜，晋陵地阜。汝嘉只识其意为先容，遂改筑于晋陵南三十里曰何野。及其先之元祖居故里也，往返居住。外父执政时，有大学狂生陈朝，构成诽谤，而外父眷注益隆，加封执中为荣国公，晋封福国公，前后食禄五千八百户，年华近髦，上诏以大夫就第，享年七十四，谥曰"正献"。追赠清源郡王。汝嘉得外父荐引，使汝嘉忠君偎民，实乃外父之公，然申荐起家，未必非外父之私，而举得其人，虽私亦公也。汝嘉启笥箧得外父平生携亲索汝嘉为家乘序。汝嘉不得裁复于生平，罪戾莫赎。今天率其概以补其生平所末了，手书布复，以次解大家编左。

时

赵宋绍兴十七年（1147）丁卯仲冬望日，宝文阁学士兼户部尚书、封缙云侯、甥梁汝嘉顿首拜撰。

去月帖，是绍兴年间梁汝嘉给同乡的一封书札《去月帖》（草书十九行）：

汝嘉惶恐。

去月二十八日，以长子得奇疾不幸，二十九日刘丈见过，告以庙堂呼召，分委职事，方知淮甸已扰。次日得旨促出，自此不复更得少暇修人事，亦不得略为亡儿取日作佛事，一切付之牙校辈。相继报益急,遂议击家。三数日来,孥累既行,府事远交与章丈,方少通气,得亲书问耳,不审得见量否?即日伏惟开府之初,神相起居,台候万福,不胜瞻仰卷卷之至。汝嘉初得指挥,独以本部事从行,继得与刘丈同行指挥,今又独行矣,终当率刘丈同行也。启行未有定日,闻已拟二十三日,又闻二十九日。相君云有警即动,不许择日也。余已具刘丈书中,更不缕缕。向寒,乞相时珍重,以俟宠数。不宣。

汝嘉顿首再拜,知府、徽猷侍郎乡兄座。

此帖有开禧元年(1205)岳飞之孙、岳霖之子岳珂(字肃之,号亦斋,晚号倦翁)之《梁汝嘉去月帖书赞》:

右绍兴宝文阁学士梁公汝嘉,字仲谋,去月帖真迹一卷。予开禧甲子(按:开禧没有甲子年,只有嘉泰四年为甲子年;开禧元年为乙丑年,未知何故如此表述)冬初,筮仕南徐,公之子季玐,实以九卿总饷,尚及见典型。帖得其门人郑子寿,盖或持以献者。赞曰:

当边境之多虞,士君子出而备驰驱。见于盈尺之书,观其六辔之行。虽择日,亦不可以少须,其时为如何。焊焊出车,投袂以趋。毋宁以家而忘此匈奴,岂其私是图。此敌忾之士,必即是以察忠臣之区区也。

(《宝真斋法书赞》卷二五)

第五节 《宋史》与梁汝嘉

俗话说,尽信书不如无书。读书阅史,对文献的记载过分迷信、沿袭,皆不可取,《宋史》也不例外。据历代史学家评价,《宋史》是"二十四史"中问题最多的史书之一,有"繁芜杂乱"之称。

《宋史》的最大缺点是比较粗糙。由于成书时间短,只用了2年7个月,而且时值元朝濒临崩溃的前夕,因此编纂得比较草率。编写中对史料缺乏认真鉴别考订,资料也没有精心裁剪;书的结构比较混乱,编排失当,从整体来看,北宋详而南宋略,如《文苑传》里,北宋文人81名,而南宋仅有11名;《循吏传》里,南宋竟无一人。此外,宁宗以后的史实多缺而不载。列传虽然占的篇幅很大，入传的人物有2800余人，但缺漏的人物仍然不少。如南宋后期抵抗蒙古军守合州有功的王坚，其英勇程度，不减唐朝的张巡守睢阳，但在《宋史》中却无专传，其事迹只散见于《宋史》《元史》的本纪和列传中。又如生祭文天祥的王炎午、终身面不向北的郑思肖和爱国诗人刘克庄等，也没有列传。有的还出现一人两传的现象，如《宋史》列传一百一十六有《李熙靖传》，二百十二又有《李熙靖传》。

总编丞相脱脱和阿鲁图是蒙古人，对汉族历史、文化的研究，存在先天的缺陷，加之元王朝的特有政治观点，使此书编纂得十分草率、粗糙、结构混乱、主次不分、剪裁欠妥、编排失当。

脱脱是一个守旧遵道的知识分子，反对改革，尊崇道学。因此，《宋史》便以宣扬道学（理学）为宗旨，重点突出道学的政治地位。《宋史》尊奉道学（理学）的思想倾向非常之明显。在《儒林传》之前，首创《道学传》，记载了两宋的道学家，如周敦颐、程颢、程颐、张载、邵雍、朱熹等，突出了道学的地位。再有忠义、孝义、列女三传也是宣扬道学思想的。其中《忠义传》里的人物竟有二百七十八人。《宋史》否定王安石变法，尊崇道学，将变法派吕惠卿、曾布、章惇等人列入奸臣传，南宋权奸史弥远祸国殃民，却未被列入奸臣传。这反映了元朝统治阶级及史官认识问题的局限性。因此，清代乾隆年间官修的中国历史上最著名的百科丛书《四库全书》，其"总目"曾尖锐批评《宋史》说："其大旨以表章道学为宗，余事不甚措意，故舛谬不能殚数。"

同时，脱脱还是一个治学态度持主观主义者，完全凭着个人好恶，来主持《宋史》的编写。梁汝嘉，当是杰出的抗金名臣，这是当朝及之后宋廷当政者所肯定的。由于其对南宋的卓越贡献，在梁汝嘉去世50年后的宋孝宗嘉泰三年（1203），朝廷决定为其官立神道碑，当朝宰相周必大亲自撰写碑文。碑文对其主张抗金、反对议和，与秦桧针锋相对的事迹给予了充分肯定，称其为"国家之宝臣"。但脱脱却在《宋史》中颠倒黑白地写梁汝嘉"素善秦桧"，编造了一个莫须有的故事，将其描述成卖国贼秦桧的同党。

纵观梁汝嘉的一生，是不畏金夷、奋勇抗敌的一生。刚入仕为官，逢金兵入侵。在常州，众官听闻金兵临城，四散逃跑，唯独汝嘉浚筑防守，常州因汝嘉所筑城防高深坚固，得以安宁。其抗金的谋略与决心由此可见一斑。

后金兵掳掠中原，汝嘉深忧国难，为收复失地向宋高宗直言进谏，为抗金战略可谓煞费苦心。他奏请分派诸将控扼要害之地；收陕西卫戍部队以巩固四川；请求分兵三路，据守要害、往来策应、留视营寨；又奏请重用张浚、韩世忠、岳飞为西府，刘琦守荆南等军事要塞。由此可见，梁汝嘉是铁杆抗金主战派，如何会"素善秦桧"。《宋史》以殿中侍御史周葵一事来证明汝嘉与秦桧"素善"，可以说孤证不成立。况且，此事只能证明汝嘉为自保之谋略，不能证明其与秦桧就是一党。可见《宋史》之言，也是妄加评论，牵强附会，不能尽信之。

附文：

《宋史·梁汝嘉传》

梁汝嘉，字仲谟，处州丽水人。以外祖太宰何执中任入官，调中山府司议曹事。建炎初，知常州武进县。守荐其治状，擢通判州事，加直秘阁，历官至转运副使。

临安阙守，火盗屡作，命汝嘉摄事。汝嘉修火政，严巡徼，盗发辄得，火灾亦息。遂命为真，加直龙图阁。以称职，擢徽猷阁待制，试户部侍郎兼知临安府。累迁户部侍郎，进权尚书兼江、淮、荆、广经制使。

汝嘉素善秦桧，殿中侍御史周葵将按之。汝嘉闻，给中书舍人林待聘曰："副端将论君。"待聘亟告桧，徙葵起居郎。葵入后省，出疏示待聘曰："梁仲谟何其幸也。"待聘始知为汝嘉所卖，士大夫以是薄汝嘉。汝嘉求去，以宝文阁直学士提举太平观。未几，升学士、知明州，兼浙西沿海制置使，更温、宣、鼎三郡，复奉祠以归。

绍兴二十三年，卒。汝嘉长于吏治，在临安风绩尤著。

梁汝嘉神道碑

宋·周必大

通奉大夫、赠少师梁公神道碑。

公讳汝嘉，字仲谋。幼敏悟，外王父清源郡王何丞相执中奇之，奏补登仕郎。初以迪功郎主管吏部官告院，三被赏，循儒林郎调中山府司兵曹事，减员，改仪曹。以用举者，改京秩，尝辟燕山府路帅属，议论不诡，随帅不悦，公求还京师。俄丁母忧，营葬常州，因家焉。靖康初，服氏除，就选知武进县。乙酉二月壬子，六飞苍黄南渡，甲寅，次常，官吏骇散，公独不去。上异之，顾大将张俊刻姓名于御剑。九月，加直秘阁。增埤浚隍，阴为贼备。继而虏骑大至，部民数万倚公安集。绍兴二年春，除两浙转运判官，又升副使兼权临安府。临安市皆茅舍，数火，公始以陶瓦易之。三年七月，进直龙图阁正知府事。虏遣使来，适殿柱坏，诏亟葺治。公心计有余，凡梁柱、竹木、瓦石用度，丹漆皆度广狭高下，素为储待。一日告成，上自宫省，下至营屯及百司官廨，区处悉有方，始成都邑。上谕公曰："前政宋辉俗而懒，卢知原谬而执，今得人矣。"次年，进户部侍郎，仍兼临安府。

六年，上幸金陵，为随驾都转运使。八年，驾还，金人议和，枢掾胡简公铨上书得罪。公与侍从六人同对，谓："虏情难测，后必背盟，礼不可过。"又言"责铨太重"，奏稿多出公手。当路始不乐讽，言官排击，公力求去秩。

绍兴九年二月，诏改发运为经制司、而提举茶盐勿兼常平，择户部长贰一员：并领之。诸路主管属官，各为经制某路干办公事。公遂兼江、淮、荆、浙、闽、广经制使。三月，进权太常伯兼许一千司敕令。秋，以旧职提举江州太平观。十年冬，起为川陕都转运使。公前谓虏必渝平恳辞。已而，果然东京留守孟庾降。上谓侍臣曰："庾不可任，惟梁汝嘉为朕言之。"转知平江府兼浙西沿海制置使。十一年，明州妖僧法恩作乱，选公经手，仍兼浙东沿海宣制使，过阙，升宝文阁学士。

上尝密以"千字号"付公，有所见，勿拘远近，实封直达。公感激恩遇，知无不言，前后条上便宜，如"分命诸将控扼要害；收陕西戍兵以固全蜀；论归正人，不当遣；至谓措划失宜，为诸将所轻，愿出睿断，毋失事机；胡世将难以任用，宜择人副之。又乞分大军为三，一据地利，一往来应策，一留视营寨，使虏常为客，我常为主；又奏用张浚、韩世忠、岳飞为西府，刘锜守荆南，皆为恢复进取之计"。

逾岁，请祠归。明年秋，知温州。未几，夏潦，公竭力赈恤，并奏江浙闽皆大水，愿降德音蠲租税，仍敕有司省不急以补经费。十五年四月，彗出东方，乞下诏求言。十六年正月，移知宣州，悼亡乞祠，从之，自是凡再任太平宫。二十一年，起知鼎州。再岁复引疾奉祠。二十四年十月二日，逝于里第，享年五十九。越明年十月丁酉，葬松阳县惠洽乡之原。

注：周必大言："予作《梁汝嘉神道碑》，其子季秘以玉石砚为润笔，皆刻篆字，乃玮讲道斋所用，字曰公照。此书洪迈用功为多，迈号博闻，缘出众手，无由尽正其误也。"

周必大画像

周必大（1126—1204），字子充，一字洪道，自号平园老叟、省斋居士，青原野夫，南宋吉州庐陵（今吉安县永和镇周家村）人。文学家。周必大出身书香门第，自幼勤奋好学，饱读诗书。少年时作文赋诗，名噪庐陵。绍兴二十年（1150）考中进士，绍兴二十七年（1157）中博学宏词科。绍兴二十一年（1151）进士。官至左丞相，封益国公。今存诗600余首。初学黄庭坚，后由白居易溯源杜甫。善于状物，如《池阳四咏·翠微亭》比喻浅近新颖；《游庐山佛手岩雪霁望南山》，气骨稍弱，却清新淡雅。散文内容丰富，代表朝廷撰写的重要文章典重雅正，所写游记情致丰韵，神道碑、墓志铭颇有史法，往往为元代修《宋史》者所取材。著有《益国周文忠公全集》200卷，有清咸丰刻本。

第四章

书家梁安世

第一节　生平仕宦

梁安世（1136—1195），字次张，号远堂。梁安世为梁旖五世孙，梁孚惠次子。

梁孚惠，字民怀，曾组织乡勇与兄孚将等在懿德乡一带抗击洪载部队的侵略。

宋丽水人俞文豹《吹剑录》载：

> 括苍梁民怀首倡民兵，捍御方腊有功。郡县议上闻，民怀不肯。既得子，名安世，年十九登科。民怀以寿终，乡先达江朝宗挽曰："四郊多战垒，一郡少儒家。气概剑三尺，义方书五车。野无人白骨，门有子青缃。阴德看桃李，无言春自华。"安世字次张，官至司农丞、广西漕。

梁安世出生于富裕的书香门第。宋代著名学者王柏（1197—1274）《鲁斋集》卷一二《跋史君梁公帖》曰：

> 公讳安世，括苍人。公之大父家颇富，教子读书甚锐。一日，有剑客过门，忽令诸子弃所业而学焉，莫不怪骇。久之，睦寇大作，诸郡残破，独梁氏率乡人共保守，出与之战，屡捷，卒全一乡。贼既平，复命诸子读书。公遂登第，仕至郎官。

梁安世天资聪敏，幼时就酷爱诗书，过目成诵，乡人称其为"神

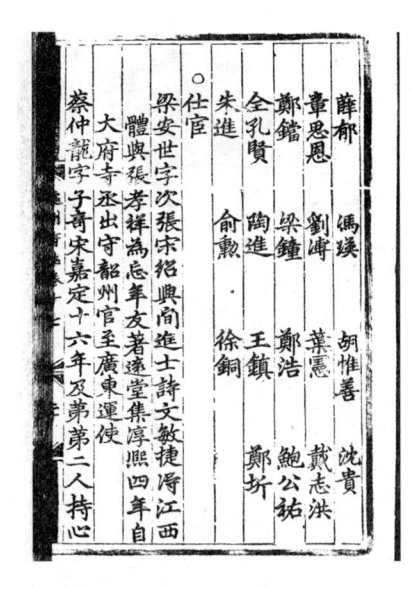

明成化《处州府志》梁安世传

童"。13 岁时,梁安世到东西岩游玩,忽诗兴大发,写下了《游岩》一诗:

嵬嵬顶僧庐,千霄跨飞阁。殿香逼象纬,岩风楼洞壑。
古今擎天心,昏晓碍云脚。借作月中梯,仙桂待斫却。

绍兴二十四年(1154),年方十八的梁安世踌躇满志,奔赴京城临安参加会试,荣登金榜,与著名诗人范成大、杨万里等为同科进士,初授某州学教授。

绍兴二十七年(1158),梁安世任绍兴府会稽县(今属浙江绍兴市)尉。此时,永嘉王十朋任为签书判官,温州与处州一衣带水,地缘相亲,二人相友善。

后擢湖南衡山知县。

淳熙三年(1176)初,任司农寺丞。是年冬,权知韶州(治今广东韶关)。

淳熙四年(1177),擢大农丞(掌管农桑、水利等事务)。

淳熙五年,假守韶州(治所在今广东韶关)知州。笔峰山位于韶关市小岛中心区之北麓。清同治《韶州府志》载:"城北一里,郡主山也。

梁安世画像

初名笔峰，后人称帽子峰，以其端圆如帽。"笔峰山上，旧日建有几个亭子。宋淳熙间郡守梁安世首建"整冠亭"，取韩退之"上宾虞舜整冠裾"之句以名。

淳熙六年（1179）初，转任广西路转运判官（治所在今广西桂林），不久擢升转运使。梁安世主持整顿官卖盐课，李心传《杂记》著录："广西不立额数，故今所卖为十一万五千余箩，不产盐十六州卖十万五千八百余箩，产盐五州卖一万八千四百余箩；海外四州卖五千五百余箩。前任漕臣梁安世，又创卖淹造盐一万五千百余箩。"是年九月二日，因向朝廷"衡奏经略司保明功赏不实，颇涉张皇，再令指定，却乃异同"，于是梁安世与同僚徐某各降官一级。

据清雍正版《广西通志》卷五十一载：梁安世广西离任后改提点刑狱公事（提点刑狱司的主官，掌管所辖地区司法，刑狱。正三品）。

宋真宗年间，宰相寇准被奸臣丁谓陷害而远贬雷州。雷州百姓敬重寇准忠义德行，建祠祀之。绍兴五年（1135），宋高宗赐额"旌忠"，塑准之像，方重魁伟，如坐庙堂。淳熙七年（1180）春，梁安世莅雷任职，以寇准盖世勋烈，四国畏威，因而委通判权州事吴竑扩大祠庙规模，并绘澶渊扈征于左庑，巴东柏、公安竹、郡吏献图以及丁谓南来诸事于右庑。梁安世亲自撰文，题曰《旌忠祠记》，全文如下：

　　淳熙七年（1180）春，予以职事走诸郡至雷阳，谒忠愍莱国公祠，塑像与工所传丹青无异，方重魁伟，如坐庙堂。又设黄门苏公（即苏辙）、淮海秦公（即秦观）位于东西两间，土木岁圮，郡不暇葺。因命通判权州事吴竑新之，倅广旧规三之一，增立东坡先生像，绘澶渊麾征事于左庑，巴东柏、公安竹、郡吏献图，谓之南来等事于右庑。盖未毕，而吴竑去官。明年八月辛亥，权州王进之始落成，且移书谂予记之。

惟公勋业炳耀，岂假形容？始著即海康之役而论功名，始终与夫忠无不报之效，使览者或有取焉。昔耶律违天犯我，有避退则骇散，进则克之。公于先机胜算，已审挞览之毙，特其一端于本朝澶渊之功，兹为第一矣！再秉钧轴，识者难之，就使监国之议果行，则行帛鼎彝将不胜哉！脱有意外，岂特南迁哉！《易》曰：日中则昃，月盈则食。名盛则责备，功高则忌辱，自非知机勇决，去健与羡，未有不囿于乘除之数者。今公以盖世勋烈，四国畏威，百避逊能，倚忠于天，不顾老氏义府之戒，宁蹈羲经失身之咎，宜乎？其有是行焉。丁南而公北则天之元气无一日无行乎？士大夫之间，为人臣者可不知所择哉！

海邦之民，岁时必祭。意公犹眷顾于此，使风雨时若，波涛不惊，比厥攸司，皆知拔葵辞第之义，则惟远民是赖。惟公其阴相之，是敢系之，以诗其辞曰：

帝眷大梁方偶平，武不可恃资之英。授公灵旗前擔枪，把握干将腹笕庚。为宋三叶征不庭，斡旋斗极临冀并。泰华屹起澶渊城，黄伞径日遮敌营。神机夜发驱天丁，褫魄裂肝祈寻盟。策勋庙社都宰衡，轮度五纬镜太清。出藩入辅均恩荣，耽耽卧虎潜光晴。敌人敬戒如雷霆，载熙庶绩还清宁。五石已练天迟明，微服射影朝纵横。遂邻南海招蓬瀛，瓜枣献食安期生。倏然骑箕为列星，禽鱼草木留威名。不鄙荒陋祚厥氓，荔丹蕉黄聊一觥。佩玉下土云軿迎，却扈列圣朝玉京。

淳熙八年九月，放罢。见《宋会要辑稿·职官》七二之三一曰："（淳熙八年九月）二十一日，广西转运判官梁安世放罢。以臣僚言知廉州林自论广西盐弊，诏安世禁止，乃文过饰非，辄肆欺罔，故有是命。"

淳熙十年，回朝任郎官。清倪涛《六艺之一录续编》卷七《武林磨崖续考》曰："梁安世题名：'梁安世次张、郑□次山来。淳熙癸卯□月初四日。'正书五行，字径一寸五分。""武林"，临安（今浙江杭州）之别称。"淳熙癸卯"，即淳熙十年。此时安世已回朝，在临安。

梁安世致仕后，隐归渥川，卒于故宅。同邑丁川潘周臣撰《祭广西盐运使安世公文》。梁安世配闾邱氏，闾邱氏为处州望族，居丽水城内。宋绍兴壬午年（即绍兴三十二年，1162）七月，生一子，梁仁，字养志。梁仁娶潘氏，生三子：梁沂、梁泽、梁湜。

附文：

祭广西监运使安世公文

丁川潘周臣撰

呜呼！天之生公也。盖未易量收乙科于弱冠，方发轫于词场。自县尉而分教，看逸骥之腾骧，奉辟书而出境。继入赘于鹓行，顾引步于清华，皆知已之荐章自非，公之才如梗楠梓杞，公之器如圭璧琮璜，则何所以称诸公之轩轾起侧席于九重。

梁安世墓（丽水市市级重点文物保护单位）

呜呼！公乎才有未尽其所用，用有或遗其所长，夫以公之宏抱，实今代之班扬。非判花于西掖，则秉笔于玉堂，顾乃轻去清近驱驰炎方。然拥麾而度岭，著殊政于韶阳。乃移漕于广右，更大振乎台纲。兴利去害，扶弱击强，民登春台，吏立冰霜，威不失爱仁，行以刚故去，则民思召伯之甘棠。伊长才之佐用，又何往而不茂。藏纵飞言之诖误，究于公乎何伤。知公此心，湛然漓江。

公笑东归，不作吊湘赋，知命以见志怀三径之就荒。未几，天光下鉴，纶命再颁，将起公于茂陵。忽仙旆之遐翔，久公论之自定，还特恩之宠光，付不孤之山涛，慰九原之稽康。然则公虽亡矣，其实不亡。惟公平昔义重于乡某也。黍瓜葛之好托芝兰之契情，既尽而且详方。公之未归也，日望其归，装及公之归也，岂意哀公之丧。文不在兹，伊谁能忘，心之不能忘者，故非言之可尽言之，不可尽者，又岂文之所能扬聊一觞，而寓意愧荔丹而蕉黄。

（清光绪辛卯年修《渥川梁氏宗谱》）

第二节　交游唱和

梁安世擅诗文，为当世所重。《全宋词》录梁安世词1首，《全宋诗》录其诗8首。安世生平所著有《远堂集》。

梁安世一生游历大好河山，也交结了许多当世名贤文豪，并有诸多交杯酬唱故事流传于世。

宋代文学家、左丞相周必大（1126—1204）《文忠集》卷一八六《韶州梁守安世》曰：

某再拜知府、监丞麾下：某仰慕才望之日久矣，每有"未见君子"之叹。间蒙坠贶缄启，义深辞古，深得欧、苏二文忠之遗意。私谓执事他文，必皆称是，安得入群玉之府，尽窥琮璜圭璧耶！会执事乡人在朝者多，每相遇，辄道此心。不谓远达清听，长书见及，且示近著表启、古律诗、长短句一编。伏读累日，一字三叹，如推择度支，本原学问，昔贤之论，晚节为难，伤临川之术误，悯银盐之害民，皆用意至到，忠告无隐，而秀杰忠厚之气行乎其中。乃知子美诗外，大有事在，岂止与雕琢篆组之徒争工斗靡而已哉！因念近世文人，一或抱负所长，则骄矜傲忽，憎嫉胜己，轻贱不如己，所谓以能问不能，以多问于寡者，未之闻也。故其才华虽甚可爱，而常使人逡巡畏避，不敢与之亲。今执事本之以德业，持之以谦厚，将一洗陋习，尚友古人。虽如某辈不学无文，犹屈己而幸教之，其为赐也大矣！抑某何以称此？惟当传示搢绅诸儒，上及于公卿，使知执事笔力如此，反牧远郡；某不才如此，乃容久污玉堂之直。弃黄钟，鸣瓦釜；却骐骥，御驽骀：用舍倒置，圣时所宜察。庶几有诵周南之滞，荐《子虚》之赋者，持以为执事报，不亦可乎！属苦腹疾无聊，叙谢不宣。

《文忠集》

周必大此文撰于"淳熙五年"，赞梁安世"义深词古，深得欧、苏二文忠之遗意。……今执事本之以德业，持之以谦厚，将一洗陋习，尚友古人"。其评价之高，厚爱之深，溢于言表。

梁安世与杨万里（1127—1206）为同年进士，甚为友善。后一起到岭南任职，杨万里任广东提举，梁安世任韶州守备，后广西梁漕。杨万里多次作诗、书札，以表达日夜思念故友之情。《杨万里诗文集》中多有记载，他在《寄韶州守梁安世》中写道：

故人一别动经年，谁与论诗共说禅。
忽报一麾官岭外，寄来七字雪梅前。
人惟南省班行旧，语带西湖山水鲜。
安得对床吟至晓，拟烹山茗汲清泉。

又某日，杨万里作《答广西梁漕启》：

奉使无状，蔑闻中率之称；有命自天，更诡爱书之寄。(繄)欲宣朝廷去杀之德意，抑亦答知旧吹生之惠心。真毁瓦以言功，类暴(尫)而好雨。怔忪而已，摧谢惕然。敬惟年丈博哉之仁，辅以圣贤渊乎之学。言汉九事而八为律，迈主父之明谟；知秦十失而一尚存，有温舒之鲠论。推向来代为诸老之对，为今日责善朋友之书。举惠文而相规，请事斯语；问刑鼎而宜答，其敢饰非？佩服于心，条陈莫状。

杨万里后又作《通问广西漕梁次张寺丞启》：

问李绛之同年，早自附英游之下走；与卫侯而偕命，晚乃分临遣之末光。诵玉壶春光饮别之诗，览梅岭夜半逃禅之句。忆平生故人之欢若，遣一介行李而候之。

恭惟某官，议论诸老之先，人物千岁之上。怀连城而佩明月，至宝不雕；餐秋菊而纫春兰，清晖自远。盖贮之以玉堂而未决，乃颁之以金节而斯何？善类抚然，远民幸甚。持使者之绣斧，已耸摇山之风；织天孙之锦裳，即烦挥翰之手。

某童而怪怪，老矣而休休。诵北山之移文，长惭夜鹤之见怨；登东皋而舒啸，自怜倦鸟而犹飞。

淳熙五年（1178），梁安世趁赴韶州之机，回栝苍，刻刘安世（司马光的门生，北宋学者，官至左谏议大夫）《尽言集》13卷。刘氏原有《尽言集》和《元城集》二集，前者收录谏章，后者为文集。《尽言集》因梁安世所刻而流布后世。终卷附淳熙五年梁安世《尽言集跋》：

元城先生南迁往还皆道曲江，比得其手帖十余纸于州人邓氏，乃刻石清淑堂上。适先生曾孙孝骞自连山来访，出其家藏《尽言集》十三卷，因命工镂版，置之郡斋。

淳熙五年戊戌闰月初吉，假守栝苍梁安世谨书。

"曲江"，韶州之别称，即今广东韶关市。"假守"，兼守，权知某州之意，多用于自称。

梁安世与王千秋（生卒年不详）有交游。王千秋，字锡老，号审斋，东平（今属山东）人，孝宗时寓居金陵（今江苏南京）。工词，风格秀拔。梁安世知衡山县时与其有唱酬。王千秋有《审斋词》一卷，内录《席上呈梁次张·水调歌头》一词。兹录如下：

笔力卷鲸海，人物冠麟台。向来朱邸千字，不省有惊雷。人似曲江风韵，刚要重来持节，不道玉堂开。草诏坐打鼎，琐屑扫尊罍。

金错落，貂掩映，玉崔嵬。看公谈笑、长河千里静氛埃。散马昼闲榆塞，辫发春趋瑶陛，都出济川才。老子尚顽健，东阁亦时来。

梁安世亦有《赠王锡老》和诗留存，诗曰：

审斋先生世稀有，曾是金陵一耆旧。万卷胸中星斗文，百篇笔下龙蛇走。渊源更擅麟史长，碑版肯居鳄文后。倚马常摧鏖战场，脱腕难供扫愁帚。中州文献儒一门，异县萍蓬家百口。恨极黄杨厄闰年，闲却玉堂挥翰手。夜光乾没世称屈，远枳卑栖价低售。漂摇何地著此翁，忘忧夜醉长沙酒。岂无厚禄故人来，为办草堂留野叟。嗟余亦是可怜人，惭愧阿戎惊白首。一灯续得审斋光，多少达人为裔胄。眷予憔悴五峰下，频寄篇来复相寿。年来事事淋过灰，尚有诗情闲情窦。有时信笔不自置，忆起居家吕窠曰。审斋乐府似花间，何必老夫跻篇右。

梁安世与吴芾（1104—1183）有交游。吴芾，字明可，号湖山居士，仙居县田市吴桥村人。绍兴二年（1132）进士，曾任处州知州。吴芾作《和梁次张谢得酒见寄四首》，诗曰：

传得仙家不老方，酿成春色瓮头香。
一樽聊尔资杯酌，争似相携入醉乡。
妙龄才气压同升，谈笑端能却五兵。
况复锦囊新且丽，粲如春树万枝荣。

第四章 书家梁安世

> 審齋詞一卷安徽巡撫採進本
> 宋玉千秋撰千秋字錫老審齋其號也東平人陳振孫書錄解題載審齋詞一卷而不詳其始末據卷内有壽韓南澗生日及席上贈梁次張二詞南澗名元吉隆興中爲吏部侍郎書次張名安世淳熙中爲桂林轉運使是千秋爲孝宗時人矣惟安世詩稱千秋爲舊與陳振孫所稱爲東平人不合或流寓於金陵耶毛晉跋稱其詞多酬賀之作然生日餪詞南宋人集中皆有何獨刻責於千

审斋词

平生性僻有诗耽，每恨才悭不得兼。
独嗜君诗无厌致，从教人笑我多馋。
春入横塘绿胜醅，更将清浅照寒梅。
试吟秀句临流坐，引得疏枝一晌开。

梁安世与罗愿（1136—1184）有交游。罗愿，字端良，号存斋，徽州歙县呈坎人。其《罗鄂州小集》卷一《梁寺丞见示过岭新作》诗曰：

凌晨登郁孤，南走韶阳道。封疆有申画，山川本怀抱。
公行度塞岭，残雪故未扫。高情无南北，反谓兹山小。
顷来我尝游，亦觉山媚好。前贤困远谪，我辈得幽讨。
两崖瞻欲眩，数树攀且绕。想公哦新诗，千骑转林杪。
衡冠候颜色，约束军声悄。韶阳古名郡，四十专城早。
重华已千岁，苍石在云表。鱼龙舞幽壑，遗韵盖可考。
以兹供抚玩，或可荐寿考。公余亦时饮，未用绝芳醥。
行行布恩惠，正直神所保。

梁安世与丘崈（1135—1208）有交游。丘崈，南宋将领，字宗卿，江阴（今属江苏）人。《宋词全集》载有丘崈《满江红·和梁漕次张韵》，词曰："玉宇无尘，斜阳外，江楼伫立。人正远、骑鲸南去，笑言难挹。冰雪生寒烟瘴冷，海山着处恩波湿。问碧门，金阙待君来，何时入？犹自有，新篇什。应念我，相思急。满乌丝挥遍，麝煤香浥。尊酒相逢佳□□，十年一梦长川吸。想上都，风月未盟寒，追良集。"由"骑鲸南去""烟瘴"和"海山"可知，丘崈此词当为梁安世初任广西运判时所作，故以"梁漕"称之。

梁安世与刘昌诗（字兴伯，江西清江人，生卒年均不详）亦有交游。宋刘昌诗《芦浦笔记》卷十《石荠诗》曰："淳熙辛丑，予客桂林。运使梁次张举似《石荠》诗，今未忘也：'撷根山石贮瓶罂，柱后缄题见者赪。风味莫嫌无酝藉，杯杅甚解作聪明。愿言则嚏传心事，搔首踟蹰散宿醒。最是徂徕名道地，至今奸胆亦魂惊。'"

此外，梁安世于广西路转运使任上，常邀请友人游山览胜。其《西江月·七星岩》落款记曰："淳熙庚子重九，梁次张拉韩廷玉、但能之、陈颖叔同游。"于另一处又题记道："淳熙辛丑立秋后一日，括苍梁次张拉清江徐商老、浚仪邢之美、延平张子真、柯山李伯寅来游。当暑而寒，剧饮不醉。"同游者中，不乏历史上有名望者，如徐梦莘（1126—1207），字商老，清江（今江西省樟树市）人，时主管广西转运司文字，为梁安世下属。晚年潜心治学，著有《三朝北盟汇编》，为南宋史学家、文学家。

梁安世与范成大（1126—1193），虽为进士同年，然未见有交游诗作留存。但梁安世对范成大取名壶天观一事却有题刻存记。据清汪森《粤西诗载》卷三梁安世《留守参政大资范公，余同年进士，往岁帅桂林，题刻最多，四方传之。暇日尝与同寮遍观，因即公所名壶天观题数语》曰："宣政喜边功，隆兑筑州县。程公自名岩，刻石记所建。得既不偿费，中兴弃不缮。诞谩磨崖辞，当日妄夸衒。英英石湖仙，改作壶天观。壁间三大字，庄重如峨弁。诗文鸾鹤音，笔势龙蛇变。登高瞰洞户，漓水澄如练。胜概耸灵台，遐观起三叹。玲珑二十四，妙墨镌题遍。我来为拂尘，端若侍颜面。邦人颂遗爱，寿骨癯且健。今坐玉麟堂，安得使之见？括苍梁安世淳熙辛丑立秋后一日。"

第三节　寻访名碑

梁安世醉心文史，亦酷好金石书法，并热衷于金石文字的研究。在绍兴任职期间，便不畏险途专程探访李斯《会稽刻石》。

浙东《会稽刻石》，闻名九州。公元前210年，秦王嬴政出游，在现绍兴境内，"上会稽，祭大禹，望于南海，而立石颂秦德"。此刻石系由李斯撰并书，碑文三句一韵，每字四寸见方，以小篆书写，计289字。全文司马迁收入《史记·秦始皇本纪》。

《会稽刻石》元代重刻本

据载，南朝梁时，竟陵王子良守会稽，登山见《会稽刻石》，曾使主簿范云识读此碑。但因碑竖在露天，长期风剥雨蚀，到南宋绍兴之前，字迹已模糊不清。宋人姚宽（字令威）《西溪丛语》云："予尝上会稽东山……山顶有石如屋中开，一碑插其中，文皆为风雨所剥，仅隐约可见，其为大篆小篆，均不可考。"南宋绍兴年间，知州王十朋劝时任绍兴县尉的梁安世前去考察。梁慨然而行，命工登山梁，得之，碑石仅存，可惜字迹已经磨灭殆尽，安世制作拓片一纸而还，于是作《秦碑一纸并古诗呈王梅溪太守》诗具记始末：

公生博物好奇古，劝我搜求秦望碑。我来稽阴且三载，梦寐绝顶云俱驰。事非近代问父老，鼻祖已来犹不知。或云其山多虎狼，渊湫罅井蟠蛟螭。魍魉木客忌人到，阴霾贼雾迷羊歧。樵夫悬磴惧失势，一落万丈谁能支。吾意此如钟乳穴，民昔畏扰相诗欺。曩时山东之罘石，磅砰人海无津涯。固知秦人游戏余，非民之利宁一时。暇日登临云门寺，僧曰若耶溪上奇。山曰何山势最峻，丹鹤夜宿天孙枝。南望天台西钱唐，下视峰岫如群儿。李斯篆书真刻本，昔人避乱此见之。裹粮遂偕墨工往，扳崖贯木如鹿麋。举觞酹酒山之神，千古呵护烦神司。销铄仅存三尺许，龟趺就凿山石为。剜苔剔藓随手剥，面节背角摧霜皮。老龙脱甲蛇解蜕，铺纸拭墨漫披离。收藏入袖恍若失，遐想往昔还嗟咨。我闻太古功德盛，铺写不尽乾坤仪。诗书纸上自不朽，金石还有磨灭期。秦皇不慕仁义业，直谓尧舜犹瑕疵。焚书欲盖前代美，宁闻伏生传有颐。后生不废丞相书，歌颂虽在皆浮辞。惜哉此纸无一画，欲记存亡人应嗤。他年好事继追访，姑愿首尾观吾诗。

（《云门集》。又见《宋诗纪事》卷五一）

王梅溪，即王十朋（1112—1171），字龟龄，号梅溪，乐清梅溪村人。绍兴二十七年（1157），王十朋47岁中进士第一，被擢为状元。年底，签判绍兴府。与梁安世在职位上为上下级，年龄上为父子辈，兴趣上为兄弟行。王十朋收到后，步其韵和了一首《次韵梁尉秦碑古风》：

会稽秦颂德碑，丞相李斯撰，世传在秦望山，莫知所在。教授莫济好奇嗜古，搜访尤力。有言碑在何山者，莫以语某。何山见于《图经》，在秦望东南，疑其真秦望也。某欣然欲往，职有所拘，以告会稽尉梁君，梁慨然而行。登山，果见之。碑石仅存，字磨灭已尽。墨片纸而还，作古风长韵，具记始末。因次其韵，且记吾三人好事之癖，亦以示后人也：

姬嬴遗迹存者稀，世传石鼓稽山碑。石鼓揄扬得韩子，文与二《雅》争驱驰。秦碑夸大颂功德，埋没草莽无人知。或言山顶石犹在，上有虎豹龙蛇螭。神藏鬼护荆棘蔽，涯悬蹬绝登无歧。广文好奇穴探禹，梅仙喜事僧寻支。我赞其行要亲睹，勿受世俗流传欺。望秦秦望两崭绝，何山壁立东南涯。丰碑屹立最高处，不知磨灭从何时？

剔苔扫墨了无有，模糊片纸亦足奇。浓云湛对黯将雨，古木槎枒蟠老枝。归来走笔出险语，呵政叱斯同小儿。诗成得得写赠我，词严意伟法退之。我闻秦人灭六国，酷若犬磔临江麇。先王法为秦所负，负秦况有秦所司。五经灰飞儒溅血，尧舜周孔何能为？上蔡猎师妙小篆，奴视俗体徒肥皮。东封太山南入越，大书深刻光陆离。沙丘风腥人事变，鬼饥族赤谁嗟咨？汉兴万事一扫去，唯有篆刻余刑仪。摩崖欲作不朽计，其如历数不及期。蚩尤五岳纣漆器，人物美恶宁相疵。我虽过秦爱遗画，南山入望频支颐。不须峄阳访枣刻，不用迁史观雄辞。虚堂默坐对此纸，闭眼暗想君勿嗤。要知秦碑没字本，却类周雅无辞诗。

(清·曾唯辑《东瓯诗存》上册)

饶有兴味的是王十朋又将此诗出示给教授莫济赏阅。莫济，字子齐，归安人。绍兴十五年进士，在绍兴二十八年，教授绍兴府，与梅溪为同僚，位稍次。王十朋、莫济与梁安世韵三个人都醉心文史。莫济不管韵险，也步梁安世韵一首《次韵梁尉秦碑》：

秦会稽刻石，唐人如张守节、司马贞，皆尝援以证《史记》。绍兴初，舅氏姚令威删定登山吊古，见碑石犹存。后二十余年，分教是邦，以语签判王龟龄，勉邑尉梁君求之，则石已阙，字不可见矣，以诗记其事。龟龄既赓之，以济首发其端，书以示济。按：会稽《秦颂德碑》凡二百九十六字，视秦世泰山之罘诸刻，独此碑字为最多。唐李嗣真云：斯小篆之精，古今妙绝，秦望诸山及皇帝玉玺，犹千钧强弩，万石洪钟，岂徒后学之宗匠，亦是传国之遗宝。周越《法书苑》独载《封禅碑》数十字而已。至欧阳公、赵德父，集录天下金石文遗殆尽，亦不复有《秦望山碑》。姚令威记鹅鼻山顶石屋所插一碑，今石屋固在，碑盖无有。梁次张所摹片纸，指为秦碑，乃在何山，其去鹅鼻尤为隔绝。尽记本末，以俟后之君子。

六王失国四海归，秦皇东刻南巡碑。法因史籀有增减，名与仓颉争飞驰。自言功德可歌颂，黔首个个愚无知。海神何故独拒命，风涛塞路蟠蛟螭。群臣谄佞仙药远，死生治乱分两歧。山灵不可守碑记，片段应作龟床支。陵谷虽存世代异，耳目双被诞者欺。只余纸本落人世,千古遗臭东南崖。我闻秦望最高峻,城域所见非昔时。何山距县四十里,符合传记壮且奇。众峰乃是子孙行,古木几换蛟龙枝?指东作西未足怪,父老流传从小儿。政如涂山玉帛会,漫不可考岁久之。梁君吏隐年甚少,郁郁寸角初解麇。裹粮携榼访古迹,气味萧散如分司。忽闻片石在绝顶,小篆无乃斯翁为。手披荆棘呵虎兕,拄杖直扣山头皮。模糊岂复有字画?此物及见秦乱离。当时威势振天下,不言惨毒民嗟咨。乘舆所至为刀锯,方岳何暇安礼仪?关中屡弃百二险,历数浪指亿万期。君臣乃尔自贤圣,鲠论不复相瑕疵。陈迹安知百世后,樵夫牧子笑脱颐。兴旺俄顷三叹息,抚掌重阅太史辞。假使玉着余笔画,文过其实世所嗤。早知金石不可恃,相君应悔燔书诗。

（《宋诗纪事》卷四七《云门志略》）

梁安世的原唱,王十朋和莫济的和诗,堪称古风绝唱,二十六韵,一韵到底,难能可贵的是三首诗至今还得以留存。

第四节 摩崖题刻

梁安世于广西路转运使任职期间,遍游桂林诸山,留下了不少摩崖石刻。最为著名的当属《乳床赋》。《乳床赋》摩崖在普陀山留春岩,淳熙辛丑（1181）年作,共二石,各高五尺八寸,宽三尺二寸。每石分刻五层,真书,字径二寸,大部分在20世纪"文革"期间被损毁。

综观梁安世碑刻书风,明显受唐代颜真卿的雄强书风的影响。欧阳修曾赞颜真卿书曰:"颜公书如忠臣烈士,道德君子,其端严尊重,人初见而畏之,然愈久而愈可爱也。"宋朱长文亦赞颜书道:"点如坠石,画如夏云,钩如屈金,戈如发弩,纵横有象,低昂有志,自羲、献以来,未有如公者也。"唐以后很多名家,都从颜真卿书法中汲取营养,喜好书法的梁安世,自然不例外。

细察《乳床赋》,该碑受颜真卿《多宝塔碑》的影响较大,中锋行笔,挺拔劲健,起笔藏锋为主,兼用露锋,转折处有明显的顿按。有些横画起笔较为外露,然又参以含蓄的笔意使之变化丰富,如"垂"字;横画收笔处强调顿笔和回锋,常向右下方重按,顿笔回锋,体现出颜体的雄浑、大气之韵。"而、龙、惟"诸字,横细竖粗,对比鲜明,显得浑厚雄

《乳床赋》摩崖

强。撇画挺健舒展，捺画粗壮有力，如"石、道、之"诸字，给人以刚健峻利之感。

此碑还有一特征。各笔画之间时有露锋映带，如数个"或"字行草笔势，连贯照应；一些主竖故意偏离中线向右倾斜，兼之横画上仰，斜势平衡，使之奇正相生，险趣顿增。远览通篇，墨酣意足，笔力劲健，气势雄伟，实乃佳作。

除《乳床赋》外，梁安世在桂林弹子岩、七星岩、冷水岩、屏风岩、还珠洞、龙隐洞还留有六件石刻作品，内容也都很丰富。

梁安世在普陀山弹子岩题记中以极为精练的语言，描述了弹子岩周边环境及与友人游览的愉悦心情："诸岩多奇观，独少宽平。纵步之适，惟弹子岩。岩前有地百余亩，水竹窈窕，环以远山。经略眉山刘公焞始买地为囿，隔桥筑亭。仰观岩石，如坐冷泉，对飞来诸峰，遂为桂林胜游之最。淳熙庚子中秋日，会于灵隐亭，登舟贯龙隐，得雨甚凉，溯流酌癸水亭上，醉，荷香而归。"该石刻高53厘米、宽53厘米、字径3厘米。现存桂林弹子岩。

梁安世在《西江月·七星岩》中写道："南国秋光过二，宾鸿未带初寒。洞中驼褐已嫌单，洞口犹须挥扇。　夕照千峰互见，晴空万象都还。羡它渔艇系澄湾，欹枕玻璃一片。淳熙庚子重九，梁次张拉韩廷玉、但能之、陈颖叔同游。"该石刻高53厘米、宽76厘米、字径4厘米。

此碑刻以外拓开张的笔势，挺拔瘦劲的线条，清峭疏朗的结构，明快

《西江月·七星岩》

有力的节奏，表现出书者适意从变、洒脱不羁的精神气质。碑中"带、挥、夕、还"等字，潇洒奔放，锋势全备，绝无迟疑滞碍之意，通篇漫不经心、信手布构，却百态横生、萧散秀逸。至落款处，节奏趋于平和，行笔中流露出米元章之意趣，如"韩廷玉但能之陈颖叔同游"数字，尤如米氏帖中出，结字用笔，惟妙惟肖，表现出晋宋人潇洒飘逸、超然玄远的胸襟，由此亦可端倪出梁氏书法有着深厚的功底，能将二王笔法、米氏书风，娴熟地运于笔端。

在普陀山冷水岩一处题记中写道："淳熙辛丑立秋后一日，括苍梁次张拉清江徐商老、浚仪邢之美、延平张子真、柯山李伯寅来游。当暑而寒，剧饮不醉。"该石刻高53厘米、宽147厘米，字径4.5厘米。

《冷水岩题记》

《冷水岩题记》，用笔横细竖粗，藏头护尾，方圆并用，雄健有力。结构端庄豁达、舒展开朗、动静结合、巧拙相生，如"後、田、方、访、山"诸字，极具颜平原《勤礼碑》的风范。大约因摩崖上题刻的缘故，有数行字中轴线左右摆荡，反而使整幅碑刻生动多姿、富有节奏感。

梁安世在伏波山还珠洞试剑石旁题刻《试剑石词》云：

怪石虚悬象鼻，清江欲贯虹腰。何人酿出碧醇醪，洗尽尘缨多少！回波野凫长急，层岩宿鸟高飞。临流为解锦鳞绦，好去沧溟深渺。右题伏波岩。次张。

此摩崖高一尺三寸，宽三尺八寸，真书，字径二寸。

梁安世游龙隐洞，下船后，在旁题刻"梁次张系船处"。此摩崖高一尺二寸，宽七寸，真书，字径三寸。

宋淳熙八年（1181）某日，梁安世观瞻前郡守、同年范成大摩崖，在屏风岩留一题记：

留守参政大资范公，余同年进士，往岁帅桂林，题刻最多，四方传之。暇日尝与同僚遍观，因即公所名壶天观题数语。括苍梁安世。

宣政喜边功，隆兑筑州县。程公自名岩，刻石记所建。得既不偿费，中兴弃不缮诞漫磨崖辞当日妄诗衔英英后湖仙改作壶天观。壁间摩崖字，庄重如峨弁。诗文鸾鹤音，笔势龙蛇变。登高瞰洞户，滴水澄如练。胜概似灵台，退观起三叹。玲珑二十四，妙墨镌题偏。我来为拂尘，端若侍颜面。邦人颂遗爱，瘦骨癯且健。今坐玉麟堂，安得使之见。

（清·谢启昆修清·胡虔纂《广西通志》）

该摩崖行书，字径五分，惜已毁。

另据清倪涛《六艺之一录续编》卷七《武林磨崖续考》记曰："梁安世题名：'梁安世次张、郑□次山来。淳熙癸卯□月初四日。'正书五行，字径一寸五分。""武林"，即临安（今浙江杭州）之别称。"淳熙癸卯"，即淳熙十年。此时安世已回朝，在临安。

又据宋王柏（1197—1274）《鲁斋集》卷一二《跋史君梁公帖》曰："公讳安世，括苍人。公之大父家颇富，教子读书甚锐。一日，有剑客过门，忽令诸子弃所业而学焉，莫不怪骇。久之，睦寇大作，诸郡残破，独梁氏率乡人共保守，出与之战，屡捷，卒全一乡。贼既平，复命诸子读书。公遂登第，仕至郎官。"

王柏，南宋婺州金华人，工于书画，好藏书，收集历代人物、花鸟书画作品于一庐，日夜研磨。编有《鲁斋清风录》15卷，自作序称"有书万卷，手帖石刻数百种"。《跋史君梁公帖》也从另一侧面说明梁安世书法在当世还是为方家所珍重与宝藏的。

第五节　梁安世与《乳床赋》

800多年前，梁安世在桂林山水留下诸多珍贵的摩崖石刻，其中最佳之作便是《乳床赋》。这篇美文不仅排偶、对仗工整，比兴、譬喻形象逼真，行文生动活泼，辞藻清丽贴切，而且具有极高的地理研究价值。他在《乳床赋》中说，钟乳石10万年长1寸，从长度可知其千万年才能形成，这一见解与现今科学解释基本相符。这篇文章不仅文采斐然，赞美了桂林山水，也探讨了钟乳石的成因，是世界上最早研究钟乳石形成的珍贵文献。

在桂林，时任广南西路转运使的梁安世经常进入岩洞中探险。淳熙八年（1181）夏至日，梁安世邀请清江徐梦莘（即徐商老）、刘昌诗、柯山李秩、严陵邵端程、金华徐之茂、宜春孟浩六人去探访七星岩洞，一行人带着干粮、绳索，举着火把，走进幽深黑暗的岩洞。在岩洞里，他们发现了深不可测的地下河及挂满洞壁的钟乳石，这些千姿百态的钟乳石，令他们目不暇接，赞叹不已。"因论泉乳凝结"，梁安世心有所得，写了一篇脍炙人口的《乳床赋》（文附后）。

梁安世在这篇赋文开头就点出了江南水乡和岭南风貌的不同："吴中以水为乡，岭南以石为州。"多山多石是岭南特色。进而提出对钟乳石形成的独到见解，还抒发了对人生的深思和感悟，文采斐然，想象力丰富。与多山多石的岭南各地相比，桂林山石最明显的特点为"厥惟桂林，岩穹穴幽，玲珑嵯峨，磊落雕镂。虽縻绳而篝火，窘粮绝而道悠"。梁安世充分发挥了文学家特有的想象力，把桂林岩洞中的各种石钟乳、石笋、石幔比作大自然中各种动物、植物或现实中的人，列举了三十多种物象，并做了惟妙惟肖的描写：有的像绽开的莲花，有的像新抽的嫩笋，有的像龙的胡须，有的像牛的脊背，有的像大象的长鼻子，有的像攀援的猴子，有的像跳龙门的鲤鱼，有的像灿烂的金星，有的像买卖珍珠宝贝的商人，有的像除草的农夫，有的像冠盖缨络的文士，有的像头戴兜鍪的甲兵。各种物象应有尽有，作者想象力之强，喻象之丰富，文笔之优美，令人惊叹。

然而，更重要的是，《乳床赋》是一篇创作于800多年前的我国古代论述岩溶地形形成的岩溶学论文，这内容在石刻中虽用字不多，却非常重要。在回答石钟乳如何形成这一问题时，梁安世写道："石有脉其何来？泉春夏而渗流。积久而凝，附赘垂疣。"就是说石钟乳是由水对岩石溶蚀后，渗流滴乳，慢慢凝结成千姿百态的形状。这个结论与现代科学对石钟乳的研究结论是一致的。800年前的梁安世能对岩溶地貌形成做出如此科学的结论，充分体现了他的聪明才智与野外考察时所持的细致观察态度。"抑尝以岁而计之，十万年而盈寸，度寻丈之积累，岁合逾于千万。"他推测，如果以年为计量单位，要十万年才形成一寸石钟乳，一个一丈长的石钟乳，生长的年岁就越过千万年了。生活在800多年前的梁安世，缺乏有效探测手段，却对钟乳石的成因能有如此科学的认识，实难能可贵。

南宋淳熙八年（1181），《乳床赋》刻于桂林城东普陀山留春岩。"文革"期间因修人防工事，大部分被毁坏，只剩下十余字。1985年由桂海碑林博物馆据原拓本重刻，现立于该馆碑阁之中。

附文：

乳床赋

吴中以水为乡，岭南以石为州。厥惟桂林，岩空穴幽，玲珑嵯峨，磊落雕镂。虽縻绳而篝火，窘粮绝而道悠。石有脉其何来？泉春夏而渗流。积久而凝，附赘垂疣。或举斯钟，或振斯裘。或莲斯葩，或笋斯抽。或胡而龙，或脊而牛。或象之嗅，或鼋之浮。或麟其角，或马其骝。或跃而鱼，或攀而猴。或粲金星，或罗珍馐。或肺而支，或臂而瘤。或金之隆，或囊之投。或溜而塍，或叠而丘。或凿圭窦，或层岑楼。或贾犀贝，或农锄耰。或士冠缨，或兵兜鍪。或上下而相续，或中阙而未周。稽《本草》之乳床，特精粗之不侔耳。抑尝以岁而计之，十万年而盈寸，度寻丈之积累，岁合逾于千万。肇开辟而距今，邈春秋其几换。蜡屐之士，倏来亟散。讶泉乳之能坚，若朝菌之暮旦，孰知顽矿，天理密运。自立于岱，能言于晋。望夫而化,陨星而镇。生公谈妙而点头,初平叱羊而争进。凡如剑如佩,如绅如弁;如拱而侍,如坐而眄,既具人之形体,盖阅世而默见。吾将灰心槁质,屏颜畔岸。兀坐嵌岩之侧,观溶液之流转。自分及丈,十百而羡。高低联属,柱擎台建。小留侯济北之遇,玩蓬莱六鳌之抃。俾磨崖刻画之子孙,当语之以老人大父之贵贱。虽盖倾而舆穿,戴一姓之奄甸。倘谓瘴乡之不可久居,夫岂知处夷险而其志不变者耶?

第五章

梁氏贤俊

第一节 历代宦迹

孔子云："学而优则仕。"渥溪梁氏，入仕为官者，代有贤能。大则安邦定国，如梁汝嘉、梁安世，学贯天人，勋垂简册；小则主政郡邑，茧丝保障，治行卓著者众多。略选几位经世之才，以缅先达之事业，必有奋然自励求为有用之学者。

郡王快婿梁固

梁固（1066—1114），字达夫，丽水县城仓前人，后客居武进县。梁曩玄孙、梁文捷曾孙、梁讷孙、梁佐子。梁固少年时，就能传承其父亲之学问。时常携带书籍周游四方，每每听闻哪里有饱学之士，便徒步千里去拜访求教。曾经参加礼部会试未中，于是告诫自己："吾岂不得已于此，而令达官贵人弄翰墨，以穷其所不知耶？"从此不再有参加科考入仕的念头。以诗书教授乡里学子，为当时诸多学者所宗。

处州龙泉的何执中（官至尚书左丞相、太师，敕封清源郡王）有一女，颖悟过人，精通训诂，酷爱书画。何执中十分爱惜梁固的才能，称"里中之贤无逾达夫者"。于是将爱女许给梁固。大观元年，何执中向朝廷推荐，封梁固为登仕郎。后授吏部架阁官（中央档案管理官员），不久改任医药惠民局（宋代医药机构名，属太府寺，掌配制药品出卖）。后出任汝州（今属河南省）司法参军。任上，政绩卓著，升为从事郎，调任陈州节度推官，又以功次（功绩的大小、官阶升迁的先后顺序）迁升任文林郎、太府寺编估局监（负责拣选市舶香药杂物等）。刚要补缺升迁，于政和四年三月十八日遇疾而逝，终年四十九岁。

宋清源郡王何执中画像

（藏丽水市莲都区仙渡乡根竹园村何氏族人）

长子梁汝嘉，时任通直郎；次子梁汝谐，未仕。宋宣和七年（1125）十一月十六日与夫人何氏合葬常州武进县怀德南乡梅庄里之原。武进人孙觌为其作墓志铭。

附文：

梁固墓志铭

宋·孙觌

宋故文林郎梁府君墓志铭

府君处州丽水梁氏。讳固，字达夫。曾大考健，大考纳，皇考佐，三世无爵位。而皇考以诗书教授乡里，为一时学者所宗。凡经讲授，文辞灿然，践巍科、登膴仕，多为世显人。故相太师清源郡王何公则尤显而名世者也。

府君少时，已能传其父学；束书游四方，闻一善士，徒步千里从之。尝一试礼部不合，既而悔曰："吾岂不得已于此，而令达官贵人弄翰墨，以穷其所不知耶？"一遂不复有进取意。太师有女，颖悟过人。读书通训诂，知大义，字画有楷法。太师爱贤之，为择所从。曰："里中之贤无逾府君者。"遂归之。太师执政，奏登仕郎，实大观元年也。授吏部架阁官，俄改惠民局。久之，去为汝州司法参军。以最，升从事郎，调陈州节度推官，又以功次迁文林郎、监在京编估局。方待次，以政和四年三月十八日遇疾不起，年四十九。

夫人嫠居十年，安贫守义，日夜课诸子以学。太师奏封普安县君，再封令人。二男子：曰汝嘉，通直郎；曰汝谐，未仕。四女子，中奉大夫、直秘阁、知济南府朱琳，朝奉郎、通判潭州木觊，徒事郎、常州晋陵县丞宋翰，其婿也；余一人在室。孙男三人。令人享年五十八，宣和六年八月三日卒于京师。明年，汝嘉举文林之殡与令人之丧行次常州，卜地于州之南武进县，诹龟视日皆吉，遂以其年十一月十六日合葬于怀德南乡梅庄里之原。

呜呼！政和中，权贵人擅天下，宠煽一畴，族党姻娅相牵联，徼恩倖以进，朱轮华毂，分据要津，而慕膻逐臭，相扳而起者又不可胜数。府君亦宰相之子婿也，廉靖有奇操，更五官，不出州县筦库，视穷通宠辱接于其前，而不置休戚于心，颓然而已。通直君积习名教，力学问自立。既壮，益底厉，以材能自奋于稠人中，公卿大夫皆论以为国器。然则府君虽不躬荣禄，而传祉于后，克有贤子，将大其家，是故不可以不铭也。铭曰：

贤者必贵，仁者必寿。孰擅兹器，不配其有？天不假龄，又将谁咎：令龟告祥，羽翼南首。旁营万家，置此大阜。君其息焉，以燕厥后。

（《鸿庆居士文集》卷三五）

[作者介绍] 孙觌（1081—1169）字仲益，号鸿庆居士，常州晋陵（今江苏武进）人。大观三年（1109）进士。官至吏部侍郎，兼权直学士院、温州知州等职。孙觌善属文，尤长四六。著有《鸿庆居士集》和《内简尺牍》传世。

朝请大夫梁叔玠

梁叔玠，梁囊七世孙，汝嘉子。居处州城内仓前。举贤良方正步入仕途，历官郴州知州、柳州知州等职，封朝请大夫。

清白廉吏梁季珌

梁季珌（1143—1208），字饬父（一作饰父）。梁曩七世孙，汝嘉子。居处州城内仓前。以遗泽入仕，初授提点江淮坑冶铸钱司干办公事。乾道淳熙年间，调任泉州南外睦宗院主管。继任湖州通判，有政声。后知信州（今江西上饶）。因母病重，辞官回乡奉母，服母丧后，起知光州（今河南潢川县），朝廷颁发《梁季珌知光州制》云："敕具官某：尔父在绍兴间，以才敏致位文昌，其后未有至二千石者。尔守上饶，政务简静，衔恤而去，未究职业。浮光易治，地则被边，举以命汝，委寄为重。尚其勉之，毋忝前人。"

后改提举江南西路常平茶盐司公事。当时江西有穷人生子无力抚养，即委弃不顾。梁季珌创办慈幼院，以收养弃儿，并拨公田为经久计。一年后，任江南东路提点刑狱公事，升都大提点江淮等路坑冶铸钱司公事。

宋淳熙六年（1179），升任户部侍郎、吏部侍郎兼敕令所详定官。梁季珌位居要害，为官清廉，为光宗皇帝倚重。梁季珌多次上奏皇帝，请求外放守州郡均未得允许。《吏部侍郎梁季珌乞待次州郡不允诏》（《全宋文》卷五九一八）予以高度肯定其政绩政德："朕惟论思之臣，欲全进退之义。若其未可以去，则亦难以遽从。卿为国宣劳，既云累岁，任予典选，实号剧曹。胡为抗章，必欲求外？冕旒密侍，正有赖于协恭；符节屡更，顾奚烦于详试。尚安旧著，以副眷怀。"

后梁季珌又以疾病缠身为由，请求授予宫观提举等闲职，光宗皇帝仍不准，挽留再三，并颁《吏部侍郎梁季珌乞宫观不允诏》（《全宋文》卷五九一八）："惟卿先正，受知高皇。既登听履之班，尤多活国之计。是宜有子，为予从臣。比更民曹浩穰之司，又历铨部公方之选，胡为引疾，乃欲求闲？尚安厥官，以副眷倚之意。"

梁季珌曾到丽水城南妙成观游玩，作《妙成观》诗：

山房小小枕溪流，伛偻凭栏怯打头。
好似遍舟游楚泽，掀蓬喜见宿云枚。

梁季珌一生以清白为官，每次行部各道、州、府、县，唯恐扰民，从

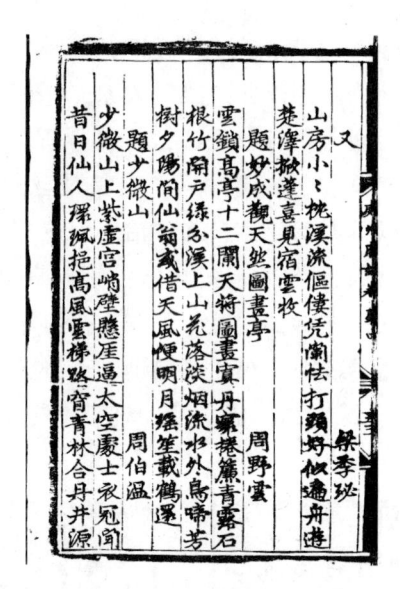

明成化《处州府志》梁季珌《妙成观》诗

不留宿下榻城市。他常说："吾以清白遗子孙。"丞相谢深甫称赞其"真廉吏也"！

梁季珌传入《浙江人物简志》。

附文：

梁季珌吴夫人行状

宋·刘宰

夫人讳静贞，故丽水开国、中大夫、守尚书吏部侍郎致仕、赠正议大夫簿季秘梁公之正室，姓吴氏。吴兴梁皆处望族。

夫人曾祖希，故不仕。祖方，故赠朝请郎。父翊，故宣教郎，赐绯鱼袋致仕。世有隐德，是生夫人，以配君子。侍郎曾祖佐，故不仕。祖固，故文林郎、赠光禄大夫。父汝嘉，故宝文阁学士、宣奉大夫、缙云郡开国公，赠少师。少师绍兴名臣，勤在王府，是生令子，以配于夫人。

夫人生有淑质，端靖而温柔，致政公奇之，不以与凡子，以侍郎少师钟爱，且志尚卓然不溺凡近，以夫人归之。夫人之归梁氏也，虽不逮事少师与公夫人，而侍郎母赵氏太令人固无恙，夫人事之惟谨，有疾辄不胜忧，私损赀以祷。太令人之丧，侍郎岁已为二千石，家故贫，奠馈无所受，微夫人倾装囊以助，几无以葬。梁氏大家，阖门不啻千指，夫人敬以承上，和以接下，人无间言。有以乏告，予无所靳。

淳熙己亥，侍郎官升朝，该封孺人，自是凡五封至硕人。嘉定己卯，仲子官上虞，奉板舆以行。明年冬，终于治所，享年七十有五。

生三男：钺，文林郎、严州淳安县丞；钥，宣教郎、知绍兴府上虞县；铢，迪功郎、监江州在城都税院，先夫人十年卒。二女：长适从政郎刘某，以病弃官；次适奉议郎、福建路提刑司干办公事雷洙。二女皆先夫人卒。孙男四人，浼、泽、沐、汲。浼，迪功郎、新监建宁府合同场；沐，将仕郎；馀未官。

宋《漫塘集》卷三十四《吴夫人行传》

钺等以夫人卒之明年，得吉卜于处城之西六十里社坑之原，北距少师及魏国夫人茔咫尺间，将以其年十有二月壬申奉夫人之丧归窆，以夫人之懿行不可无述，而妇人无外事，非子婿无以知，属某绪次。某维侍郎之持己有世人所难，而尤难于夫人。侍郎蚤悟恬静养生之理，年甫四十不居于内，岁时少长团栾，夫妇相对如宾。侍郎薄滋味，且戒杀，夫人亦奉佛持斋。嘉泰、开禧间，士大夫以声色相尚，侍郎扬历中外，至为天子从臣，夫人惟一婢奉盥洗，中堂阒然，非馈膳无人声。

盖侍郎之清心寡欲，非夫人畴克承之？侍郎再把州麾，六持使节，仅守常俸。敌己之馈有不可却者，虽缣币家人所须，亦储之外，就用以相酬苔，不烦公家。有以缣币之美言之夫人者，夫人曰："嘻，吾恨不及德耀荆钗布衣以奉君子，乌用是为？"

凡所去官，籍内外供帐归有司，丝粟不留。其迁也，率用故所携行者。侍郎之没也，俸赐之余，咸掌于外。或劝夫人饬子弟检核，夫人曰："吾平生不以是自累，安可以夫死而易吾素乎？"卒不问。俸赐犹尔，他可类推。

故侍郎之没也，家无余财，夫人橐中尤萧然。盖侍郎之约己奉公，非夫人畴克成之？上虞俸薄无以赡，夫人诲之曰："而父以清白传家，汝曹所当世守。且禄厚而廉，人所可能；禄薄而廉，非贤者不能也，汝其勉之。"

性尤慈恕，闻施鞭扑，食辄弗甘，故钥之在官，惟廉惟宽，以称夫人之志。钺将官淳安，迁道觐省，留两月不能去，夫人之诲之也亦然。钥扶柩西归，上虞之民老稚奔走，雨泣载道，以钥之不贪不残，其教为有自也。侍郎之未使湖北也，某往亲迎。越五年，再见于淮东。自是十年间，往还不绝，故某之知夫人为尤详，谨绪次之，以俟后之司彤管者得焉。

(宋《漫塘集》之卷三四)

[作者介绍] 刘宰（1167—1240），字平国，号漫塘病叟，镇江金坛（今属江苏）人。宋绍熙元年（1190）举进士。历任州县，有能声。寻告归。理宗立，以为籍田令。迁太常丞，知宁国府，皆辞不就。隐居三十年，于书无所不读。既卒，朝廷嘉其节，谥文清。宰为文淳古质直，著有《漫塘文集》三十六卷，《四库总目》又作有语录，并传于世。

进士梁铦

梁铦，《浙江通志》作"梁叔枯"，生卒年不详，居郡城。梁曩八世孙，梁叔玠子。登宋乾道八年（1172）己丑科进士，官至乐清主簿。

朝散大夫梁钥

梁钥，生卒年不详，梁曩八世孙，梁季珌子。举贤良方正步入仕途。

梁铦画像

宋嘉定十二年（1219）擢任上虞知县。任上谨遵母训，以清白治事，政绩卓著。十三年，梁钥因母吴氏离世，扶柩西归丽水，上虞之民老稚奔走，雨泣载道。宋宝庆年间（1226—1227），为歙州副守。累官至兴国知军事，朝散大夫。

宋代诗人方岳曾作《欧阳相士谒书诣梁权郡诗以代之》（《秋崖诗词校注》卷十七）：

江皋误洗荷锄手，滴尽沧浪书满家。
第一讳穷人谬甚，再三称好子虚耶。
霜眠茅屋可无酒，春到梅梢怕有花。
烦见歙州梁别驾，为言诗骨雪槎牙。

新淦主簿梁季安

梁季安，生卒年不详，字次颜，高高祖梁旂，高祖梁文恭，曾祖梁鞏才，祖梁宗善，父梁天将。为梁天将（即梁孚将）四子。娶林氏，生一子：梁伸。

梁季安读书明理，才能出众。宋庆元初（1196），以荐辟授江西新淦主簿。庆元六年二月，永丰县旌忠庙落成，知州赵善镰既助功费。时任新淤主簿梁季安奉漕运使指令，到永丰核实事件经过。

长兄嗣孺三兄嗣隆，俱迁居青田沐鹤溪（今属景宁畲族自治县），梁季安独居龟山，以昌大其门廷。

梁琼林体恤州民

梁琼林（1359—?），字处白，梁村人。渥川梁氏第十四世孙，高祖梁梦珠，曾祖梁士元，祖梁应孙，父梁初。幼年因家庭贫困，入丽水城东南紫虚观修道。其师教以读书作诗，兼功楷书大字。后还俗，侍奉父母，品行卓然。明洪武间，以人材赴京考授澧州知州。任上体恤民情。州中有许多官牛染病倒毙，牧民无力赔偿。于是梁琼林向朝廷上疏请求予以优免。后因追还原先牛的筋骨有出入，受牵连罢官服役，后遇赦回故里。

生二子，梁肇衮、梁肇奇。

清光绪《宣平县志》有传。

循吏梁镈

梁镈，生卒年不详，字时用，梁村人。渥川梁氏第十世孙，高高祖梁宗善，高祖梁安世，曾祖梁子仁，祖梁沂，父梁荃。明弘治己酉科举人，历官奉直大夫、贵州安顺知州、山东、湖广等处考试官等职。任上清廉爱民，以整肃风俗，导化人心为切务，有古代循吏之风。清光绪《宣平县志》有传。

明正德七年，梁镈为宣平三港节妇戴氏撰《王节妇戴氏守志庵记》：

王节妇守志庵之记（额篆书）

王节妇戴氏守志庵记（题）乡贡进士、奉直大夫、贵州安顺州知州致仕、前山东、湖广等处考试官、邑人梁镈撰文；文林郎、宣平县知县囗甘楷篆额；儒学教谕、福清林溥书丹。王节妇戴氏名玉，周坦戴族之女也。年一十八岁归于壶坛王仲渭。性贞淑，多聪慧，事舅姑至孝，且善持家相夫，克振赀产，而举族推其能。归王十有二年，无子，育夫弟仲濠之子为嗣，未几而嗣亡，哀痛不已。

正德丁卯，夫罹疗疾，侍汤药久无倦色。夫疾革，因谓之曰：

"我死，汝将何归？"戴泣曰："子何不谅人？只即不幸，当以死誓，忍以一身事二姓耶？"无何，夫果卒，哀恸几绝。正德二年十二月初四日，葬夫于洪潭庙前，乃夫曾祖王崇六所遗地。时戴氏年二十有九，父母怜其年少，坚欲夺其志。每以言劝之，使之再醮。其志决不可夺。乃因其归宁，阴通富家子谋强委禽焉。戴氏知之，潜使婢白夫之兄弟，集众侄迎之，脱归。

于是厥志愈厉。因造庵一所于墓侧，拨田二十亩入庵，为春秋祭祀爱及二忌之资，严戒王氏子孙日后毋得侵夺堕坏。庵去王氏家二三里许。亲诣洒扫燃香，晨夕不倦。至清明并忌日，以庵中租税具牺牲酒礼祭毕，辄请家众王崇六派下子孙享胙，岁以为常，可嘉也。节妇以其情告之□婿，使属妹夫□□□□求记于予。余切谓节义，天地之大门风，□国家□□□节义之盛□风俗之污□系焉。风俗之□□□之乱关焉。诗载《柏舟》之咏，史记"令女"之□□□□哉。盖将以崇节义□风俗以□□教垂之□□□道樵夫牧竖过者，皆曰：此庵戴氏之□□也，此与夫朝夕哭临于此，可哀也。夫士大夫□者，□□□□王节妇之所构也。守志不嫁葬夫于此，其可征也矣。

呜呼，世有夫亡□未及寒已始嫁□□□□□□异姓，为人所唾骂而不顾者，其视戴氏□不有□□□耶。

时大明正德七年龙集壬申春三月吉旦立；邑人教□徐溱镌。

[碑原在宣平三港，后迁至宣平延福寺（今属武义县）内]

梁道高入祀名宦

梁道高，生卒年不详，字伯升，梁村人。梁旃第十世孙，父梁某，祖梁泽，曾祖梁子仁，高祖梁安世，高高祖梁孚惠。梁泽赘居本邑山下鲍。明洪武二十八年，由明经荐任光州知州，朝廷颁《赐河南汝宁府光州知州梁道高敕》：

奉天承运，皇帝制曰：朕闻昔之君天下者，设官分职以赞治功。虽秩有大小，自下而上，自上而下以考赏罚焉。专符为信，情意交孚，所以诚之至也。朕仿古制，授尔以官，给尔以符，惟尽乃心，恪勤乃事，给由来觐，朕将合焉，以考尔绩，其敬之哉。

任上勤政严谨，廉洁且有才干，多惠政。后州人将其供奉于名宦祠祭拜。清光绪《宣平县志》有传。

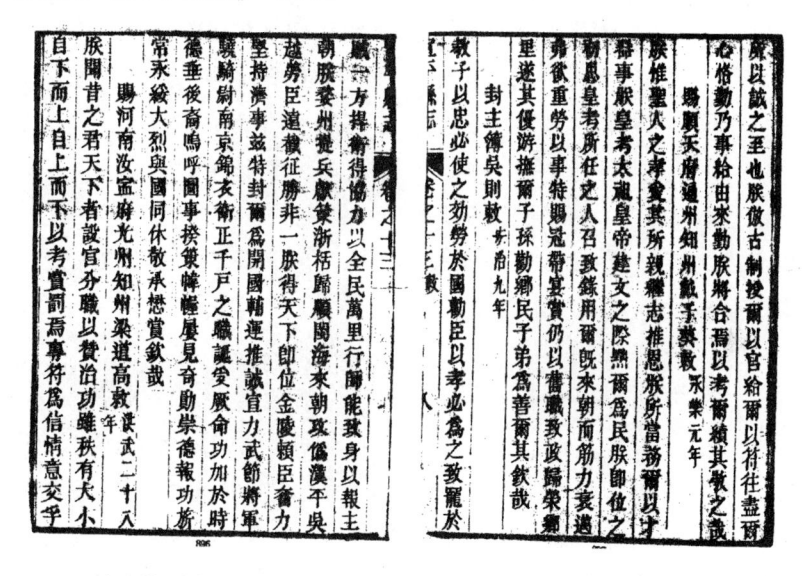

清光绪《宣平县志》之《赐河南汝宁府光州知州梁道高敕》

南城主簿梁瑜

梁瑜，生卒年不详，字允玉，明代宣平县懿德乡梁村人。初授乙字库大使。乙字库，为明代内府仓库，属兵部。因仓库形状像乙字而得名。掌储存棉袄、战鞋、军士裘帽，为内库之一。

后升抚州府南城县（今属江西省）主簿。明成化《处州府志》有传。

桐庐训导梁乔

梁乔（1714—1790），字卓林，号伯岩。渥川梁氏第二十六世孙，高高祖梁一典，高祖梁尚潔，曾祖梁元吉，祖梁正希，父梁万春。

清乾隆二十八年（1763），梁乔为岁贡。乾隆四十九年（1784）敕授严州府桐庐县学训导。

梁乔不仅学问渊博，而且德行高尚，深受乡民喜爱，甚至当地官员亦对其非常敬重。雍正年间，宣平知县、龙溪人胡必奇与梁乔有交游，曾作《留别梁子乔卓林氏》相赠：

> 妙年采藻列宫墙，食饩超增姓字香。
> 胡旦平生羞暖饱，仲淹已任岂寻常。
> 君家叔祖今文应，安国贤支有致堂。
> 竖起脊梁成卓尔，千秋事业孰低昂。

胡必奇之后，雩都人黄焕来宰宣平，曾作《赠卓林氏传》，赞誉之情，溢于言词之间：

> 望隆玉殿，名重金瓯。冲襟超世，丹霞共明月齐辉；雅度宜人，水镜与玉壶并润。履单父之堂，窃听琴声嘹亮；入河阳之境，欣看花影芬芳。不随俗以俯仰，岂与世以浮沉；作中流之砥柱，成陌之精金。琢磨乎道德之域，陶冶乎诗书之林。尚廉介之风，英英毕露；仰德隅之器，抑抑可钦。从此行可表、言可坊，绍典型于往古；抑且家为修、廷为献，树圭臬于当今。宜圣主授以教职，而士林得以陈箴。

清乾隆五十年（1785），朝廷颁旨，赠已故的梁乔父母、继母等荣衔。

《赀封修职佐郎梁万春敕》：

任使需才称职，志在官之美；驰驱奏效，报功膺锡类之仁。尔梁万春乃浙江严州府桐庐县训导梁乔之父，雅尚素风，长迎善气，弓冶克勤于庭训，箕裘丕裕夫家声。兹以覃恩，赀赠尔为修职佐郎，锡之敕命。於戏！笔显扬之盛事国典，非私酬燕翼之深情，臣心弥励。

《赀封孺人叶氏敕》：

奉职无怨，懋著勤劳之绩；致身有自，宜酬鞠育之恩。尔叶氏乃严州府桐庐县训导梁乔之母，淑范宜家，令仪昌后，早相夫而教子，俾移孝以作忠。兹以覃恩，赀赠尔为八品孺人。於戏！贲象服之端严，诞膺巨典；锡龙章之涣汗，永播徽音。

《貤封孺人刘氏敕》：

佐庶司之经理，爰奖通才；劝百尔之孝思，用章慈教。尔刘氏乃严州府桐庐县训导梁乔之继母，德可型家，恩能育子，顾复无殊于所出，荣光适逮于乃身。兹以覃恩，貤赠尔为八品孺人。於戏！师贤母之风，励兹清白沛熙朝之命乘此徽音。

（以上三道御旨均载于清光绪《宣平县志》）

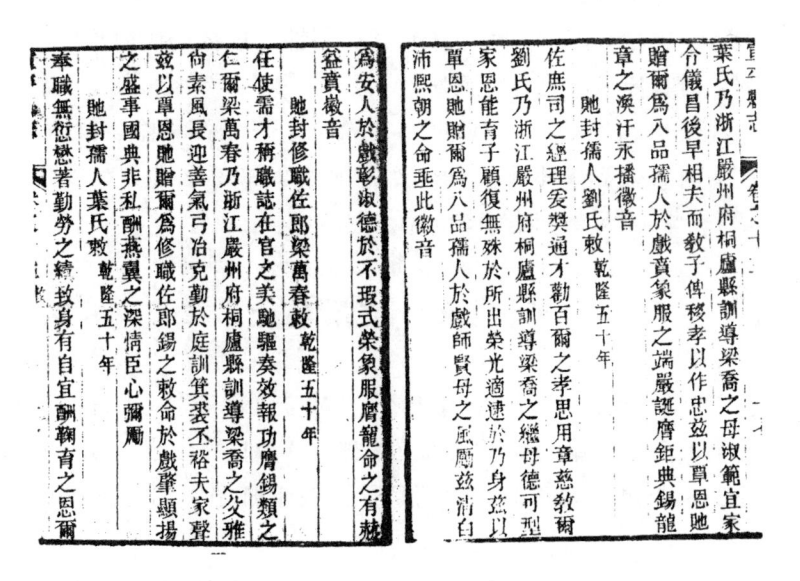

清光绪《宣平县志》之《貤封修职佐郎梁万春敕》等敕文三篇

清乾隆五十五年（1790），梁乔致仕归隐梁村。卒，葬本庄楮树凸，坐戌向辰。妻陈氏合墓。陈氏（1713—1783），宣平岭前寓郡城拔贡生陈绣侄女，生二子：梁明德、梁仁寿；生二女，长适宣平县后郑国耀，次适丽水县城郊下河褚光岳。

梁乔之父梁万春（1691—1738），字协中，号锦峰。治《礼记》，入县学为庠生。能耕更能读，经理家业有方。暇则度曲吹箫以自乐。尝发起倡议与族人，延请丽水人、泉州知府陈象乾之孙陈赞谟到庄中开讲授徒二十余年，族中子弟入泮食禄者皆出其门下。以子梁乔贵，貤封修职佐郎。卒，附葬周坦金漕运。娶苏埠叶氏（1692—1731），生三子梁乔、梁萃、梁昂。三女，长适在城庠生王日东，次适老竹王福元，三适丽水文学吴炳次子。偶刘氏（1700—1775），生一女，适武村庠生武云路。

直隶州判梁位客故于京

梁位（1749—1795），字素卿，号白斋。

渥川梁氏第二十六世孙，高高祖梁一鹄，高祖梁尚晟，曾祖梁元第，祖梁世济，父梁大器。

乾隆五十四年（1789）拔贡。五十六年往省，授直隶州判官，归京候选。六月十三日，不幸患病卒于京师。同郡龙泉林撝代为殡殓，并不取分文。族中命其侄子奔丧发柩而归。

娶莲城掾吏褚绍桂女（1749—1786），生三子：梁隐、梁舍、梁虚。二女，长适丽水朱弄庠生朱锦载，次适丽水太平王国师。续娶本村陈氏（1763—？），生一女，适西堂庠生沈儿宝。

第二节　文坛名士

"文以载道，藏之名山，传诸后世，固与瓿籍殊科。"古渥梁氏，英才辈出，为世所重。梁君安世，风流儒雅，留墨桂林山水，成今日人文旅游之珍品。学者知州梁椅，幼而颖异，精于骈俪，尤有《论语翼》等传世巨著。

学者知州梁椅

梁椅，生卒年不详，字子奇。宋代学者。自幼天资聪颖，才气过人，宋嘉熙二年（1238）登进士第，时甫弱冠。宝祐四年，为沿江制置司干办公事。宝祐六年，擢任建康通判。

清道光《丽水县志》载：梁椅曾担任太常寺丞权礼部郎官，但并未记载他曾出任处州知府。而清光绪《处州府志》记载："梁椅，恭宗时任。"《宋史·瀛国公纪》："德祐二年正月戊子，知处州梁椅降。"

1274年，恭帝即位时只有四岁，由太皇太后谢太后临朝。恭帝刚即位，度宗的尸体还没下葬，元丞相伯颜率领的大军就从湖北沿江而下了。"师臣"贾似道亲自出征，但由于战术错误和宋军士气低下，十几万宋军损失殆尽。谢太后请和被拒，开城投降。就在德祐二年（1276），梁椅在

梁椅画像

战乱动荡的时局下任过一年知州，也成为宋代处州的末代知州。

梁椅卸职后，潜心研究经学，招徒讲学，著文抒怀，尤精于四六（即骈文）。晚年致力于程朱理学，编辑《论语翼》，全书已亡佚。有《国朝文章正宗跋》《重修丽水县学记》《重修镇淮饮虹桥记》《上元建学前记》和《清如堂记》等多篇文章存世，选入《全元文》。

《两浙名贤录》、明成化《处州府志》、清道光《丽水县志》、清光绪《宣平县志》有传。

明成化《处州府志》梁椅传

附文：

重修丽水县学记

景定四年七月

　　丽水学据椁山之颠，形腾甲吾州，即唐李邨侯建以为郡校，韩文公作《夫子庙碑》者也。既更隶县，县寡期会，除葺以时，屋老且腐。今守秘阁钱公煮下车之明年，即大修泮宫，户曹李君钥庆元、丞赵君崇耕先后摄令，各捐赀以相起。景定四年孟夏秋七月成。重建者为内外门，为职事舍，更葺为四斋，为两庑，前是旷于礼者举厘而正之。盖公明敏而勤强。尤沉浸文雅，故孳孳于学校如此。役既，士踵门请曰：愿有记。椅辞谢未获，则相举步翠微，阅宫墙，裴回四顾，得深省焉。《传》曰："天有四时，地载神气，无非教也。"继之曰："清明在躬，志气如神，三才一原也。"神明之舍，本体洞然，则川流山峙，皆吾志气所通，君子之为学，亦求其与天地相似而已。今庠序之士既幸宅腾以游，则仰观俯察，必能以位育自任，岂徒缉辞藻、骋辨说，区区为声利计哉！椅不敏，请以复于诸君。

（《全元文》据民国《丽水县志》辑录，与成化《处州府志》有异）

明成化《处州府志》重修丽水县学记

缙云县儒学记

至元二十六年正月十五日

吾道流行宇宙间，有显晦，无存亡。在昔学校与井牧、侯封为经世大法。嬴秦置守宰，决阡陌，生民遂不复见先王之旧。到于今二千年，学校独以不坠。郡于汉，县于唐，迨宋而俎豆弦歌之宫遍天下，甫坏旋修，乍偾倏起，非以夫道不可须臾离哉。

缙云在栝诸邑，号淳古，士皆明经而力于本。自唐建夫子庙，宋治平中始建学，越庆元庚申，凡一再更创。乃南北未统一之岁，师出，其邑毁焉。方时马萧萧鸣，士逃散邻谷，已乃稍集，相与行礼榛磔中。

岁甲申，主县簿吴君樟锐复其故。明年庙成。又明年讲堂垂成，代去。保定石君嵬至，则以语博士弟子曰："吾责也，虽然，勤民以就事，吾亦弗为。诸君第观厥成。"乃据材计庸。木之事巨加乐善者输之，陶之事以儒复其徭，与子弟得入小学者任之，工之事则乡丁听役，而滞于官者食而奔走之，规置定令。南徐石君谷至，加怂恿焉。起丁亥冬，邑士王之安视其役，左右师朱明道、柳景崇董其凡簿之子，从善与赞助，事顺而情孚，力省而效速。乙丑春正月告俸功，堂宇归如，斋庐翼如，闬闳伉如。

先是，士必与縣庙门入于学，迺稍东为学门，以别于庙礼也。二师以书来曰："愿有记。"椅窃谓：吾儒以明善诚身为学，善者命于道而为性，人所同也。惟夫囿于质而偏，惑于物而化，炫于邪说诐行而流。是以君师为之立学，请磨涵养，问辩决择，即其性分所自有者开明之，使发乎四端而行乎五品，皆有以底至善之所止。故曰自明诚谓之教。独嘅后世学校日增，为士者修身以上之工夫，齐家以下之事业，方之古愧焉。周人教万民而宾兴之德行艺皆六。里选废，师友所切剧惟艺，而艺云者又不过文辞记诵以规闻达。盖学校坏于选举久矣。方今不以科目取士，士无愿乎外，正可专意天爵。愿瞻文献日远稀，甚或偷近沦卑放其良心，又远在文辞记诵下，噫！学以为已而已。程子有言"古之学者为已，其终至于成物；今之学者为人，其终至于丧已"。吾党登斯堂也，而深味实体，反古变今，则薄君兹举，挽人心，维世教，扶帝衷民彝有助哉。

公清谨敦实，志蹈前修，其佐邑务，使无颂从善。宗许仲平先生，盖有师友渊源云。

（明成化二十二年《处州府志》卷八，刻本）

明成化《处州府志》缙云县儒学记

附文：

戒用缁黄文

人气聚则生，散则死，死则魂游魄降已矣。惟子孙其遗体，故祭则来，格求在我者也。彼释氏设为天堂地狱、轮回报应之说，特寓之以勤为善。然亦非瞿昙本书，盖浅俚者所附益。其以圆明微妙，自守者不屑道也。老氏贵冲啬，其言惟《道（德）经》，大抵用柔处卑之术耳。冠褐辈见卖佛可慕，又自弃其师而效之。凡人善恶殃庆，各以类至，非其身则其子孙，皆显在目前，特岁月有远近，盖感应自然之理。若身为不善，获罪于天，使瞿昙而在，安能逐世间为恶人？恳祝造化，冥冥之中，决无以有无请托高下其手，自同人间受赇枉法之吏。二家倘有清修力行之士，亦必高蹈物外，自治身心。其奔走凶家，号为应缘，率酒肉贪淫之夫。又其流所甚贱者，人子居丧于必诚必信者，反弗克留意，而汲汲焉竭其力以奉妖妄，使鸣鼓击磬作优伶战剧于倚庐之傍，利其蓄，乐其亡，绐取泪贿将为狎荡资。吾以为果有地狱，当使此曹专受其报。

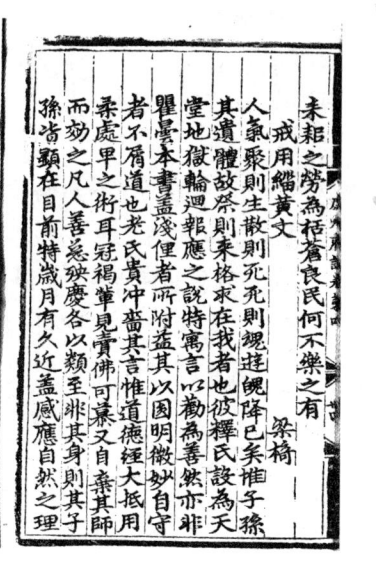

明成化《处州府志》载《戒用缁黄文》

如东坡记儋耳李氏入冥事，乃我欲倚之为其亲以超苦乐，一何愚哉。

亲死之日，子孙惟当共议速葬，即其用之缁黄者，归之于土，力省而专，于事良易，使其亲不之暴露残骸，斯可无憾。亲安，则子孙亦安矣。然余欲省无益以就所急，非诲人恝然忘其亲。若徒幸其省而缓其急，于人子何如哉？

（明成化《处州府志》卷四，刻本）

戒火化文

孟子曰："养生不足以当大事，惟送死可以当大事。"盖人子事亲，至是终矣。附于身、附于棺者，勿之有悔，毫发必尽心焉。人死则体魄复于土，圣人为之葬埋，全其所受以归之而已。胡人无礼无义，莫知所处，则秉畀炎火，付之空无。

释氏荼（荼）毗，固其俗，然俚夫贱民力不足备美价，买抔土，则习其愚而从夷狄，莫之禁也。何为乎数年来吾乡阀阅之家、逢掖之士而忍此哉？盖自世变反覆之冲，荐绅大夫有忧深虑远以毁为全者，族姻闾里不达其心而妄拟其迹，援为口实，靡然从之，风习移薄，如水就下，而为人父母死得全其躯者，于是鲜矣。

夫焚灭之僇施诸恶逆之人，炮烙之刑用于乱亡之世。董卓诛，燃脐而灰其族；王温舒杀，淮南人诒死争欲烧其尸。盖出于仇怨之手，为之子而可乎？礼焚其先人之室，则三日哭，哀于室而忍于其身乎？君子不死其亲，则当体其生之心。乐正子下堂伤足而有忘孝之忧，曾子疾亟启手足而有知免之喜。一炬空之，吾不知庙祔之日，使其亲何以见于身体发肤之所从受乎？敝盖惟以埋狗马。仲尼之畜狗死，贫无盖，则封以席，曰"毋使其首陷焉"。狗马乃得此乎？顾今滔滔成俗者，特欲急泯灭而免滞留，苟轻约而不省郑重，裹骨而藏，犹可因循未葬，葬而不力不费也。夫人自襁褓而角，而牟，而从亲就学，而归妻长子，父母所为捐口体、刲肝膂，凡可以用其极。

（明成化《处州府志》卷四，刻本）

第五章 梁氏贤俊

明成化《处州府志》载《戒火化文》

菊平子梁泰来

梁泰来（1238—？）字伯大，初名梦予，渥溪梁氏第十世孙。高高祖梁孚惠，高祖梁嗣立，曾祖梁俦，祖梁济，父梁符。宋承务郎梁惠来五世孙、梁嗣立元孙。出继叔祖梁济，因此更名泰来。

泰来自幼年颖悟，承袭家学。三十六岁登中咸淳九年乡试举人，次年登进士第，补迪功郎，差充台州宁海县尉。他生活在宋朝廷岌岌可危之时。元军亡宋后，发誓不为元廷所用，隐居家乡龟山不仕。著诗以见志，抒发心中积压的亡国之恨。其养祖母戴氏居周坦，于是在此筑别业延绿堂，与周坦有学识的戴氏亲友吟诗作赋。泰来还广收门徒，开堂育才。其妻姑苏吴氏，与泰来志同道合，相敬如宾，夫妻植菊于庭。泰来取陶潜渊明自况，平生奇崛之气放之于平，故自号"菊平子"。

梁泰来一生著作甚丰，今存诗文62篇，有集子曰《菊平小稿》，周坦戴叔琳为其撰序言，并作《菊平子梁伯大传》：

泰来字伯大，初名梦予，处丽水懿德乡人。其先五世祖字（孚）惠，宋承务郎，长子嗣立，次安世，登绍兴甲戌进士乙科，移官以司农出守韶州，除广南西路漕运使兼监使。泰来乃嗣立元孙、安世从孙也。

幼颖悟，有志节，胚胎前，光袭家学，绰有从祖风。其叔祖济，娶戴惟一女，以兄溥之次孙梦予后济也，更名泰来，昭穆得其序，慈孝尽其道。

梁泰来画像

清光绪《宣平县志》梁泰来传

比壮三十有六岁，岂咸淳九年，以举子业乡贡。明年，殿试，少帝谅阴类试王龙泽等，比庭试出身，亦乙科，再易进士，亦甲戌岁也。补迪功郎、差充台州邑之宁海尉。待阙元兵南下，遭宋鼎移，志与愿违也。世居乡曰"龟山"，于养祖母戴所居周坦相距伊迩，梁之族属亦有居此者，与诸戴遊以诗文为己任，乐育英才，学者慕之因居，于是即其景，颜曰"延绿堂"。其志慕唐相裴度隐居绿野别墅之胜，与诗人觞咏自娱。又取柳子厚新绿堂记中"迤延野绿远混天碧"之语。又书王安石诗"一水护田将绿远"一联于座隅心与景会常自记焉。

自元以来，不求荐，不应辟，誓不屑为也。妻吴氏，姑苏人，志亦若是。植菊于庭，取陶潜以自况平生，奇崛之气放之于平，故自号"菊平子"。著诗以见志曰《菊平小稿》。濂溪周先生尝曰"噫！菊之爱，陶后鲜有闻。"夫千载同心同好者，仅泰来耳。

呜呼！丈夫以心许国，不忍负于君亲，故行藏安于所，遇若夫弄笔墨徼利，达涊忍而莫之顾者，总总也。盖泰来敛胸中抱负之气，以自平尚靖节之操，而不渝虽其才，未及展于世而其节足以青于时，其志发于歌咏者，大可观于潜世，虽异而迹相符固，无愧于前修，抑亦君子之泽所及也。

宋末兵部尚书、龙泉季可撰《菊平子诗集序》：

《菊平小稿》者，友人梁君伯大之诗也。昔在甲戌，余校艺礼部，伯大为新进士，气貌宏雅，渊乎似道，一见期远大俯仰十有五年甚矣，吉衰也，伯大逃之。翠竹黄花，澹然若将忘世，敛平生康济之志，肆之于诗；抱平生修姱之节，寄之于菊举；平生奇倔之气，化之于平其用心良苦矣。万古未来，千古既往，如伯大者几何人哉。其辞沉著委婉，乐不淫，哀不伤，不知其所趋，疑为灵均之兰，又似靖节之菊也。我非子安知子之菊，菊非我亦安知我知子之菊之心。

（【按】清光绪《宣平县志》载"李可"，误，当为"季可"）

梁泰来有文《龟山赋》和《潘氏前言录序》收入《全宋文》。存诗有《龟山亦好轩》和《题周坦戴氏桂林池馆》等（见附录）。

梁泰来娶吴氏。继娶张氏，生一子梁元凤。

梁泰来卒，附葬郑坑象眼祖茔，妻吴氏、张氏合附。

清乾隆《宣平县志》有传。

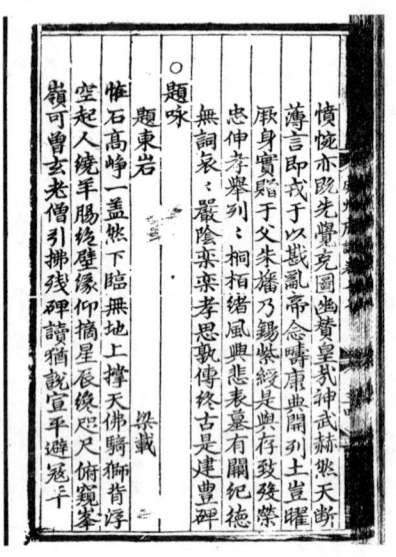

明成化《处州府志》梁载《题东岩》

梁载编纂《处州路志》

梁载，生卒年不详，字逊耕，元代处州丽水县梁村人。通经博学。应处州路总管之邀，编纂皇庆《处州路志》十册（明代中后期佚）。其侄梁琪、梁完、梁珪，均以文学世其家。明成化《处州府志》、清道光《丽水县志》有传。

梁载生平工诗文，多篇作品存世于《渥川梁氏宗谱》。

东岩，即赤石楼。梁载曾到此游览，并作《题东岩》诗：

怪石高峥一盖然，下临无地山撑天。佛骑狮背浮空起，人绕羊肠绝壁缘。仰摘星辰才咫尺，俯窥峰巅可曾玄。老僧引拂残碑读，犹说宣平避寇年。

风门山，在丽水城西三十里。上有二穴，风自中出，夜静月白气上彻霄汉。梁载游此，作《风门山》诗：

岩岩绝顶逼天关，上有神宫镇鬼寰。路似杜陵行蜀道，人如韩子谒衡山。风生怪穴虚无里，树拂重云缥缈间。下望平田三百顷，一衣带水自回环。

元大德九年（1305）五月某日，作《三岩瀑布诗并序》，盛赞处州城西三岩梦中之胜景：

大德乙巳四月晦，君玉弟约吴德载同游三岩观瀑布，因语及石门瀑布之胜概，五月望病□中，梦游岩瀑之下，若有索诗者，口占赋之。及觉惟记"人间有此珠玉宫"之句，岂泉石不满于前言耶？遂足成之令君玉题于院壁，诗云：

人间由此珠玉宫，天凿混窍开嵌空。中龛石室高如屋，旁列两洞分西东。岩前飞瀑最奇绝，直上疑与天河通。补陀仙人坐岩底，杨枝泛洒天间功。千点万点落晴雪，欲断不断随天风。夕云影散开素幕，晓日光射舒长虹。夜深月色照逾好，水晶玛瑙簾玲珑。□岩字缺不可晓，仿佛蠹叶书秋虫。西旁涌出方丈水，一泓莹澈磨青铜。来无源头贮恒满，往有酌者汲难穷。石门信美岂有此，俗眼未识将无同。我来适值青田客，卒然应答语未公。迩来梦若有索句，病中追想难为工。山灵石佛同作证，忏悔口过开心蒙。诗成梦稳病亦愈，起看列宿明苍穹。

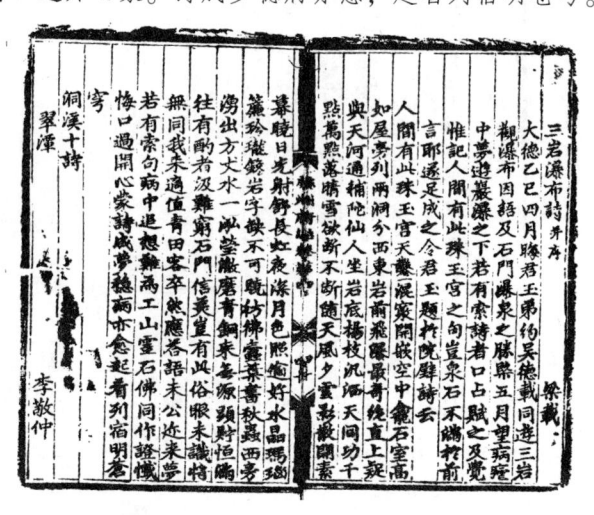

明成化《处州府志》梁载《三岩瀑布诗并序》

梁钺一生诗酒为乐

梁钺（1307—1395），字安节，号龟山老樵。渥川梁氏第十二世孙。高高祖梁佼，高祖梁浍，曾祖梁枏，祖梁之焱，父梁大有。天性颖悟，力学能诗，长作诗长于四六，旁通卦命阴阳、棋剑诸技艺，"以孝友行于家，以信义著于乡"。州郡以明经秀才推荐梁钺赴省试。梁钺以年老推辞，不应试，在渥山筑白云堆别业，闲居山林，诗酒为乐。一日，同邑官桥祝昆彦宗、林公孟威偕诚意伯六豕慕名来访，梁钺不顾近九旬高龄，热情款待，饮酒赋诗以唱和。越七日，端坐而逝，逝年八十九岁。葬西河祖坟下。（见清光绪十七年《渥川梁氏宗谱》）

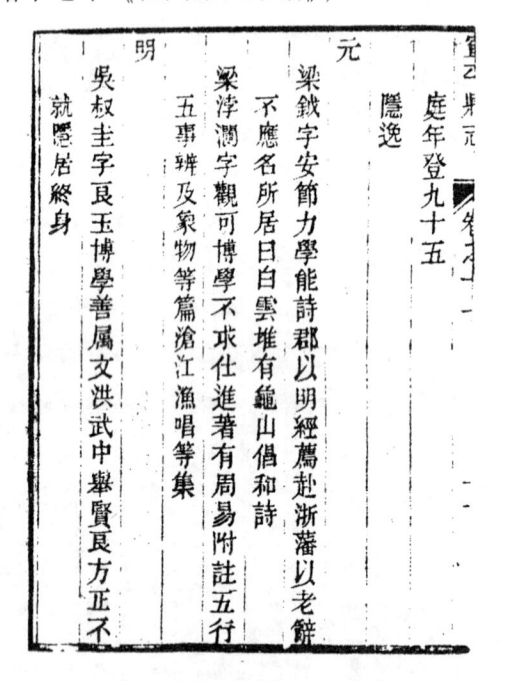

清光绪《宣平县志》梁钺传

娶官桥林五九之女林氏（1309—1369），生一子，梁浮澜；一女，适舅之女林涯，字渊道。作有《龟山唱和诗》等诗作多篇。卒，塟本庄西河祖坟下。

清光绪《宣平县志》有传。

梁浡澜博学多产

梁浡澜（1345—1412），字观可，号三阳居士，渥川梁氏第十三世孙，高高祖梁浍，高祖梁枍，曾祖梁之焱，祖梁大有，父梁钺。自幼颖敏绝伦，秉承家庭之训，书无不读，读无不记，长于周易，旁通天文地理计阴阳卦数之术。博学多才而不求仕进，在龟山之西建三阳书院一所。生平著有《周易附注》《五行五事》和《辨及象物》等篇及《沧江渔唱》等集子。

卒，葬西河可悦庵左。妻林氏合附。（见清光绪十七年《渥川梁氏宗谱》）。

林氏（1345—1424），丽水县官桥里人，生二子，梁栋材、梁柱材。

清光绪《宣平县志》有传。

七旬教谕梁祚璇

梁祚璇（1657—1744），字玑辰，号龟山主人，又号愚谷老樵。渥川梁氏第二十三世孙。高高祖梁达，高祖梁文光，曾祖梁应期，祖梁一鸿，父梁尚璧。生而羸弱。少年时，渐长而壮，骨骼秀异。

性好书如命，博通经史，学识超人。年十六，参加处州府试，下笔数千言，交卷最早。知府惊异，留其共进午膳。

时耿精忠部队掳掠处州，其家未能幸免。梁祚璇对家中财物不顾，独自一人背负一大箱子古书于渥山石室之中。年三十受浙江省督学王掞知遇，选拔为明经。后以授徒为生，一时名满括苍。临海训导、邑人陶锡环即出其门下。

宣平知县韩宗纲摄令缙云，强求祚璇为幕友。缙云有饥民十余人被人诬告为偷盗，祚璇为其澄清，并组织赈济灾民。

参加清康熙《处州府志》修纂。宣平县内治行、人物久缺，祚璇纂辑成编而补之。

梁祚璇长居乡间，关心民间疾苦。先后十余年，立志探寻百姓荒赋苦累的缘由。雍正年间，六十二岁方授金华府汤溪县学教谕。府县长官，遇有荒赋方面的公事，常常请教于祚璇。祚璇嘉谋善政和独特见解，亦常得幕僚认可和施行。汤溪胡知县因田地丈量案困惑不已，登门请教祚璇。祚璇公正裁决，果得扣免虚报荒银三千余两。士民感其恩德，送来题有"克宣乃猷，于汤有光"的大字匾额。任上，梁祚璇还组织修纂《汤溪县志》。年七十二引老致仕。

致仕时，作《归田漫兴》十二首：

其一

投耒去学仕，任真无所先。诗书敦夙好，桃李罗堂前。
白发披两鬓，屡空不获年。南山有旧宅，守拙归田园。

其二

一往便当已，高掺非所攀。清风脱然至，飞鸟相与还。
静念园林好，吾生梦幻间。虚空绝尘想，灵府常独闲。

其三

勉励从兹役，投冠旋旧墟。试携子侄辈，历览千载书。
寒暑有代谢，荣华难久居。前涂当几许，不乐复如何。

其四

久在樊笼里，请从余所之。代耕本非望，鼓腹无所思。
促席延故老，园蔬有余滋。衰荣无定在，人道每如兹。

其五

不为好爵萦，归去来山中。披褐欣自得，曲肱岂伤冲。
何尝失显默，所乐非穷通。寝迹衡门下，含薰待清风。

其六

羁鸟恋旧林，回飙开我襟。贫居依稼穑，晨起弄书琴。
养色含精气，新歌唱高音。提壶接宾旅，有子不留金。

其七

素报深可惜，盛年不重来。望云惭高鸟，尘爵耻虚罍。
遂尽介然分，泛随清壑回。逍遥自闲止，天岂去此哉。

其八

功成者自去，远我遗世情。命室携童弱，临流别友生。
清飙矫云翮，夜景湛虚明。寄意一言外，寒华徒自荣。

其九

园田日梦想，行者无问津。俯仰终宇宙，江湖多贱贫。
岂期过满腹，所以贵我身。菽稷随时艺，独浆劳近邻。

其十

余荣何足顾，慷慨独悲歌。秉耒欢时务，提壶挂寒柯。
物新人惟旧，世短意常多。去去当奚道，无妨时已和。

其十一

丈夫志四海，游好非久长。营己良有极，拙生失其方。
壶浆远见候，投策命晨装。深得固穷节，盛衰不可量。

其十二

启涂情已缅，腆赠竟莫酬。野外罕人事，吾生行归休。
箪瓢谢屡设，日月有环周。长揖储君传，邈哉此前修。

（载清光绪十七年《渥川梁氏宗谱》）

清雍正七年（1730），七十三高龄的梁祚璇欣闻处州知府曹抡彬组织修葺济川桥成，作诗《曹郡侯鼎建济川桥落成喜赋》以示祝贺：

天毓黔江秀，人称间世贤。书仓家学旧，翰苑鹭班先。
简在亲民牧，承宣处士缠。鸿麻沦十邑，棠荫被三年。
目击练溪恶，心忧瓯海连。轿舆不可试，缚楫自持权。
度地劳神智，鸠工出俸钱。造舟横两岸，设栈架空舷。
关锁石梁壮，縶维铁索坚。阴晴忘险阻，早暮任盘旋。
白叟相扶杖，黄童亦拍肩。南明桥畔接，万象望中悬。
点缀栝苍胜，迷离烟雨妍。择官碑并寿，星濑篆同镌。
好步昌黎武，为赓山谷篇。

梁祚璇生性淡泊，尤恶僧道蒙蔽民间，尝编著《续高识传》以批判道教佛教迷信的谬论。又著有《味道萤雪集诗》《曲肱丛说》行于世。晚年辑其所作为《味道轩集》二卷。凡诗文各一卷，诗文前皆有自序，南京图书馆藏。序作于雍正十二年，诗文亦止于此年，集当此时自刻，时年七十有八。自序愤发感慨云："二十以前荒于兵戈，三十以后荒于逋赋，四十外荒于谋生，六十外荒于薄宦，到二十一至二十九岁，五十至六十岁，荒于教授生徒。"其集乃其一生的自我写照。

教谕任上，汤溪知县、长洲人宋绍业为梁祚璇作《祝梁翁玑辰寿文》：

栝苍梁玑翁为相国王颛庵所拔士也，颛庵为余仲父，文恪公馆甥，昔年随试都门，与颛翁数其晨夕。尝闻尊人韫生公，为士林翘楚，履绳蹈规，以训诫乡邦，久称人伦之岱宗，孟门之砥柱。笃生玑翁幼承庭训，学识超群，髫年入试学使者，面加奖誉，据案署名，以示旌异。以后试则冠军，故我颛庵得纲罗之自喜其能知人也。

清光绪《宣平县志》梁祚璇传

星霜屡易，余得补授汤溪，而玑翁亦秉铎兹土，握手慰劳，欢逾畴昔，时接其言论风采，恍如山立渊停，金声玉振。或援笔为文词，倚马可待，不停缀，不加点，方之泚笔怀铅之士，摘章绘句，妄侈含菁撷藻者，不啻天渊矣。至整躬率士，一以圣贤为训，凡于是非清浊，若剖黑白而辨泾渭，称扬善类惟恐弗及，或意所不合，亦讽刺不休。故汤之人士莫不敛襟推毂其钦安定先生之再见于今日也。且翁庭萼三芳，为非鸣岗之羽、茧云之足也。他日丕振家声，以盛名贻其亲，以完福耀于堂，如日斯升而月斯恒，其昌炽寿康为海内所艳，慕者岂有涯量哉。兹嘉平之二日为翁系绂之辰，诸绅士制锦介眉，余忝素交谁述其梗概，以仿华封之祝。（见清光绪十七《渥川梁氏宗谱》）

又金华张坦让作《题梁玑辰汤庠饯别图》：

梁君玑辰，名祚璇，栝之经明行修士也。丙寅岁贡入京师，一时名公钜卿，折节下交，引为知己。以亲老，亟归侍养，栝郡人士与宣邑诸生，争先迎请讲学，负笈追髓者甚众。

康熙戊戌，选授汤溪学谕。余次年冬，亦知金华郡事。初来谒余，闻其言论，观其丰仪，即知其度越寻常。及彼此在任日，久读其制艺，造极登峰，荣世传世，皆可独当一面。余亦以拟墨邮致订正，真不啻射者之鹄也。稽其在汤教育之方，先德艺而后文章，重仁义而轻财利，遵圣训，凛宪度，申学政，皆躬行以率之月课以督之。故士习还醇，文风丕振，彝伦而古雅崇广文中之所仅见者，将力为推荐于上君，以耄老耳失聪，坚辞不受。且欲乞休而归，汤士遂以聋于耳，不聋于心，高其年益高其德。公请换，留余为之劝勉者至再至三，获见君之四书义经注解，前后聚说衣所著之诗古文词，阅阅叹其学养之深醇，才华之高卓。有体用良非偶然也。

又越一年，受覃恩貤封父母，诰敕已下，而君之归志益决。具文详请，"有高春之影渐斜，不周之风将至"等句，汤绅士不能再留，又不忍其去，于是延善丹青者，绘为饯别图一轴，俾君致仁归家，而左右犹有形影相依，倚庞不致于阔绝也。公呈此图以示余，余思疏广疏受二大夫当归休日，车几辆，马几匹，祖道都门外，旁观者共饮其贤，今君之饯送者，官士绅庶泣别长亭，而又载此图，以行其贤于二疏为何如哉，其贤于不及二疏者又何如哉！

梁祚璇生平注重养生，在家乡过着安享天伦、悠闲自得的乡野隐居生活，其作有《壬戌元旦》和《郊行》四首诗作为证：

壬戌元旦

桑梓于今无蠹伤，芝兰更觉有花香。
晨兴盥沐燃沉速，北望长空叩彼苍。
兔走鸟飞三万回，椒浆柏酒子孙开。
恐辜职分留遗憾，倍惜光阴补未来。

郊行

绕屋苍松隐雾，当门翠竹含烟。偶携一策闲步，错指人间老仙。
何日凤餐竹实，几时鹤舞松梢。有无不须姑待，且自游兹乐郊。

生前即自撰墓志铭。年九十高龄而卒。

清雍正《处州府志》、光绪《宣平县志》有传。

梁天眷参编《处州府志》

梁天眷,生卒年不详。渥川梁氏第十三孙。迁居郡城府前,遂为郡城人。高高祖梁光,高祖梁元珪,曾祖梁和,祖梁德庆,父梁继善。清康熙年间拔贡,曾任处川府同知,参与编纂康熙《处州府志》。生平擅诗。游览青田石门洞、太鹤山,丽水白云山等名胜,有多首诗作存世。

石门飞瀑

千寻削壁溜清泉,滴破寒潭不记年。
银汉倒倾天欲泻,玉龙斜喷雨如烟。
随风湿透青苔冷,映日光摇素练悬。
为问水源何处是,举头疑落白云边。

混元峰

高矗云宵万仞巅,石堪试剑驻飞仙。
长松玩客留风韵,曲涧迎人响玉泉。
鹤去九皋清唳杳,易残千古一亭传。
芝田名胜紧环亭,不愧神洲别洞天。

白云山

石磴盘空开士辟,嵯峨绀殿遍高冥。
山山云吐峰全白,树树秋归叶半青。
翠竹凌霄丹凤尾,虬松带雨老龙形。
一从飞锡来初地,不倦持筇几度经。

宣平望儒梁大任

梁大任（1688—1739），字学尹，号双峰，渥川梁氏第二十五世孙，高高祖梁继逾，高祖梁一鹗，曾祖梁尚元，祖梁济川，父梁正楠。

生性聪明豪爽，多胡髯，声如洪钟。读书治《易经》，入泮为庠生。文华殿大学士、乾隆二年（1737）状元于敏中之父于树范，于雍正初年任宣平知县，与梁大任为莫逆之交。邑中大小公事，常与之相谋，赖其倡议。乡里有公益之事，梁大任悉心出力，不求回报，大率成人之美。江西、福建移民至懿德一带，常受土人欺凌，大任常常出面主持公道，不许欺负。

生平喜书大字，常将书作赠送四邻乡党。侍奉老母尤为孝顺。

卒，葬本庄楮树凸前田边另山嘴岩孔内，坐西向东。

娶同邑丁川徐氏（1692—1781），文学徐兴宗之女，生一子：梁岳；四女：长适郡城陈昌五，次适郡城文学周成斌，三适咸坭陈，四适郡城吴球。

表 5-1　　　　　　　　　　渥川梁氏文献

作者	年代	著作名称
梁安世	宋	《远堂集》
梁泰来	宋	《菊平小稿》
梁椅	宋	《论语翼》
梁载	元	《处州路志》
梁淳澜	元	《沧江渔唱集》《周易附注》《五行五事辨》《象物荐》
梁惟垕	元	《皆山集》
梁楚	明	《樗叟吟》
梁祚璇	清	《味道集》《续高识传》《曲肱丛说》

第三节　忠烈义士

梁孚将戮力抗敌，誓死保卫家园；梁秉迗孤身入阵，舍生取义。从宋宣和、明景泰、清咸丰戊午、辛酉及民国革命间，古渥梁氏健儿仗节不屈，同仇敌忾，百折不回，甘蹈白刃而不悔，英勇献身者，累累不可数，其英勇无畏之举一直留传于后世。

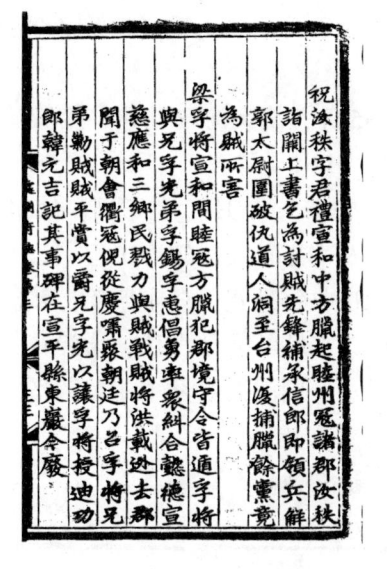

明成化《处州府志》梁孚将传

梁孚将兄弟激战东岩

梁孚将，生卒年不详，一名天将，字新之。高祖渥川梁氏始迁祖梁旃，曾祖梁文恭，祖梁晋才，父梁宗善。宋宣和年间，建德方腊义军洪载部队进犯处州，孚将与兄孚光、弟孚锡、孚惠，纠合懿德、宣慈、应和三乡民众，戮力与洪载部队激烈战斗，洪载逃遁而去，知州将梁孚将兄弟的事迹上奏朝廷。当时衢州倪从庆纠集队伍反抗朝廷，朝廷乃于是召孚将兄弟征剿。倪从庆之乱平定后，朝廷赏以爵位，梁孚光辞让不就，梁孚将授迪功郎。后擢莆田县主簿，摄兴化军事。德泽邑民，崇祀于名宦祠。

附本都梁用前山母潘氏墓。夫人富氏、杨氏、祝氏三莹俱合附。

吏部尚书韩元吉记其事，碑在宣平县东岩之上。

明成化《处州府志》、清光绪《宣平县志》有传。

梁淬英勇捐躯

梁淬（1324—?），字钝翁，渥川梁氏第十三世孙，高祖梁㭿，曾祖梁梦珂，祖梁埜，父梁铺。力能举鼎，喜读韬略。元末，青田季文龙起兵犯括，石抹宜孙举荐其为义兵千户。后追随龙泉章溢、丽水叶琛归附朱元璋，官授处州镇抚。

元至正十九年（1359），胡大海取处州，度樊岭，过渥川，梁淬为前榜，懿德一乡免于焚掠之患。

元至正二十二年（1362）二月二十三日，处州军降将李佑之、贺仁德乘机兵变，杀耿再成及都事孙炎、知府王道同、元帅朱文刚等，占据州城。梁淬跟从元帅章元道收复处州。二十四年，转胡深麾下，征伐温州叛乱。后在福建浦城，胡深部队等遇敌埋伏，梁淬在竺口与敌将陈琳力战而死，其弟梁湛、侄儿梁棣一同战死。葬本庄戴墓平。

清光绪《宣平县志》有传。

娶妃口冯氏，生一子梁檀。

清光绪《宣平县志》梁淬传

梁檀（1359—1419），字德济，状貌雄伟，言行笃实，有深沉之识度。洪武二十五年（1392），明朝廷分封诸藩王，追念攻取处州路时义兵千户中忠臣义烈之士，派遣尚书唐铎、观察使胡枢、祝廷坚等，征其子孙为藩王府护卫。梁檀以父镇抚死难之事，应命赴京，明太祖朱元璋亲授韩府典部之武职，领校本处尉一百二十八人为亲军，营于江东门外河闸头。

梁樘事上无怠，御下有方，待僚属以诚以礼。宗族亲党被梁洙诬累，前后至京者百余人，役者、军者、亡者，梁樘均赠予银钱度难。

梁樘历官二十八年，出入禁廷不失尺度。永乐十二年（1414）请致仕。十七年（1419）三月初五日卒于南京官舍，时年六十一岁。韩王亲书祭文，遣典仗莫斌代为祭葬，牲礼尤为厚重。六子亲扶灵柩归故土。葬戴墓平，朱氏、李氏合葬。

娶朱氏（1361—1408），生三子，梁炉、梁燃、梁多。又娶李氏（1372—1423），生一子，梁安；生一女，适岭前陈文质。

附文：

祭典仗梁樘文

明韩王朱冲㷔

永乐十七年岁次己亥三月乙巳越朔八日壬子，韩王以清酌庶馐之奠，遣典仗莫斌谕祭于昭信校尉、故典仗梁樘之灵曰：始居闾阎，出仕我府，事我皇考，父王克勤，奉我愈谨，历职年久，不失尺寸，今汝已故，我甚愍焉。呜呼哀哉！尚飨。

梁秉迩至死不屈

梁秉迩，明代丽水县懿德乡梁村人。少年勇敢。明景泰三年，矿工部队陶得二余部屯兵遂昌石门，梁秉迩随军征伐。秉迩一马当先，突入敌阵，登上悬崖处擒拿两个敌将，戮其头颅。后因寡不敌众，为敌军所执。敌军恨之入骨，乱刀刺割其面，秉迩至死骂不绝口。秉迩事迹上闻朝廷，旌表其不屈气节，赠冠带其子梁钱。明成化《处州府志》、清光绪《宣平县志》有传。

梁毓才保卫家园

梁毓才，清代宣平县懿德乡梁村人。

渥川梁氏第二十七世孙，高祖梁世棻，曾祖梁大观，祖梁畴，父梁

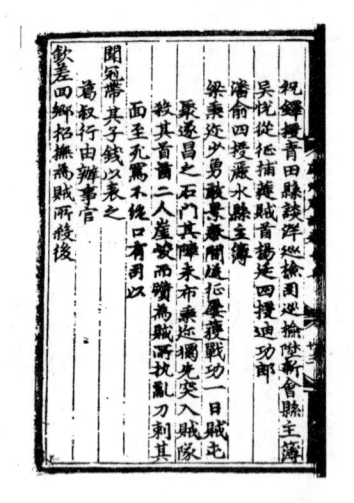

明成化《处州府志》梁秉迩传

儒珍。

　　清咸丰八年（1858）三月，翼王石达开率太平军自江西入浙，克江山，围攻衢州。部将石镇吉分军由龙游越青萌岭，占遂昌，陷松阳。顺松阴溪联扉作筏，水陆并进，二十七日，击溃处州守城民团，克州城。四月，太平军募兵于丽水四乡，编立师、旅、卒、两、伍等组织，以丽水为据点，四散掳掠。梁村族人召集周围一带乡民组织乡勇抗击太平军。太平军从山后小道入村，放火屠村。乡勇惊溃逃遁，毓才遇敌激战，力不能支，被敌军乱刀砍杀而亡。

　　毓才葬梁村西南3公里处下关山，坐东北同西南。

　　清光绪《宣平县志》有传。

郑和斋为革命献身

　　郑和斋（1891—1930），又名郑士俊、郑跃明，老竹新屋村人。本梁村梁姓子，清光绪二十年（1894），4岁的和斋被新屋村郑姓殷户领作养子。养父对聪明机灵的和斋非常疼爱，常常放下活给和斋讲《水浒传》梁山好汉的故事以及家乡明代矿工领袖陶得二起义的传奇事迹。清光绪三十四年（1908），18岁的郑和斋长成了性情豪爽的汉子，平时喜欢结交宣平、丽水、松阳一带"青帮"兄弟，仗义疏财。不久，原本不丰厚的家赀便倾荡无存。清宣统二年（1910），宣平一带青帮兄弟拥戴郑和斋为头目，在处北一带恤贫抑富，好为受欺凌者打不平。郑和斋的义举，处州府、宣平县等官员对其极为痛恨，下令缉捕。于是，郑和斋避难至严州（今浙江建德一带）、杭州等地，几年下来，结识了一批革命志士，接受了新的革命思想。

1927年10月，中共宣平县委成立，经县委书记曾志达、县委委员陈俊介绍，加入中国共产党，是全区第一个加入党组织的青帮会首领，不仅在青帮会员中有权威，在村民群众中也有很高的威信。

1928年春，宣平县委委员陈俊以国民党宣平县党部执委兼农工部长的公开身份来到南乡，与郑和斋共商创建南乡党的基层组织。郑和斋汇报了工作开展情况。陈俊、郑和斋介绍李定荣、肖政入党，后又发展了数名党员。同年5月，在新屋村建立中共南乡区委，郑和斋为区委书记，肖政、李定荣为委员。下设马村、新屋、老竹等三个支部，官永年、郑和斋、肖政分任支部书记。区委成立后的几个月，又先后发展陈彦隆、周定旺、何仙仁等人入党，南乡党组织迅速得到发展壮大。其中马村支部有党员10人，新屋支部有党员11人，老竹支部有党员5人。

南乡区委建立后，先后在马村、曳岭脚、老竹等村秘密召开党的会议，商讨如何切实完成好上级党交给的各项工作任务。会后，各支部组织党员利用各种方式宣传党的路线、方针、政策，宣传国际、国内形势，组织发动广大群众进行土地革命，与封建地主阶级作坚决的斗争。在斗争中，改革青帮会性质，发挥青帮会的作用，将青帮会的活动由秘密逐渐引向公开，使之成为党领导下的外围群众组织。对新入会的人员严格把关，对一些好吃懒做、不务正业的人，不再吸收为会员，对一些违法违规、损害青帮声誉的会员予以清除。同时做了几件有影响的事，提高青帮的声威。畎岸村的一陈姓地主、宗族长，人称太上老君，以陈田儿违反族规为名，将每年清明、冬至节在祠堂内按陈姓男性子孙人数分发的猪肉、馒头无端扣除。青帮会为了讨回公道，在这年冬节召集青帮会二三百人到畎岸，帮助此人将几年里被扣除的食物一并算回。通过这一行动，彰显了青帮会的实力，打击了地主的威风。由此，附近村庄的青年人都争相加入青帮组织，使青帮在南乡得到迅速发展。

经过广泛的宣传发动，广大群众认识到建立农民协会组织的必要性，人们纷纷要求建立农协组织。1928年3月，南乡横塘村正式成立区农民协会组织，设立执行委员，并确定郑光文、陈田儿等10人为联络员，此

郑和斋行侠仗义图

后，各乡均成立了乡农民协会。凡成立了农协组织的地方，遇到诸如减租、改佃、契约、婚姻、产业继承等方面的问题，都能妥善解决。区、乡、村各级农协组织建立后，在短短的几个月里，南乡全区就有1000余人先后参加农会组织。特别是一些进步青年加入农会后，经过党组织和党员干部的教育培养，先后有30多人入了党，成为党在这个地区的中坚力量，为推动全区的农民运动发挥了重要作用。南乡的农民协会组织，自成立以来，就与乡、保长对着干，开展打土豪、斗地主的政治斗争。针对全区人均耕地少、土地高度集中、一些大地主不仅剥削率高，而且肆意罗列苛捐杂税名目的情况，他们还开展了"二五减租"的经济斗争。

在斗争中，针对地主的任意撤佃行为，党组织倡导成立了南乡初级佃业仲裁会，仲裁会设在横塘村。仲裁会召开群众大会，宣布地主将田地租给佃农耕种，要严格按照规定，实行"二五减租"，不得任意撤佃，并取消极不合理的"田鸡"和"田底"制度。所谓"田鸡"，就是每逢年节，佃户要向地主家送鸡；所谓"田底"，就是佃农欲租种田地，需事先向地主缴纳三五元或七八元不等的银圆，等谷物收成后再结算。南乡初级佃业仲裁会的建立，在调解佃业纠纷，为佃农说理、撑腰等方面做了大量工作。

与此同时，党组织积极筹措经费，购置武器，准备建立农民武装。1928年夏，郑和斋在马村主持召开支部党员大会，会上他对全体党员作了动员，讲述筹集经费，购置武器，建立农民武装的必要性。经商议后决定采取三种办法筹资，一是党员自己出钱，每人上缴银圆1.3元，其中0.3元作为支部的活动经费，1元作为购置武器用。二是向新入会的青帮会员每人收取1.3元的会费。三是向地主家借。马村支部为此共筹资金260元，其他支部也以类似形式筹集了一定的经费。农民协会组织也向会员收取了几角到几元不等的会费。这样，在短短的几个月时间里，全区共筹得经费800多元。

是年11月，区委书记郑和斋和宣平县委委员陈俊携款到杭州购买武器。到杭州后，通过同乡新屋村人郑仲衡的关系，向青田籍人项潘兰购买，项曾在省长夏超手下当过军需官，手头有从上海德商洋行里购买的武器。他们以700元价格购置了8支捷克式手枪，准备运回后待时机成熟时进行武装暴动。郑和斋正欲打点行装返回时，宣平党组织紧急派人到杭州向郑、陈二人通报情况。在宣平县境内，国民党县政府在获悉共产党组织行动计划后，带领省防军和县保安队、县警察队大肆搜捕共产党员和革命群众，宣平县已处在一片白色恐怖之中。县委领导曾志达等人面对敌人的悬赏通缉，已全部离开宣平县境，到上海等地隐蔽。在这危急时刻，郑和斋、陈俊暂时将枪支存放在杭州西大街永宁寺巷6号项潘兰家的水井中（此后郑和斋在杭被捕牺牲，这批枪支最终未能运回南乡）。南乡基层党组织也因县委领导人的撤离而停止了活动。

1928年秋冬，随着革命形势的发展，在宣平境内的清修寺等地先后发生了十多次小规模的武装暴动。11月上旬，打土豪、分财物、烧田契、发传单等形式的自发斗争不断出现，宣平农民的行动，引起了国民党宣平县县长张高和地主阶级的极大恐慌。为此，张高等人处心积虑地要进行反攻倒算，恨不得将共产党人和革命群众斩尽杀绝。

1929年初，山下村人李某和华塘村人陈某叛变革命，出卖组织和同志，将党组织的行动计划出卖给国民党宣平县政府。张高立即电告国民党省政府和省保安司令部，要求组织力量剿共。国民党立即调来遂昌保卫团一个排、金华省防军一个连，加上宣平县保安队和宣平县警察队，不分昼夜四处搜捕共产党员和革命群众，并多次以50—150元大洋的价格悬赏通缉县委领导成员。同时，宣平县政府又将电文发往杭州，凡在杭州的宣平人，稍有嫌疑，即予捕获。南乡的土豪劣绅举报郑和斋是共产党员，年底，中共宣平县委联络站负责人陶溶被捕，供出县委、区委负责人名单，郑和斋在杭州遭国民党军警逮捕，被判无期徒刑，囚于陆军监狱。在狱中敌人对郑和斋严刑拷打，威逼利诱，要他交出党组织情况和暴动计划。郑和斋坚贞不屈，视死如归，他还和其他难友一起，积极参加狱中党领导的各种反迫害斗争，参加绝食，组织越狱，未成。1930年8月27日晨，郑和斋和中共浙江省委书记徐英，中共浙江省委代书记、中央特派员罗学瓒以及共青团浙江省委书记裘古环等19人一起被秘密枪杀于杭州陆军监狱。

表5-2　　　　　　　　　渥溪历代忠烈名录

姓名	年代	事迹	出处
梁孚将	宋	抗击洪载部队侵略	明成化《处州府志》，清光绪《浙江通志》
梁淬	元	征剿李佑之、陈琳等叛军，战死	清光绪《宣平县志》
梁秉迩	明景泰三年	征剿矿工部队，战死	明成化《处州府志》，清光绪《宣平县志》
梁毓才	清咸丰八年	抗击太平军略乡战死	清光绪《宣平县志》
梁大发	清咸丰十一年	抗击太平军略乡战死	清光绪《宣平县志》
郑和斋（梁姓子，出继）	民国	领导宣平县南乡创建党组织，1930年被捕，杭州狱中就义	1992年版《丽水市志》，烈士
梁士宏（又名梁尚义）	民国	中国人民解放军第十一军三十三师九十九团宣传队队员，1949年8月，牺牲	1992年版《丽水市志》，烈士
梁廷还	当代	中国人民志愿军三十四师一〇一团二营五战士，1950年11月，朝鲜牺牲	1992年版《丽水市志》，烈士
梁礼德	当代	中国人民志愿军九十一团三营七连战士，1952年7月，朝鲜牺牲	1992年版《丽水市志》，烈士

第四节　慈善义举

孔颖达疏《左传》有云："慈者爱，出于心，恩被于业。"渥川梁氏名望于括，不能不书其热情仁爱、乐善好施之义举。北宋梁俅，赠药救乡民；明代梁应期，父子同行善；清初梁尚璧，视奴为子女；今有王岳成，本梁氏甥，创业有成而不忘回馈社会，诚如《国语》云："善，德之建也。"

梁棻重振家声

梁棻，生卒年不详。梁旃六世孙，高祖梁文恭，曾祖梁（巩言）才，祖梁宗善，父梁孚先。梁棻生性醇谨，友爱乡党，内族无间。宋宣和间，洪载溃部掳掠懿德，梁氏宅院被焚毁。梁棻组织重建大屋于龟山之麓，家声丕振，时称"丈夫子"。子梁佽，承父志，以善名世。

梁佽承祖志，倡学建桥

梁佽（1153—1234），字叔奇，梁旃七世孙，高祖梁（巩言）才，曾祖梁宗善，祖梁孚先，父梁棻。

稍长，异于群儿，勤奋好学，过目成诵。十二岁，为其祖父孚先大寿，祖父谓之曰："我家世积厚德，天必有报。"不久祖父病逝，第二年父亲继而亡。梁佽少年继承家业，克勤克俭，持家有方，不数年而业甲一乡。

梁佽为人方正，乡里有是非不平之事，延请其公断。而梁佽不畏豪强，不欺本分，所判人皆悦服。因而乡人称为"三隅官"。

梁佽一生以仁慈处世为志向，乐善好施，每年年底将积谷分给贫困的乡民，平常到各地采集药材，请医生王明道施舍给前来治病的贫民；他还创立义塾，供族中子弟以及附近相邻学子无偿就学，他还常至课堂亲自讲学。村旁渥溪，乡人依靠矴步通行。每遇大水，矴步淹没即隔断通道。宋大观年间（1107—1110），梁佽出资始建廊桥，名之曰"渥溪桥"，乡民由此通行无阻。他还倡建宗主汉太傅庙于宅后，后修先世忠孝义烈祠于东岩，并捐出祀田若干亩。

处州知州、丽水县令知其善举，年五十赴郡、邑乡饮之宴；年八十请为州、县乡饮大宾。享年八十二岁。清光绪《宣平县志》有传。

梁佽妻蔡氏，仁国参军、曳岭脚脚蔡伯尹侄女。蔡氏承家学，精通诗文书画，又深谙女戒。年八十一而卒。

梁㬅仗义施仁

梁㬅（1179—1241），梁旃八世孙，高祖梁楒，曾祖梁梦珂，祖梁

清光绪《宣平县志》梁侅传

蔡伯尹画像

垫，父梁铺。小时跟随叔祖梁安世宦游。后又客居族祖梁汝嘉官所。适逢梁汝嘉长子伯璩早逝，遂以梁澘出祧梁伯璩为子，延其香火。梁澘尽孝后，与继母蔡氏奉灵柩归丽水安葬。

后梁汝嘉逝，其孙鈼、铖争立嗣孙，蔡氏将梁氏家产故宅舍入府学，祀汝嘉于文庙。又收拾梁汝嘉的诰命、遗像等，随梁澘归渥川。梁澘视若至亲，生养死葬皆尽其道。

梁澘生平好学，手不释卷。他倡修先祖义学，尊师重儒。凡求学者，赏之以午膳；钱财借贷贫而好学者，不收其息，仗义施仁，乡民多德之。

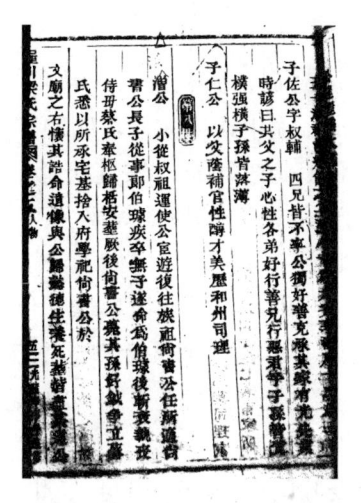

清光绪《渥川梁氏宗谱》梁潧传

淳祐辛丑十月初一日，沐浴并整理衣冠，召集子侄家人到中堂，谓之曰："吾享先世富贵六十三年，昨夜梦舆从至家，若有召我者，福终于今日矣。"继而瞑目长逝。乡党父老无不哀伤叹息，前来服丧凭吊者百余人。

梁潧妻叶氏（1179—1241），家丽水县孝行乡白口庄。从嫁四名婢仆皆为买来之良家子女。及其长大成人，叶氏均给予婚嫁，自立门户，并以嫁资。还常将积谷赈以家境贫乏的乡民。

生二子：梁柏、梁械。

梁械视仆如亲

梁械（1205—?），字醮之，号异斋。梁旃九世孙，梁潧子。事亲教子，乐善克家，抚母从嫁二僮二婢夫妇：一姓陈，与宅东前山仓屋居之，后子孙因名陈山头；一姓徐，与朱村梁店居之，其后有孙曰起轩，兴家徐樟户是也，后子孙更曰徐店。娶吴氏，生二子：梁梦璇、梁自然。

梁械卒，葬三石源；吴氏葬八都观上今小陶村，坐癸向丁前竖石门。

梁锜拾珠还主

梁锜（1299—1363），字惠卿，元代梁村人。渥川梁氏第十二世孙。高高祖梁伀，高祖梁潧，曾祖梁柏，祖梁之焱，父梁大有，母东瓯郡马罗卧云之女，寿九十二而卒。

梁锜忠直孝友，承母懿训，循礼好义，从不占人丝毫便宜。因避寇乱，客居温州车桥。一日，途中拾得大珍珠四颗，价值百余金。与其一道的乡民代为之大喜，称道其运气可嘉。梁锜叹道："此乃可悲之事，必有人为此而担心伤神。"于是，转身到原地等候。

不一会，有一家丁捆绑一号泣不停的妇人经过此地。询问方知此妇人乃是王家奴婢，因随主母归娘家，携有大珍珠一包，途中遗失。于是，东家勃然大怒，要惩罚此妇人，找不回大珍珠，置其于死地。梁锜还其大珠，并告其东家，不好惩罚妇人。妇人拜谢，尊其菩萨再世，乡民也称曰"佛"主心肠。

娶常氏，早逝。继娶叶氏（1305—1374），生二子，梁淡、梁涉。

梁锜卒，葬周漫塘，向山。常氏，葬马村。叶氏，附葬梁锜墓。

梁柱材亲族无间

梁柱材（1370—1450），字坚梧，明代梁村人。渥川梁氏第十四世孙。高高祖梁柏，高祖梁之焱，曾祖梁大有，祖梁钺，父梁浡澜。

梁柱材状貌苍古，直勇与义。每逢有难者，竭力帮助，闻善必行。平时酷爱书史，家中藏书千余卷，博达古今。亲故相遇，款洽终日无厌心。父患痈，柱材亲自吸除痈脓，朝暮悉心照料，父疾遂迅速痊愈。族内有死伤白事，必教以殓葬之礼。

其兄长栋材出妻（前嫂）汤氏，饱受公公残害虐待，柱材出巨资赎救之。又买祖茔之外河山，葬汤氏之父。族中贪婪懒惰又无德无行者向柱材勒索钱谷，均赠予之。有人问柱材，如此无德无行之人，不值得救济。栋材告之曰："我为亲也，彼不义者，当自愧耳。"

栋材平时留心族中谱牒保管收集，各派支系一一记录，了然在胸。正统十四年（1449），矿徒军队掳掠梁村一带。栋材毫不理会其他财物，只令家童收拾家中谱牒材料避乱。途中屡次遭遇险境，最终不忍丢弃。

娶丽水城左渠门外福州知府刘宗绍女，生二子，闻诲、知训。

尝作小像自赞云："瘖寐思继述于祖宗，俯仰无愧怍于天地"，其为人可见一斑。寿八十一而卒。葬西河。

梁垚德泽乡里

梁垚（1413—1458），明代梁村人。渥川梁氏第十六世孙。高高祖梁大有，高祖梁锜，曾祖梁淡，祖梁柏楠，父梁红。

生性宽厚，对租田借贷者，从不收取重利。本里徐祖福，有积蓄而无后代。徐祖福病重，梁垚兄弟同往探视，祖福感戴梁垚平日照料之恩，将家中积蓄和所有田地赠与梁垚，以为报答。时官府田亩充梁上涨，梁垚与弟出祖福遗赠粮谷代为乡里充粮赋税，乡人咸受祖福之德。

正统十四年（1449），矿徒部队掳掠懿德，梁村周边数十里桥梁、神祠均被贼兵焚毁破坏，乡民四处逃难。适逢溪水上涨，交通阻断。此时，忽有一木舟自远处撑来，对众人言："因梁垚代为交纳，我三年粮赋无虞，使生活无忧，今来助乡亲一臂之力。"使乡人得以安全避难。

后贼党刘四复起，杀宣平县丞许中和。梁垚应都宪张楷所请，与弟宏坦等安抚刘四同伙周伯隆，说服其五十八人策反，生擒刘四押送官衙，所部胁从者均得以活命。处州府衙将其善举奏至朝廷，朝廷旌表并寿冠带，梁垚力辞不受官衔，并将所赐白银五十两分赠给急需银钱的乡民。梁垚兄弟协全族之力，花费八年时间，修复境内全部被毁的桥梁神祠。

娶徐庄徐氏（1413—正统），死于正统东岩之难。生三子，元铿、元链、元镝。继娶白峰陈氏（1433—?）生一子，梁钀。

梁应期父子行善

梁应期（1563—1624），字子信，号忆庵。渥川梁氏第二十世孙，高高祖梁豸，高祖梁垌，曾祖梁元锃，祖梁达，父梁文光。身材丰美，髭髯清疏。幼习儒业，事理通明，由掾选考授从八品迪功郎。遇到旱涝凶年，捐谷四千石，与巨溪章蛟腾搭设粥棚煮粥，按人口施给乡民，拯救了无数饥荒中的乡民。丽水知县将其善举奏报于朝廷，三院下文并赐"尚义"匾旌表其门。

在新岭、墓岭、走马岭各建亭榭一座，使行旅过客憩息其间，无寒暑风雨之忧。

应期故居在下宅右手。后置买花墙底屋一座。一直传说此屋内有怪物。梁应期毫不理会，携仆人宿居楼上。夜半时分，忽然雷电交作，击破屋后高墙，只见有一似猫的怪物，全身红毛，向空中跃去。次日，应期请工匠按照雷斧所作形状修整，整座屋宇豁然开朗，遂举家迁于此居住。

缙云五云，陈谔作《题应期公像》：

> 昔范文正公云：观后裔而知先贤，望阳眷而著阴德。余于子信梁公而验之。公貌堂皇，髭髯修整，睹其遗像如见其人。平日，耳聆休声，仰止之情甚切今馆于其家者，七年丈夫子六，皆昂昂千里之驹。孙十四，曾孙已见其七。凤角龙鳞，琅琅俱礼乐器，跻跻悉栋梁材。其后裔昌盛，阳眷英奇，历历于目前，为询公之生平，好义不亚庞德公，修德可步晏平仲，感化乡人有王彦方之高致，教导里党擅陈太邱之休风。持身善世，事事可为模楷。先贤阴德，诚中形外，故院司道府，旌以尚义之门，而褒锡匾额累累，然不一而足也。嘻！公询实至而名彰者欤。预卜其昌炽于将来者，百世为艾也已。

（见清光绪辛卯《渥川梁氏宗谱》）

卒，享年六十有二。葬十一都上塘，坐西向东，眠犬形。明天启七年十月初四己酉日葬。妻蔡氏与其合墓。

清光绪《处州府志》、清光绪《宣平县志》有传。

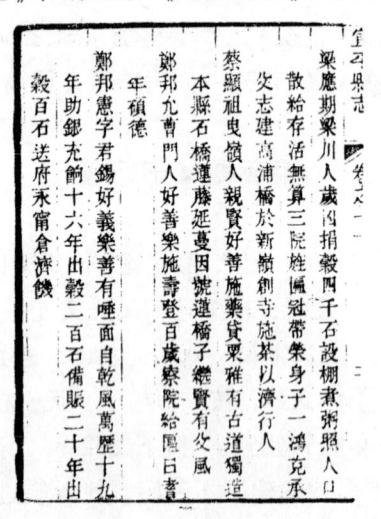

清光绪《宣平县志》梁应期传

应期子梁一鸿，子思扬，号启吾。赋性严毅，立行端方，承父慈善爱民之志，修建高浦桥，使行人通便。清光绪《处州府志》载："高浦桥，县南五十里。里人梁一鸿架木为之。康熙三十七年，里民毛茂生等重建。五十二年，僧寂真募建石桥于虎迹溪上。"清光绪《宣平县志》也有相同记载。

梁一鸿还于新岭创雪峰庵施茶，以济过往行人。

妻同邑曳岭脚蔡氏（1567—？）。

寿八十三而行步自如。宣平知县李向芝赠以"纯嘏尔常"之匾额。卒，葬郑坑，坐艮向坤，白象卷鼻形。徐氏合附。

梁尚璧焚券救佃农

梁尚璧（1619—1699），字国玉，号韫生。渥川梁氏第二十二世孙，高祖梁达，曾祖梁文光，祖梁应期，父梁一鸿。庠生。仪表清秀，英气逼人。幼即颖异过人，读书多识不忘。后为经理家业，未步仕途。平时静则留心于养生，暇则以弦歌自娱。事父母尽孝，待二兄尽恭。九族一体相关，情谊周至。

当时，梁村一带有租种苎苎（古代处州一带广泛种植，青麻一类的多年生草本植物，茎皮含纤维质很多，是纺织用的重要原料）的福建人五十余家，共负债千计，各家欲典妻鬻子以便偿还债务。清康熙九年（1670）庚戌科进士叶有挺是福建寿宁人，因不肯出任吴三桂等三藩伪职，逃到浙江松阳古市卯山祖源地。有时交游来往于宣平与松阳间，和梁尚璧十分友善。叶有挺向梁尚璧说情，希望能够缓交租谷。梁尚璧招来租户，聚券烧毁，租户无不感激涕零。

梁家所买仆婢服役二十年后，梁尚璧就分给居舍、器皿，使其安家落户；丫环成人后，便帮忙择婿嫁之，并赠以妆奁。

清代著名学者、吏部侍郎仇兆鳌（1638—1717）因梁尚璧的善行品德以及对学问的不懈追求对其非常敬重，感怀之余，作《赠梁子尚璧》诗二首：

> 垂白梁邱著述忙，一生心力在文章。
> 但留竹树支茶灶，不许蜂壶绕笔床。
> 手录秘书至汉魏，口吟艳曲拟齐梁。
> 田园漫道无经济，检点莺花亦老狂。

落莫形骸任世呼，不撄尘雾不禅枯。
睡乡官吏无苛政，画谱桑麻省索逋。
百亩酿成田种秫，千头霜后术名奴。
请看座上能言客，曼倩原来是酒徒。

梁尚璧年七十，处州府请为府乡饮大宾。

娶丽水城内文学王锡诰女、利津知县何灿先继女何氏（1620—1693）为妻，生一子，梁祚璇，有才学，官至汤溪教谕。小妾屠氏（1625—1704），生一子，梁祚芳。

年八十一卒，葬栲岭，与兄尚奎同茔。

清光绪《处州府志》、清光绪《宣平县志》有传。

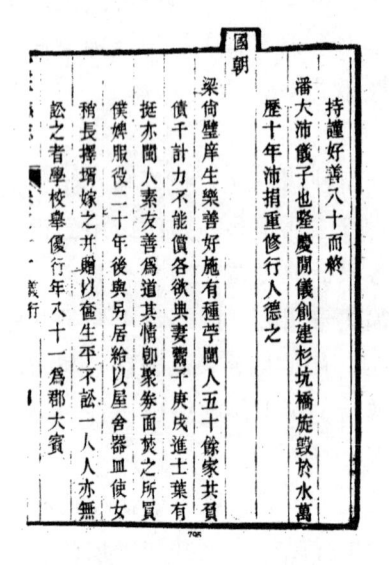

清光绪《宣平县志》梁尚璧传

附：梁尚璧夫妻敕诰：

貤封修职郎梁尚璧敕

清康熙六十一年

任使需才称职，志在官之美；驰驱奏效，报功庸锡类之仁。尔梁

第五章　梁氏贤俊　157

尚璧乃浙江金华府汤溪儒学教谕梁祚璇之父，雅尚素风，长迎善气，弓冶克勤于庭训，箕裘丕裕夫家声。兹以覃恩，貤赠尔为修职郎、浙江金华府汤溪县儒学教谕，锡之敕命。于戏！笔显扬之盛事国典，非私酬燕翼之深情，臣心弥励。钦哉。

（清光绪《宣平县志》）

貤封梁祚璇母孺人王氏敕

清康熙六十一年

奉职无愆懋著勤劳之绩，致身有自宜酬鞠育之恩。尔浙江金华府汤溪儒学教谕梁祚璇之母王氏，淑范宜家，令仪昌后，早相夫而教子，俾移孝以作忠。兹以覃恩，貤封尔八品孺人。于戏！贲象服之端严，诞膺巨典，锡龙章之浃汗，永播徽音。钦哉。为安人；于戏彰淑德于不瑕，式荣象服；膺宠命之有赫，益贲徽音。

（清光绪《宣平县志》）

清光绪《宣平县志》貤封修职郎梁尚璧敕等敕文两篇

梁褚氏积德报善

梁褚氏（1730—1825），梁村梁大临妻。

褚氏一生乐观豁达，乡党恭睦，寿九十六岁，膝下五世同堂。清道光六年，程抚宪题奉旌表"五世同堂"匾额（清光绪《宣平县志》）。生四子：梁畦、梁畯、梁畏、梁畊。褚氏道光七年（1827）三月初八日卯时逝，葬梁村蔡坛头田内金。内附其子所撰墓志：

> 余自道光六年为母觅地，觅得太祖蔡坛头祭田二丘，计六分。兄弟商酌将四弟名下土名郑坑大路上田一丘，计一亩八分买分出，向六房房长汉章、有云、科选等兑换。是田安厝母茔外，出钱捌千文，修太祖填茔，兑契载明任凭择穴安厝。其地干山巽向，发龙于豫章，由金鸡头直趋赵步源，顶转至新岭头，过坳至天师岗，乌阴坑岭头过坳，番身出浅田，薄刀岗徐徐而行，至东头雾岭凉亭过脉，转至小黄弄岭头，势坛龙直趋丁公岭头，起势发一高山，名曰屏风山。家妇岩顶发下数泡，以至雷鼓政穿田过脉，如脱衣再生，头面耸出，身直下蔡坛头便，起员峦于山脚。田中结成一穴，形如金狮伏地，穴似回龙顾祖。右有龙沙平平护穴；外有岩岩二山抱住水口。左有青龙环抢明堂，又有三山重锁外明堂山，外龙山直至田窝用。湾如玉带，以作案山，案外之山，迭叠裹环，朝有三峰拱手，自然文笔透天，后有元武镇龙基，聚精融结大局，扦下二尺土，有五色润如膏，人人指曰：天生自然之穴。而且水缠绕九曲西流，地理云千里来龙，落脉五尺，其此之谓欤。正是母生前修行积德，死后常享福地。书云积德必得其寿，九十有六而得全归，扫亲见七代五世同堂，于道光六年奉旨旌表七叶衍祥匾额，赏给缎疋银，两凤冠顶服荣身，以光大典。

王岳成创宏业行善举

王岳成，祖居同邑破桥村，祖父赘入梁村梁氏，遂为梁村人。岳成年二十入职长广煤矿，年三十入主丽水建筑行业。历丽水市（县级）人大常委会副主任、丽水市慈善总会副会长、浙江金龙房地产投资集团董事长等职。

岳成自幼受古渥梁孚将、梁汝嘉、梁安世等忠烈文豪故事影响，立志争创事业，以回报故土乡里。创业初期，起步维艰，资金短缺，而岳成仍怀助人为乐之心，常常倾囊资助故旧贫窭者。自事业发达之后，更是不忘父老桑梓，建学校、修渡桥、立坊表、兴水利，乡党里人无不颂其贤。

岳成常怀"兴《诗》立礼成乐"之情结，深知"知识改变命运"的箴言，捐赠两千万元，专设"奖学金"，长期资助邑中贫而好学者。岳成以善行天下为志，其赡士兴宾之善举，甚至扩及粤南鲁北。十余年来，共捐资六千余万元，累计资助贫寒学子数千人，堪称陶朱公之佳风矣。

近年来，岳成足迹遍及闽浙赣，抢救濒危之古居，拟斥资两亿元，异地迁建二十座于龟山、渥溪之间，不仅国之民间瑰宝得以保护，又添渥川胜境一靓丽景致。

第五节　孝节流芳

《孟子·滕文公上》云"父子有亲，君臣有义，夫妇有别，长幼有序，朋友有信"，此为人伦之理，人道之常。梁氏为处之望族，贤能辈出，而"百行孝为先"，亦为梁氏之家训。梁氏寿翁寿妇累累。贞操者，虽今世不耻倡之，然古之烈女贞妇，其情可悯，其行可敬，故稽访志书口碑而书之。

梁柏楠奉母至孝

梁柏楠（1362—1432），字彦材。为渥川梁氏第十四世孙。高高祖梁柽，高祖梁之焱，曾祖梁大有，祖锜，父梁淡，母叶忠七娘。

龟山祖宅元至正二十年（1360）毁于火宅，其父迁居朱村殿坳寺根，越二年，柏楠降生。

柏楠幼时不同于族中其他子弟。长大后，胸怀异志，做事往往出人意料，与人相处和颜悦色，兄弟间和谐忍让，乡党极为敬慕。其母叶氏，于元末避乱兵侵犯，投崖伤足，不能行走。柏楠奉养极为周至。永乐二年（1404），家中突然起火。适逢柏楠外归。此时火势冲天，柏楠奋不顾身，冲入火海，只见母亲尚在床上安睡，岌岌可危。柏楠背起母亲，迅速冲出火海。母亲享高寿而卒。

后柏楠得龟山梁安世故宅旧址，重建宅第；经营祖传田地有方，家藏粮米甲于乡里。以荐举，授万石长。乡党有难，慷慨解囊，求之必助。家族建祠宇、修墓茔、续宗谱，柏楠倾其所能，悉心经理。

娶横溪朱氏（1358—1414），生三子，梁燉、梁焯、梁灯。

寿七十一而卒。葬本村花楼凸，巽山亥向，朱氏合附。

明代孝友梁元宝

梁元宝（1435—?），为渥川梁氏第十七世孙。高高祖梁锜，高祖梁淡，曾祖梁柏楠，祖梁火阜，父梁屋。

平生敦厚好义，涉猎史书，精于翰墨。幼年丧父，复罹乱兵掠乡，元宝扶老携幼，备受艰辛，乡人得以保全。

家有继母，元宝侍奉其胜于生母，继母也视如己出。友爱异母之兄弟，读书、婚娶，慷慨平分于家中产业。遇有家中赋税缴纳，必身先付给，从不羞囊。

娶祝氏（1430—1455），无嗣。继娶毛氏（1442—?），生二子，亨洞、亨洧。

卒，葬本庄殿坳，祝氏、毛氏俱合袝。

寿翁孝子梁世济

梁世济（1687—1766），字德泽。世济为渥川梁氏第二十四世孙。高高祖梁文光，高祖梁应期，曾祖梁一鹄，祖梁尚晟，父梁元第。

年方十二，惧怕荒遹之累，和父亲一道举家避居龙泉。父亲不久亡故，母亲年老，弟妹俱幼，全家依靠梁世济以樵薪度日。后有迁徙松阳之石仓、丽水之白岩，辛苦万状十余年始还梁村。颐养寡母，教弟世雄入县庠求学；妹子长大成人，为其择婿嫁之以时。

雍正七年，创建花墙后大楼屋一进，额曰"惠迪堂"，教育二子勤奋求学，长子梁大钦为廪生；次子梁大器为庠生。

年八十，幸逢乾隆皇帝南巡，恩赐寿翁冠带。

卒，葬徐庄后墩头，坐寅向申，陈氏合墓。其墓地为本族梁学孟立契出卖，茔前立碑。

清光绪《处州府志》、清光绪《宣平县志》有传。

泣血负土梁锴妻

叶氏，生卒年不详，丽水县懿德乡梁村梁锴妻。

梁锴，生卒年不详，梁叔玠子，梁汝嘉孙。登宋绍熙元年（1190）甲科第六名进士。可惜高中之后，不久离世。叶氏年方二十七，泣血负土，营葬完毕，在梁锴穴冢旁筑室守节，发誓将子培育成才。叶氏教子有方，将家中余赀以周济周围贫乏的乡民。

梁锴画像

清明成化《处州府志》、清光绪《宣平县志》有传。

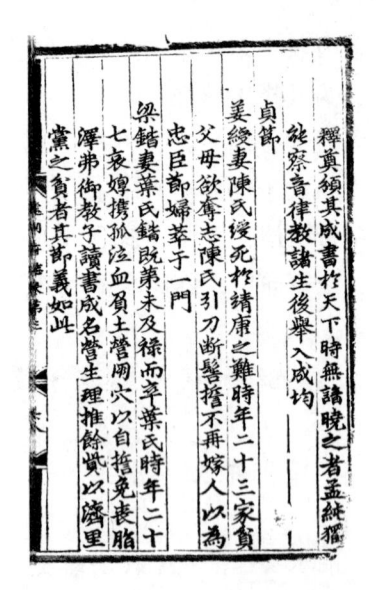

明成化《处州府志》梁锴妻

梁衍妻章氏受表"贞洁门"

梁衍妻章氏玉娘（1336—1404），巨溪南坛下章提干女，生一子：梁枢。

梁衍（1332—1364），字彦广，为渥川梁氏十三世孙。高高祖梁泠，高祖梁㮉，曾祖梁梦珂，祖梁陞，父梁珉。

梁衍病故，章氏年方二十九。章氏誓死不嫁，"敬以事姑（婆婆），慈以教子，勤俭自持"。章氏玉娘抚养幼子，赡养婆婆，尽心尽责。建文四年（1402），县、府上奏事迹闻于朝，下文旌表其门。卒，丽水县丞黄济作《挽旌表节妇梁衍妻章氏》：

吊影嫠居四十年，村心应拟石同坚。熙朝不降明王诏，尘世谁知阿母贤。已见红颜如槁木，只怜白骨在荒田。假令死者还堪作，会使含欢向九泉。

（见清光绪辛卯《渥川梁氏宗谱》）

明成化《处州府志》、清光绪《宣平县志》有传。

梁淡妻叶氏

叶忠七娘（1330—1414），高溪人，梁村梁淡之妻。

梁淡（1335—1380）字景和，号文简，为渥川梁氏第十三世孙。高高祖梁瀿，高祖梁楷，曾祖梁之焱，祖梁大有，父梁锜。

元季己亥，大军经过乡里，跟随梁淡躲匿在高山上的岩穴之中。远处有一批军队有搜山之状。七娘告诉梁淡："如乱兵至此，我一定要自尽，绝不受乱兵奸污。"

不一会儿，乱兵搜至岩洞，叶氏立即投崖自尽。真是天不绝人。待兵退去，梁淡到崖下收尸，只见叶氏奄奄一息。于是梁淡背负妻子回家，请医生治疗，不久便苏醒，只是脸部留下疤痕，一足有伤。

梁淡不久亡故，叶氏孀居三十余年，贞烈贤孝被乡里奉为楷模。

子梁柏楠，亦奉母至孝。

正统避乱东岩梁氏九妇殉节

正统十四年（1449），宣慈乡寇变，梁氏族人避乱东岩顶上。六月十七日，乱兵众围攻放火。乱兵登至岩顶，梁氏九位妇人与曳岭脚蔡俨妻包氏不肯被辱，相继投崖而死。梁氏节妇为梁世灯之妇朱氏节娘、梁谷存之妇何氏、梁知训之妇何氏、梁垚之妇徐氏、梁世坩之妇叶氏、梁瑎之妇章氏、梁鼎塾之妇朱氏、梁鼎城之妇刘氏、梁文志之妇萧氏。

梁元雄妻郑氏孤苦守节

梁元雄妻郑氏，宣平县城人。

梁元雄，为渥川梁氏第二十三世孙。高高祖梁柏楠，高祖梁垚，曾祖梁亨演，祖梁继德，父梁尚益。

年二十三丈夫梁元雄亡故。后抚养儿子刚成人，又早逝。家境孤苦，但矢志不嫁他族。族人梁祚璇感其节烈情怀，周恤其日常生活供给至死。

梁廷勋妻鲍氏守节教子

鲍氏,监生梁廷勋妻。梁廷勋早逝,鲍氏年三十四。鲍氏立志守节,足不越阃,首不膏沐,身不衣帛,二十余年如一日。过继一子,教诲慈严并至,远近乡民钦佩其节。

梁儒范妻陈氏守身如玉

陈氏(1837—1862),梁村梁儒范妻,为丽水畎岸太学生陈棠之长女。

梁儒范,为渥川梁氏第二十七世孙。高高祖梁尚璧,高祖梁祚璇,曾祖梁世菜,祖梁大观,父梁畤。

陈氏少从母教,四德具备。及笄,归于梁儒范。儒范年二十五而卒。陈氏矢志守节,抚养孤女。服缟素,勤纺织,吃斋诵经,敬奉神明。清同治元年(1862),染瘟疫而逝。清同治七年(1868),同邑潘永清撰《陈孺人节孝传》。(见清光绪辛卯《渥川梁氏宗谱》)

梁毓楷妻章氏守节振家风

章氏(1823—1895),郡城花楼井太学生章志学女,梁村梁毓楷妻。

梁毓楷(1825—1851),字景元,号仰山,名亦阳,渥川梁氏第二十八世孙,高高祖梁祚璇,高祖梁世菜,曾祖梁大观,祖梁畤,父梁儒书。

章氏熟娴四德三从,端庄温厚。奉翁姑有礼,相夫子无违。毓楷应童试不幸早逝,生二子绍昌、绍治,俱幼小,章氏守节抱孤,勤俭治家,抚育长大,命其竭力耕田,内外事务皆自筹画,井井有条。又助子兴家立业,实属不易。后又训饬诸媳、众孙,恩义兼至。卒时年六十有九。

表5-3　　　　　　历代方志记载渥溪节妇烈女名录

姓名	年代	事迹	出处
进士梁锴妻叶氏	宋	年二十七守节至死	明成化《处州府志》,清光绪《宣平县志》
梁淡妻叶氏	元	跳崖不受乱兵之辱	清光绪辛卯《渥川梁氏宗谱》

续表

姓名	年代	事迹	出处
梁衍妻章氏	明	青年守节至死	明成化《处州府志》，清光绪《宣平县志》
梁世灯之妇朱氏	明	不受乱兵之辱，跳崖而死	清光绪辛卯《渥川梁氏宗谱》
梁谷存之妇何氏	明	不受乱兵之辱，跳崖而死	清光绪辛卯《渥川梁氏宗谱》
梁知训之妇何氏	明	不受乱兵之辱，跳崖而死	清光绪辛卯《渥川梁氏宗谱》
梁垚之妇徐氏	明	不受乱兵之辱，跳崖而死	清光绪辛卯《渥川梁氏宗谱》
梁世坿之妇叶氏	明	不受乱兵之辱，跳崖而死	清光绪辛卯《渥川梁氏宗谱》
梁瑎之妇章氏	明	不受乱兵之辱，跳崖而死	清光绪辛卯《渥川梁氏宗谱》
梁鼎塾之妇朱氏	明	不受乱兵之辱，跳崖而死	清光绪辛卯《渥川梁氏宗谱》
梁鼎城之妇刘氏	明	不受乱兵之辱，跳崖而死	清光绪辛卯《渥川梁氏宗谱》
梁文志之妇萧氏	明	不受乱兵之辱，跳崖而死	清光绪辛卯《渥川梁氏宗谱》
梁元雄妻郑氏	清	年二十三守节至死	清光绪《宣平县志》
梁廷勋妻鲍氏	清	年三十四守节至死	清光绪《宣平县志》
梁绍晋妻孙氏	清	年二十九守节至死	清光绪《宣平县志》
梁儒范妻陈氏	清	年二十六守节至死	清光绪《宣平县志》
梁毓相妻陈氏	清	年二十四守节至死	清光绪《宣平县志》
梁敦厚妻黄氏	清	守节至死	清光绪《宣平县志》
梁氏邓正经妻	清	守节至死	清光绪《宣平县志》
庠生梁概妻陈氏	清	守节至死	清光绪《宣平县志》
监生梁大颐妻吴氏	清	守节至死	清光绪《宣平县志》

下编　渥川历史文化寻踪

第六章

山水胜景

第一节　山水遗韵

梁村地处括苍山腹地，山水奇秀，群峭摩天，岩阿湍激，成为历代文人墨客游览之圣地。龟山渥水，虽不及郡中缙云仙都、芝田石门之道教洞天，却是滋养数十代梁氏子孙耕读传家、养生聚气之人间福地。清代梁村隐士、愚山老叟梁寅有《拟构牛塘山居未遂》诗云：

　　为爱山居空谷边，构间茅屋住苍烟。门开绿树鸟通语，灶近清流竹引泉。糊口尚愁无宿粒，肯构那得有余钱。此生未作高士卧，踏破芒鞋望渥川。

（清光绪十七年《渥川梁氏宗谱》卷十）

清光绪《处州府志》梁村水

梁　溪

又名渥溪。源于渥山之巅，环绕渥川而过，汇虎迹溪经破桥峡（为兵家必争之所），下周坦，过瑶畈，汇马村水为宣平溪，出港口，入大溪。清光绪《处州府志》载："梁溪，县东五十里。源自渥溪，流经破桥峡。"又清光绪《宣平县志》载："梁溪在县东五十里，源自渥溪，流经破桥峡，梁氏谱载八景：澄潭石龙、清宁翠屏、东井清泉、半岭石鼎、远堂书屋、梵兴晚钟、渥溪水柱、石桥仙踪。"

清梁村梁儒林作渥溪诗：

西流十里水潺湲，绕到龟山直发源。
取次曾闻中作柱，衣冠自古说梁村。

（清光绪十七年《渥川梁氏宗谱》卷十）

梁溪上的石龙、猪头岩、马蹄岩

太傅殿潭

太傅殿潭，在梁村西南太傅殿外。清光绪《处州府志》载："太傅殿潭，在梁川。自渥溪至双坑口十里许，底皆石骨削平，汪流澄澈，无湍激奔腾之状。"又民国十六年版《宣平县志》有类似记载："太傅殿潭在县东南梁川，自渥溪至双坑口十里许，底皆石骨削平，汪流澄澈，无湍急奔腾之状。"

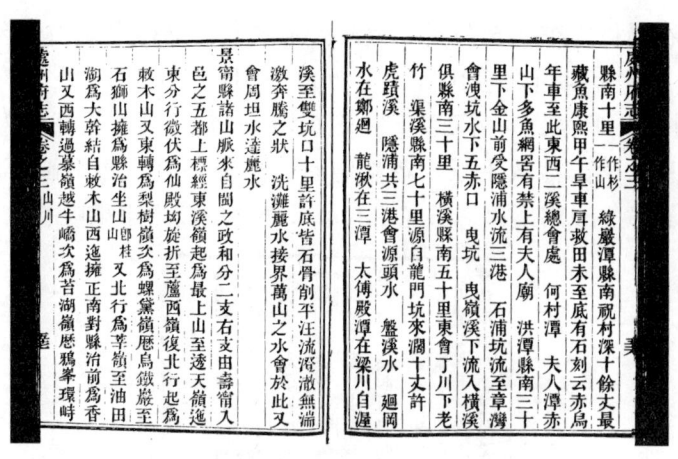

清光绪《处州府志》太傅殿潭

梁村二堰

《广雅》云："堰，潜堰也，潜筑土以壅水也。"堰是古代最常见的水利灌溉工程。梁村地处峡谷之中，渥溪两岸多有田畴，堰陂是水田正常耕种生产必需的设施。民国《宣平县志》载：太傅堰，在九都梁村，灌田一顷余；马王堰，在九都梁村，灌田五十余亩。

梁村马王堰

渥 山

渥山在梁村之东 2.5 公里,为渥溪水之源,梁村之镇山。风光绝胜,奇迹众多,历为处州之名山。山上有白马洞。清光绪《处州府志》载:"渥山,中有白马洞,可容百人。"又清光绪《宣平县志》载:"渥山在县东南五十里,梁氏谱载十景:花楼绝巘、高峰卓笔、西山画彩、祖庙古柏、白象卷鼻、飞鹤下田、长蛇出穴、天鹅孕胎、丙申鹤唳、龟山云舍。"

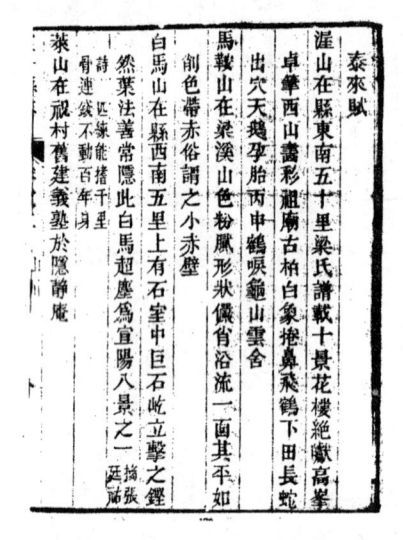

清光绪《宣平县志》渥山、马鞍山

龟 山

龟山在梁村之东,渥山之前,为处州之名山。清光绪《处州府志》载:"龟山,以形名。"

宋时,渥川梁氏第八世孙、进士梁泰来作《龟山》诗:

远水近山古村落,直栏横槛旧楼台。
鸡鸣犬吠相闻处,十里人家百树梅。

清梁村人梁立功作《龟山》诗:

秀竹为蓍簇簇开，神龟解脱翠微环。
一团灵气镇文庙，八卦良图隔水湾。
造化机占云影里，阴阳数兆鸟声间。
邱陵莫道非真质，频发祯祥是此山。

又清梁村人梁毓才作《龟山》诗：

渥水多灵秀，神龟解脱闲。休言枯此骨，早识化为山。
离坎图文在，阴阳造物闲。高岗寻度数，叠嶂觅机关。
首顾清塘内，身临碧涧间。凌霄鹏路近，拜手愿登攀。

又清梁村人梁明泰作《龟山听鸟音》诗：

住在龟山午风清，几番好鸟弄新晴。
频催笔下蚕声急，恰趁茶煎蟹眼生。
我爱荡平夸砚杨，人来高处讶禽名。
隔花听入诗怀健，百啭从教雅韵成。

又清梁村人梁儒行作《龟山孤松吟》诗：

榆柳拂道周，剪除不自保。庭阶树桃李，摧折亦云早。
何如龟山松，蟠结坚以老。负材自孤直，作气独浩浩。
霜皮破苍鳞，翠盖接清昊。岁寒无凋落，清向彻昏晓。
枝来海鹤巢，根其蜇龙抱。工师所不达，樵采迹如扫。
顾此贞洁资，嗟予风尘道。君子耐寂寞，悠然终寿考。

又清道光间梁村人梁儒臣子梁文舟作七古诗《龟山感叹》：

神龟突兀浮渥川，静镇乾坤不计年。
从前鼻祖选佳景，始爱懿德庐山巅。
千寻水柱涌溪前，甲戌题名雁塔联。
运使故墟访不得，江西一派犹流传。

更有呼他主学先，丙星亭畔留客眠。
岂知鹤唳来相延，亦整衣冠去登仙。
远堂堂上诗兴专，亦好轩中酒为缘。
耻事两朝养志坚，闲种黄花手掬泉。
菊平音容已杳然，惟见白云堆数椽。
中有旷达人盘旋，邱林不受名利牵。
倏闻梵兴钟声彻，便脱尘灰参老禅。
三阳书室久弃捐，舍北含南谁开筵。
八百载来瓜绵绵，披荆斩棘继前贤。
阁师古兮斋乐天，味道功夫铁砚穿。
克复二字果能全，左右园楼多改换，
今朝竹木又变迁。我步岭头凭高望，
几叹沧海易桑田。

（此诗疑有漏句，见清光绪十七年《渥川梁氏宗谱》卷十）

又清光绪《宣平县志》载："龟山在县东南五十里，以形名，为梁氏聚族地，里人梁泰来赋。"清光绪《处州府志》载梁祚璇《龟山赋》一篇。

附文：

龟山赋

宋·梁泰来

异哉，龟之为山也！不知其博大之若是兮，启鸿蒙而镇坤维；挟二气之峥嵘兮，轶昆仑而俯太微。剀岉岸睿，嶔巇巇薛，若龟之长身穹背而圆腹；连延行郁，谽谺岌嶪，若龟之昂首曳尾而鳖蘖。摩苍穹而矗立兮，含空蒙之古色。出云雨以泽物兮，翕千章之木植。企风雷之灵渊兮，接体泉之丹穴。袭仁兽之郊坰兮，驾四灵之轨辙。钟人物之瑰奇兮，是清淑之气扶与磅礴而郁积。禀前人之作记兮，曰龟载灵于甲戌。美青毡之家声兮，尚芬芳乎故物。呜呼噫嘻！敢问龟之灵于物者古如彼，灵于身者今未闻其彷佛万一焉。何者？八卦之右兆，九畴之定数。发几事之先占，临清流而左顾。岂胸灵腹奇，惔而不屑于今兮，仁崚嶒而骫骳？抑土石之冥顽，累

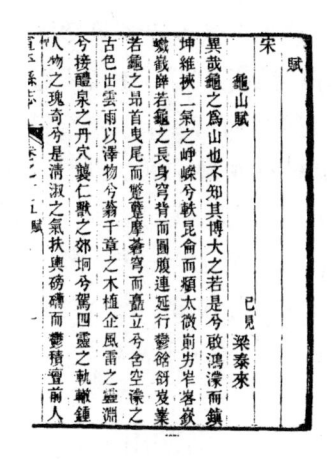

清光绪《宣平县志》梁泰来《龟山赋》

而不灵于今兮，甘甜閟而韬秘？至若春花明而五色具，东巅秀而十朋连。登山椒而望岗嵼，披林麓而眺绵联。不曳涂而受辱，岂触网而求全？其所谓德宏而望钜，养厚而气喘者乎？语极而罢，隐几若寐。梦一玄衣公子，曳裾踵涂，施施而至，曰："东蒙之山，黔江之丽。名以龟而形似，岂培楼之同属？嗟是善之得名兮，实崎崟而峭砺。岂余美之所钟兮，信天同而坤比。繄灵瑞之献奇兮，极端倪之赑屃。惟梁氏之杰出兮，擅五行之秀气。何子望之深兮，谓灵于物而不灵于己。吾将避此之他兮而固不可，吾将逃子之责兮而遂弗果。噫！不知我之知汝兮，信非子之知我。"言讫而去予亦惊悟。形肖其名，遂为之赋。

（载光绪《宣平县志》卷一五，光绪四年刻本）

龟山赋

清·梁祚璇

伊龟山之盘衍兮，接地络于豫章。为梁氏之里居兮，振天纲于栝苍。象离居坎，背阴面阳，左曳尾以临碧涧，右昂首而顾方塘。匪巨灵之斧擘，自盘古而苍光。尔其上圆法天，下方则地，两曜为瞳，四时为臂，八卦成文，五方定位，既肖厥形，又呈其瑞。于是休征水柱，天路联镳，富侔金谷，云畴遁饶，食封邑于万户，拜显爵于三朝，吐珠玑则名传海内，操戈楯则勇冠群寮。入而横经者济济，出而负耒者翘翘。岂瑶光之精，弗注何偻句之灵，若遥远堂安在也；荆棘最生，菊平既逝矣。鸟雀纵横，丙星亭畔不闻鹤唳，而闻仓鹒。白云堆里不见嘤鸣，而见鼯鼪。吊樗林遗叟高风云邈，过三阳故址好句谁赓。若乃登高望远，游目骋怀，东则飞鹤展翅，西则天鹅孕胎，白象连蜷而奇幻，长蛇委折而崔巍。先茔前苍松环抱，祖庙外古柏平排。十里石龙潜水底，几枝文笔卓山隈。虽人物之非，故觉景象之未聩，我将恢复基业，营创楼台，筑垣凿沼，种桂植槐，长子孙于此地，聚族属于将来，授神龟以三昧，酬山灵以一杯。导气养真以益寿，钟奇毓秀以储材，毋令前人芳躅，自今而委之尘埃。

（载光绪《宣平县志》卷一五，光绪四年刻本）

马鞍山

处州之名山。位于梁村西南。清光绪《处州府志》载：“马鞍山，在梁溪。形状俨肖。沿流一面平如削，色赤，俗谓之小赤壁。俱县东五十里。”又清光绪《宣平县志》载：“马鞍山，在梁溪。山色粉腻，形状俨肖。沿流一面其平如削，色带赤，俗谓之小赤壁”

洞非人間行二三里許忽兩山斜對如萬仞城丹嶂
翠壁絶石直削下望離水皆作綠玉色遥見一門如
城闊然人蛆趨蟻行碧沙間水石幻映眞景中人也
迫臨其地則窮然一深洞巖蓋沙底潤長可三間屋
旁則石根深垂蓄流澄泓其內幾二丈許眞天然元
棲地予欲以窩雲洞三字題之仰視其上危巇峻嶺
可望不可攀八僊巖即在其間也再躡數武側磴懸
砌僅容二屐古木蟠映鏡潭幹色青如鐵不知其何
名扶筇臨之倏
倏然欲化矣　筆架峯　歐溪山相傳歐冶子於此鑄劍
翠山高聳千仞其色黝然　樓臺殿閣山陂陀層疊
儼肖俱縣東五里　豫章巖登巔俯眎郡城如在山
足間上有神祠禱雨應　赤巖巔有寨鄉人曾避兵於此　巍峩端直又名
君子樓　馬鞍山在梁溪形狀儼肖沿流一面平如
削色赤俗謂之小赤壁俱縣東五十里　籙符巖縣
處州府志　卷之三　山川

清光绪《处州府志》豫章岩、马鞍山

走马岭

走马岭，又称“骑马岭”，方言俗呼“芝麻岭”，位于梁村西南 2.5

公里处，郑坑与周坦之间，为处州之名山。清光绪《处州府志》载："走马岭，俱县南五十里。"宋代里人梁泰来曾作走马岭诗："山势迎人如马走，家居盘石似龟藏。"此山因此得名。

走马岭

豫章岩

豫章岩，在梁村，为处州名山。

清光绪《处州府志》载："豫章岩，登巅俯视郡城，如在山足间。上有神祠，祷雨应。"

豫章岩远眺

第二节　梁溪八景

梁溪八景有澄潭石龙、清宁翠屏、东井清泉、半岭石鼎、远堂书屋、梵兴晚钟、渥溪水柱、石桥仙踪。清光绪《宣平县志》有载。

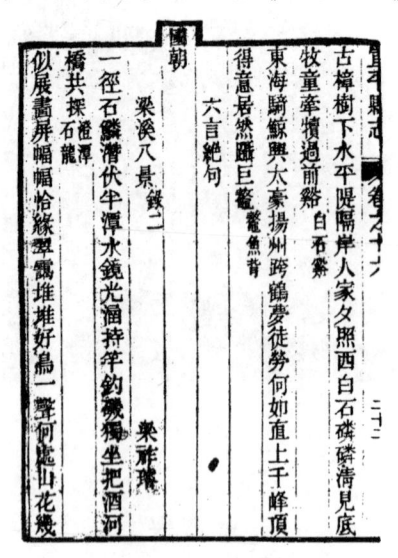

清光绪《宣平县志》梁溪八景

澄潭石龙

澄潭石龙景观位于梁村东北方向0.5公里处乌面山麓，独石桥下梁溪之中，水明如镜，一怪石如龙首微昂，龙身潜水，惟妙惟肖，因名。

清代梁村先贤梁祚璇、梁毓荆均有《澄潭石龙》诗存世。

附文：

澄潭石龙

清·梁祚璇

一径石鳞潜伏，半潭水镜光涵。持竿钓矶独坐，把酒河桥共探。

澄潭石龙

清·梁毓荆

十里澄潭水色光,潜龙宛在水中央。
毕生稳抱骊珠睡,何日行凭尺木翔。
白石粼粼旋变化,赤鬐珑珑欲飞扬。
藏踪曲洞缘奚事,却厌风雷世上忙。

澄潭石龙

清宁翠屏

清宁翠屏景观位于梁村西南 1.5 公里处,下官山麓,有清宁禅院,即清宁寺,又称清宁庵,今仅存残垣基址。宋代梁氏先人梁佼始建。至清康熙二十九年,僧人海禅重修。周边山峦叠翠,古刹巍然,清代梁氏先人梁祚璇、梁毓荆二人有《清宁翠屏》诗。

清宁翠屏

清·梁祚璇

似展画屏幅幅,恰缘翠霭堆堆。好鸟一声何处,山花几树谁栽。

清宁翠屏

清·梁毓荆

指点清宁旧日山,堆螺拥翠玉屏环。
林泉隔断尘嚣远,图画横舒水墨闲。
雨过更添青四面,烟消乍露碧双鬟。
凭栏排闷裁诗客,杖履悠游几往还。

清宁翠屏(张健绘)

东井清泉

东井清泉景观位于梁村村东,龟山之麓。古为乡人汲水之泉,清澈见底,久旱不干。清代梁氏先人梁毓荆有诗《东井清泉》诗存世。

东井清泉(张健绘)

东井清泉

清·梁毓荆

井在龟山菊径东，寒浆澈底碧玲珑。
一泓珉甃夸沉绿，几处霞光缀淡红。
素绠金瓶深汲引，重壤玉液暗流通。
煎茶当酒供谁饮，投辖高风应许同。

半岭石鼎

半岭石鼎景观位于梁村东去3公里处，古为处州大道，半岭亭外，巨鼎俨然。清代梁毓荆有《半岭石鼎》诗。

半岭石鼎

清·梁毓荆

久埋尘世不知年，半岭茅亭石俨然。
伸屈龙文迷藓色，连横卦象认蜗涎。
丹成仙客遗真迹，鼎铸轩皇稽古传。
谁问王孙轻与重，任他勇力未扛迁。

半岭石鼎

远堂书屋

  远堂书屋位于梁村村南 0.5 公里处龟山之麓。一小山微微拱起,谓之远堂山,俗呼河塘峡。宋广西路转运使、梁氏先贤梁安世筑远堂书屋于此,因而得名。清代梁毓荆有《远堂书屋》诗。

附文:

远堂书屋

清·梁毓荆

久慕英名冠斗南,远堂胜迹世谁谙。
清时剑履堪仪像,雅道图书足讨探。
芸阁藜光燃夜五,芳池草色梦春三。
庭前玉树森森秀,伫望他年圣泽覃。

远堂书屋(张健绘)

梵兴晚钟

梵兴寺，在小梁村（原呼朱村）南200米处梁溪之畔，试剑石之麓。今仅存遗址。梵兴寺对岸有多处缝穴，夏出凉风，冬冒热气，为梁村绝胜之处。元末明初，梁村人僧一谦居此，与梁钺多有酬唱。

清代梁毓荆有《梵兴晚钟》诗赞。

附文：

梵兴晚钟

清·梁毓荆

何处疏钟破晚烟，梵兴别有一重天。
云藏小寺闻金吼，日落空林放鹤眠。
几度鲸音喧暮景，半规夕照薄虞渊。
深山万籁时俱寂，临水楼台得月先。

梵兴晚钟（张健绘）

渥溪水柱

渥溪水柱景致在梁村渥溪桥边，相传宋代绍兴二十三年（1153），溪中水柱瑞兆呈祥，村中梁安世相继乡举登科。两个甲子后，水柱复现，后人梁泰来又连续乡举登科。

清代梁毓荆有《渥溪水柱》诗赞。

附文：

渥溪水柱

清·梁毓荆

渥川秀气回难侔，水柱重征癸酉秋。
频毓良材夸润木，挺生学士拟圆流。
梁珍玳瑁原非类，树赛珊瑚莫比俦。
屈指数过时亦可，未知泰运再开不。

渥溪水柱（张健绘）

石桥仙踪

石桥仙踪景观在梁村东北一里许,小梁村边梁溪之上。两丈长五尺宽,近万斤巨石独自横卧于清波之上,天堑变通途。相传为宋绍兴间,进士梁安世所建。又传是神仙作法,采天外仙石于此,因而又呼"神仙桥"。

清代梁毓荆有《石桥仙踪》诗。

附文:

石桥仙踪

清·梁毓荆

桥纪仙踪事非讹,一泓亘古卧清波。
灵鼋驾叠无烦尔,顽石鞭驱悉任他。
未许人工能办至,须知造化作为多。
明年得意春风早,愿效长卿驷马过。

石桥仙踪

第三节　渥山十景

渥山十景有：花楼绝巇、高峰卓笔、西山画彩、祖庙古柏、白象卷鼻、飞鹤下田、长蛇出穴、天鹅孕胎、丙申鹤唳和龟山云舍。清光绪《宣平县志》有载。

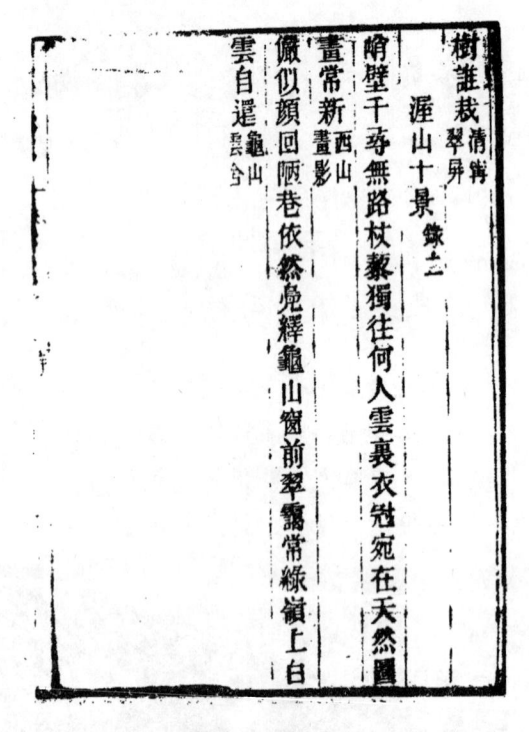

清光绪《宣平县志》渥山十景

花楼绝巇

花楼绝巇在梁村之北，小梁村之西，花楼凸之麓。山脚平地沃野，山上绝壁重林，风景胜绝。宋时，里人梁佽建义学于此，也是梁氏多位先人安身之所，可谓风水宝地。

花楼绝巘（张健绘）

高峰卓笔

　　高峰卓笔景观在梁村东北 4 公里处浅田后山，俗呼横岗坡。在梁村远眺，极似一杆摩天的巨笔，刺破苍穹，描绘人间万象。

西山画影

西山画影（张健绘）

　　西山画影景观在梁村之西 2.5 公里处，俗呼石头岗背，又呼石桌背，相传有仙人在此博弈，梁氏先人伐薪至此，观棋入迷，烂柯于此。整座山峰奇岩峭壁，茂密丛林点缀其间，远眺如一幅锦绣山河之宏伟巨制。

清代梁氏先人梁祚璇有《西山画影》诗赞：

峭壁千寻无路，杖藜独往何人。云里衣冠宛在，天然图画长新。

祖庙古柏

祖庙古柏景观在梁村之西南，即梁太傅庙。新中国成立前，此地宫宇巍然，古柏参天。今仅存遗址和一座残缺门墙。

清代梁氏先人梁明泰有《太傅古柏》、梁毓贤有《祖庙乔木》诗。

附文：

梁明泰《太傅古柏》云：

长干参天殿社宜，亭前枯柏此称奇。
无枝岂作凌云器，凋叶能为傲雪姿。
岁暮龟山歌旧德，庙成宋代赋新诗。
乾坤春色凭他住，一段刚风孰与夷。

梁毓贤《祖庙乔木》云：

参天古木白云披，祖庙崇高相映宜。
汉代栽培应有主，而今犹挺万年枝。

祖庙古柏（张健绘）

白象卷鼻

　　白象卷鼻景观在梁村西南 2 公里处郑坑，俗呼白象山。隔溪相望，白象山自渥山延绵而来，跪卧梁溪之左，象身微俯，象头、象耳、象鼻神韵十足，象鼻甩于溪中嬉水。

　　清代梁氏先人梁祚璇曾有《白象卷鼻》诗赞。

白象卷鼻（张健绘）

飞鹤下田

飞鹤下田（张健绘）

飞鹤下田景观在梁村之北，花楼凸之麓。远眺如巨鹤自天而降，憩息在山麓。

清代梁氏先人梁祚璇曾有《飞鹤下田》诗赞。

长蛇出穴

长蛇出穴景观在梁村之东北1.5公里处，俗呼长蛇吐舌。远眺如巨蟒自天平岗而出，蜿蜒憩息在牛塘岗，蛇头直探山麓的梁溪。清代梁氏先人梁祚璇曾有《长蛇出穴》诗赞。

长蛇出穴（张健绘）

天鹅孕胎

天鹅孕胎，在梁村西南0.5公里处，一道山梁弯曲回环，数个小山包罗列其下，恰似一只大天鹅正在巢中孵卵，乡人俗呼"天鹅孵蛋"。

丙申鹤唳

丙申鹤唳景观即"丙星化羽"奇迹，位于梁村之东渥山之麓。据传宋季梁村人梁之焱（1235—1283）筑丙星亭，后遇仙鹤道人化羽升天。清代梁氏先人梁祚璇曾有《丙申鹤唳》诗赞。

丙申鹤唳（张健绘）

龟山云舍

龟山云舍景观位于梁村之东龟山之巅。宋时建有别业，为古渥之名胜。明代梁氏先人梁浡澜、清代梁祚璇有《龟山云舍》诗赞。

明代梁浡澜《龟山云舍》诗。

附文：

三阳居士辞尘喧，龟山顶上屋一间。
自颜其名作云舍，惟有白云时往还。
书枢无轩自明朗，夜扃无键常周完。
舍北初生石壁起，舍南深护灵湫寒。
倏去檐楹挂星斗，忽来庭户迷林峦。
等闲收拾水镜净，岂容变化成巇屼。
或蒸灏气作甘霖，或腾瑞彩扶朝暾。
盛夏英英散清荫，严冬盘盘敷轻温。
此时居士方燕息，壶中自有真乾坤。
白云满空迷浩浩，混沌落地成漫漫。
霎时风浪走神鬼，苍龟自与龙蛇蟠。
黑中见白书不夜，亭亭浮盖凝昆仑。

坎离相通互无有，三花飞来朝泥丸。
能令一鑰通辟阖，自可一粒藏邱山。
谈元有客造檐下，时缚浮云成一团。

清代梁祚璇《龟山云舍》云：

俨似颜回陋巷，依然皃绎龟山。窗前翠霭常绿，岭上白云自还。

龟山云舍（张健绘）

附文：

梁观可龟山云舍

明·叶贵韶

忆开龙门，凿破灵龟巢。嫦娥之子，窃负东奔逃。
栝苍山阳，忽过洞天，鹤留作主宾，形势相为高。
揭来吐气三千丈煦妪，左右前后环周遭。
霸陵山人水雪操，长竿不掣沧溟鳌。
平生好结无心侣，怡然自得林泉豪。
抚摩龟背坐龟项，搴萝补屋临巇嶶。
山人耳息服吞气灵龟，呵嘘清淑来旋韬。

半闲浑浑不划限，一榻抵足无分曹。
春风披拂茧丝缕，溶溶裔裔谁释繸。
晴空摇曳小鸾绮，拟制华阳霓素袍。
巃屼森列夏忘暑，轮囷郁纷冬睡帱。
卷帘徙倚笑苍狗，岸帻踞看海涛寻。
玉马旋斡斗牛转，青化铁骑追逐风。
雷号汝本无心，更骚吾独晏寂怡。
不劳便须收拾归，橐钥乾坤粒粟，
那容舢融融绰绰。彼此相蕴藉，
六合无丙孰贬褒。小往大来成泰交，
娇婴婉婉衍衍，同嬉遨遰，
龄通籍老笺府秋霜。迥迥眉闲毫家园，
梨栗足盘饤金浆。岂敌松叶醪呼龙聊，
复畊烟晔玉芽茁。暖如沃膏孚尹凝结，
盖龟顶五城十二楼，参翱闻君，
久已缚住一团坚且牢，倘能分我持寄，
盈咫并州刀。

（清光绪《宣平县志》）

清光绪《宣平县志·梁观可龟山云舍》

次答叶贵韶梁观可龟山云舍

明·梁浡澜

山入初构栖幽巢，排青凿翠精灵逃。
飞鸢翘望岩岫忱，孤鹤清唳天风高。
天风荡尽眯目壒，清凉普覆来旋遭。
擘絮吹纶夜混沌，散作甘露滋金鳌。
忽来云外友清溪，仙子诗中豪近闻。
逍遥八吏隐胸中，磈礧森层鼟摛辞。
时吐白霓焰忱国，曾授黄石韬鸿章。
掷我婗圭壁凭几，朗诵惊群曹昆岗。
英采大璞扶桑瓮，盎抽长缫夜光照。
白衣缕焜煌光浣，将军袍复有剪水。
快并股欲分游丝。华锦帱即呼屏翳，
相持赠化作万顷。雪翻涛只宜谈笑。
□□柱笏共怡悦，莫触灵霆生怒号。
知君枉顾思萧骚，欲偕访道无辞劳。
登岩角鹿奔作骥，渡涧鬐鳞浮挟舠。
纷纷郁郁袭裙袂，于我浮云岂辞褒。
无心舒卷纵变现，无迹往还任游遨。
四壁空虚自生白，墢埃净尽无纤毫。
断崖抉髓具珍供，刺泉流液输琼醪。
持觞一酬契九皋，叹息人世如燃膏。
愿起两贤，从龙作霖雨，冀群高举相追翱。
长令佳气，郁郁成荫覆，弗使阴黝，幕幕相笼牢。
聊持此意蹴芳武，请削瑕翳直淬，
兔颖为铦刀。

（此诗疑缺两字，载清光绪《宣平县志》）

第四节 奇观异迹

试剑石

　　试剑石奇迹位于梁村东1公里处。山上多岩石，山尖中裂数十米，宛如神剑所剖。清光绪《宣平县志》载："试剑石在梁村渥山桥东，相传叶法善试剑于此，上锐下圆，中半裂，周环空缝可丈许。"叶法善（616—720）字道元，括州括苍（今浙江松阳）人。唐代道士、官吏。有摄养、占卜之术，历高宗、则天、中宗朝五十年，时被召入宫，尽礼问道。睿宗时官鸿胪卿，封越国公。他无病而终，享年105岁。相传，叶法善曾修道于丽水少微山，在青田县太鹤山也留有试剑石。

清光绪《宣平县志》试剑石

试剑石景观

水柱

明成化《处州府志》之灵异门载："水柱，在懿德乡梁氏所居，其地有小溪。宋绍兴癸酉夏，中流涌起，高二丈余，若柱。是年，梁安世请于乡，甲戌登科。至咸淳癸酉，复然，梁泰来请于乡，甲戌亦登科。"

梁村之水柱，可谓祥瑞之象，因有族人梁安世中举登科之先兆。巧合的是120年后，水柱重现，梁氏后人梁泰来亦中举登科，乃人间奇绝之事。

明成化《处州府志》灵异水柱

然实地观察水柱灵异之所，应是自然现象。此处为深潭，上有二十余米峭壁，水流落差高，且有婉转走向，有时遇有大水，冲力加大，聚水而弹,皆为外力所致。

清梁村人梁儒望作《水柱》诗：

> 中流涌柱溢沧澜,此处休征几度昌。
> 激声雷霆鱼变化,波湍沙穴凤翱翔。
> 高冲飞瀑明珠耀,倒泻洪泉曲水香。
> 毕竟钟灵频毓秀,渥川依旧发其祥。

(清光绪十七年《渥溪梁氏宗谱》)

丙星化羽

丙星亭,在梁村渥山。相传,宋季梁村人梁之焱(1235—1283)一日闲坐丙星亭,忽然看见不远处有一羽衣飘然、道骨仙风的老人朝他走来。梁之焱挽留老人在此做客,与其饮酒畅谈,甚为投机。至深夜,老人急欲道别,梁之焱盛情挽留再三,老人说:"明年的三月三日,我定当前来赴约。"等到约定的那一日,只见一只仙鹤在丙星亭的上空鸣叫盘旋。梁之焱见状,立即沐浴更衣,盘坐以待。于是作偈语曰:"来如如去,亦如如无,不如如遂。"端坐闭目,逝于丙星亭中。乡人都说仙鹤是一年前的道人所化,梁之焱乘鹤升仙了,一时传为乡间美谈。清光绪《宣平县志》载其事。

清光绪《宣平县志》梁之焱

第七章

古迹风物

第一节 庄址变迁

作为千年历史的渥川古村，无数梁氏先人各种活动留下的遗迹，成为今人缅怀的物态载体。渥川古村的古遗迹极为丰富，有民居、别业、书院、祠堂、寺庙、碉堡、作坊、沟渠、街道等各类建筑残迹。随着千年历史的滚滚车轮，大多古遗址湮没已久，有的则沦为渥山梁溪两岸的废墟。所幸《渥川梁氏宗谱》详载了村落中曾经的辉煌。

清光绪《渥川梁氏宗谱》"历代杂事"

渥川村落旧址，原在现梁村东北方寺根一带，始建无考，最晚当在五代。

北宋年间（960—1127），寺根原呼朱村（即今小梁村一带），水门外一带山沿，皆为朱姓屋宅。宋绍兴（1131—1161）年间，朱村有朱二公之子大荣、大贵、大富、大显兄弟四人无赖，杀害同里郑世高家七口、潘文友家四口，又杀害自家家小八口，遂将自家房屋九座，一把大火焚毁殆尽，兄弟四人也自刎而死。

小梁村古村落遗址全景

朱二公惊骇万分，携老妻遁走外郡，后遇皇朝大赦归家。因年老无力重建家园，遂将全部灾后屋基出卖给渥川梁氏五世祖宣义郎梁孚先、主簿梁天将、致政梁师锡、评事梁孚惠兄弟。朱二公深感四子罪孽深重，将所卖银两，并募缘善款，独自买田建造梵兴寺，谢罪祈福，回报乡党。梵兴寺规模宏大，逐层铺设殿阁，侩鑫大门直通路口。之后六世祖运使安世又建宝藏经，并建词堂于法殿之右，祀先世宗祖。当时寺僧甚众，有寺田三百六十丘，名曰和尚迭，又渥山有和尚竹园，毁于明正统年间。寺前造住屋，故名"寺根"，今呼"小梁村"。

小梁村之名，见于清光绪《渥川梁氏宗谱》卷之八："明伦，葬小梁村，坐北朝南；夏氏，葬小梁村寮后，坐北朝南。"

据文物部门调查，小梁村面积约3000平方米，遗物出土较密集区约1000平方米。据称，在20世纪70年代平地造田及80年代造乡间公路时，均有大量的瓦片、石构件、木料残段等建筑材料遗存，并出土一只小石狮，后又被埋入土中。

小梁村古村落遗址在当地有名声，梁氏宗谱有记载。其地为北靠山坡

小梁村古村落遗址房屋墙基遗址

的较高地。现仅见有一道似为院落后天井的墙（或驳坎），并有一池塘，其中一块近圆的岩石，当地称为"饭甑"，据观察应为院落后池塘并置石景观。其西南约10米处有一高层位住房的墙基。

梵兴寺寺门之右有叶天师殿，故其山名"殿坳"，殿圮于清康熙三十六年（1697）。寺根梁氏宅院有大厅一座、本村新宅一座、下宅一座，其柱磉俱雕荷花瓣，大柱、大梁俱大二围，寺根久圮。新宅底圮于康熙初年，下宅圮于康熙二十三年（1684）。

新宅之屋富丽堂皇，其规制俨然公侯府邸。新宅共有六十余个房间，栋高二丈九尺，共四进，每进二十间；新宅之鼓大于簸箕，高可及肩；其槌长三尺，人立凳上，击之声喤喤然。至清康熙二十年（1681），尚存下渥有太傅公行祠，寺根人香火。徐庄桥头有仁烈章侯庙，顺宅有李八相公殿，苗桥有昭灵陈相公殿，余岭头、花楼凸两处有穆四公殿，丁公岭头亦有太傅公行祠，皆徐庄、张村、陈宅、朱村、郑弄底人香火。

豫章岩上，有广道侯庙。每年六月，上岩迎至殿中，各家致祀。八月十三日，请梁太傅公看演戏一夜，十四日送归；十五日，庆祝太傅公圣诞辰，殿中旧石香炉形如莲花，现在李八相公殿，基层埋土中已久，忽有天降神于殿庭，引导族人挖掘供奉在梁太傅庙大殿。

以上故事均载清光绪《渥川梁氏宗谱》。

第二节 渡桥济川

　　栝苍一脉，山重水复，路转峰回。古渥溪穿村而过，先民常以石为踏，谓之"矴步"。然遇春夏之交，雨泽过多，溪流骤涨，建瓴而下，矴步或冲毁，或淹没，行人望洋兴叹。由是，梁氏先人各随地势，徒杠舆梁，支木架板，行人通济如坦途。每每建造渡桥，或廊桥，或石桥，所费资金非平民人家所及，常常仰仗于乡里殷户善人矣。渡桥既成，历代呵护，屡坠屡修，乃为传承美德之训。至今日，梁溪之上，尚存渥溪桥、河桥、同春桥、神仙桥，久经风雨，屹立蔚然。尤其渥溪桥、河桥，荣膺市、省文保，诚为历代善士之实物鉴证。

渥溪桥

　　渥溪因桥跨"渥山之麓下泻，在两崖相距中澎湃"的渥溪，故名。宋大观年间（1107—1110），梁旗七世孙梁侅始建。渥溪桥明朝时维修三次。现村桥东西走向，为清康熙四十八年（1709），里人梁祚璇重建。桥长17米，单孔净跨9.8米。面阔3.3米，矢高6.1米，有廊屋7间，立木柱，盖青瓦。桥型仍保持宋代建筑物风貌。

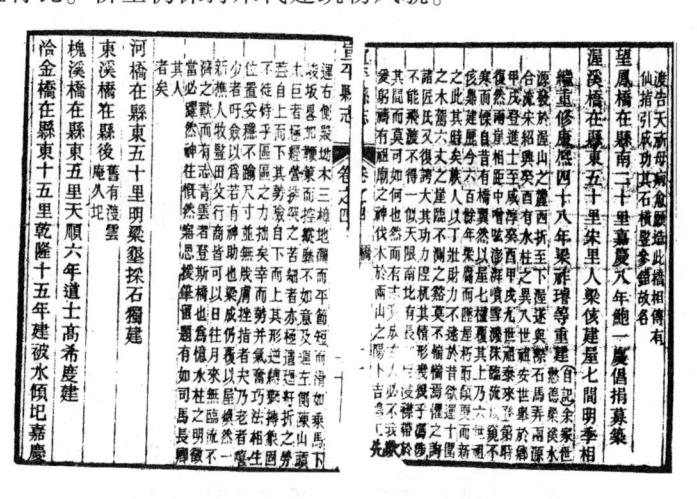

清光绪《宣平县志》渥溪桥、河桥

　　清光绪十七年（1891）《渥川梁氏宗谱》详细记载了渥溪桥来历及历

代修缮情况：

渥溪大桥，在村东。
宋三隅官佽公建。
明处士柏楠公、垌公、坦公重修。
康熙已丑（即康熙四十八年，1709年），仕汤溪县学教谕祚璇公捐资，绣公助银十两，众助工力重建。

又清光绪十七年（1891）《渥川梁氏宗谱》载：

渥溪石桥，在村东头。嘉庆已卯（即嘉庆二十四年，1819）重建，其董事督工人等，所捐银钱多寡，俱桥上匾记载。
总理：倬、翼清；
首事：为杞、企度、宰国、谔、满、畦、儒望、儒珍；
督理：维波、亦商、惟善、北海、石甫、凌虹、伯龙、伯盈、宗圣、细根、伯五、为模、红娲、连魁、四龙等合村捐资建。

清梁村人梁毓俊作《渥溪桥》诗：

青峰夹岸水迢迢，几度重修构石桥。
画阁数间笼夜月，飞虹一道锁溪腰。
洞门半浸中流浚，砥柱频通去路遥。
司马倘教经渥涧，升仙妙句任题标。

清梁村人梁毓贤有《渥溪桥》诗：

渥水从东来，两岸青山抱。屈曲绕村边，春夏波浩浩。
非无旧圮存，年深苦摧倒。毅然图更新，凿石复再造。
上更建翼亭，亦非徒草草。装塑文武星，冕旒披华藻。
赫赫著声灵，时时偿祈祷。护民兼护桥，长为吾村保。
仁看水柱祥，即时浮溪岛。

又清梁村人梁廷祐有《渥溪桥》诗：

两岸青山峙，中流水柱成。同心谋久计，鞭石费经营。
半月浮波急，长虹夹道横。清溪通惠泽，迎送便人行。

以上诗作均载于清光绪十七年（1891）《渥川梁氏宗谱》。

又清光绪《处州府志》载："渥溪桥，县东五十里。宋里人梁俟建屋七间。明季，相继重修。康熙四十八年，邑人梁祚璇重建，自为记文，不载。"清光绪《宣平县志》也有相同记载，并有梁祚璇的《桥记》，详载渥溪桥的建桥缘由、历次修建情况，尤其详细记录了清康熙四十八年重修渥溪桥的艰难历程及重大意义：

余家世懿德，梁溪水源发于渥山之巅，西折至下渥，遂与漈石、马弄两源合流。宋绍兴癸酉，有水柱之异，六世祖安世举于乡，甲戌登进士。至咸淳癸酉、甲戌，十世祖泰来登第，时复然。两崖相距中，噌吰澎湃，喷雪溅珠，临渊以窥，不寒而慄。自昔有桥，翼然以屋七楹覆其上，乃七世祖俟鼎建，历今六百余年。梁腐而坠，屋朽而倾，更而新之，此其时矣。顾族人以丁壮不逮于昔，财力远逊于昔，欲运十围之木驾六丈之岸，临不测之溪，莫不惴惴焉惧之。询诸匠人，又复夸大其工程，臬兀其情形，几几乎凭涉不能飞渡，不得一似天限南北，有长江巨浸襟带于其前，而莫可如何也。然有志者事竟成，古人之言必不我欺。爰恭祷祖庙神祠，伐木于两山之阳，卜吉鸠工，先运右侧殿坳木三章，地阔而平，节短而滑，如乘马下峻坂，略加鞭策，而控纵靡不如意。及运左侧陈山头木巨者，极经营惨淡之苦，亦极迂回百折之劳，盖自上而下，其势险；自反而平，其形逆。缚狮搏象，固不徒恃乎？区区之勇矣。为之，发踪指使，登高疾乎，巧法相生，幸而心齐气奋，安放稳妥，不失尺寸，并无伤及肌肤者，乃老者嘻，少者吁！佥谓若有神助也。六梁既成，横木架板，仍覆以屋，巍然焕然。聿观厥成，而樵夫、牧竖、田父、行商，皆可以朝暮往来，无临流不济之叹。其有志青云者，登斯桥也，为忆水柱之明征，当必跃然神往。慷慨寤思，援笔留题，有如司马长卿（即司马相如）其人者矣。

康熙己丑五月十七日记。

自后乾隆二十六年，因大梁霉烂二条，虽未大坏，将来日深月久，遂有鞭长不及之忧。族人合力同修，砍伐陈山头大松木二株，折修仍复其旧，董事祠首紫祥、世仪、廷宣、大器纠募众力以成其事。此记。

渥溪桥修复前

渥溪桥今貌

河 桥

河桥坐落于梁村西侧约 100 米处的渥溪上,是一座三折边单拱石桥,建于明嘉靖二十一年(1542)。清光绪《处州府志》载:"河桥,县东五十里。明梁恳采石独建。"

清光绪十七年(1891)《渥川梁氏宗谱》载:"河桥,在村西。处士垦公建。桥石刊记珩公建。"梁垦(1421—?),字允启。渥川梁氏第十六世孙。高高祖梁埜,高祖梁铺,曾祖梁渐,祖父梁桂櫺,父梁煌。少历艰辛。长大后为人豪爽,克勤克俭。宣慈寇变,客居处州城内三载。寇平后回故里,居庐鼎新,产业倍增。出资采石建河桥,以便行旅。娶同邑钱仓林氏(1421—?),生一子梁元镊。

河桥桥面

河桥东西走向,全长 11.27 米,宽 1.73 米,高 3.1 米,净跨 11 米。河桥桥台由块石、卵石混合砌筑,桥拱架呈八字形,斜拱用并列三根扁长条石,拱顶安置桥面石板,折边之间以横锁石联固,桥面分节三列四块石板铺设。桥石板北侧壁刻隶书阳文"嘉靖壬寅年里人梁□造"。河桥是浙南山区常见的八字撑石桥,其特点是桥脚像八字支撑桥面,桥脚上不砌侧墙、填肚,以利于宣泄洪水。这种桥梁适应山区小溪众多、易于暴发山洪的地区。据专家称,在莲都历代八字撑桥梁中,河桥的时代最早,最具有山区桥梁代表性。2004 年被公布为丽水市文物保护单位。2011 年 2 月 14

日，为浙江省第六批公布省级文物保护单位。

独石桥

  独石桥（土名"神仙桥"）位于梁村东北侧0.5公里处寺根（即小梁村，又呼朱村），南北走向，建于南宋绍兴年间，横跨于山谷水溪之上。由桥台、桥面石二部分组成。清光绪十七年（1891）《渥川梁氏宗谱》载："独石桥，在寺根。宋处士高轩桧公建。又云运使安世公建。"

  桥北的东侧为宋代小梁村遗址，现已湮没，但尚有遗迹可寻。巨溪—梁村古道越此桥而行。

  桥台：小溪两岸以块石垒砌成桥台，无浆砌痕迹。桥面台：独块巨石横置桥台之上，构成独石桥。巨石长5.5—5.65米，宽1.35米，厚（中部）0.7米，矢高3.9米。巨块桥面石略呈S形，因而使桥面略呈弧拱形。其石北端有两个方孔，南端有一圆形小孔。

  据载，独石桥始建于南宋绍兴年间（1131—1162），沿用至今。是以前梁村—巨溪古道的必经之处。由于该桥的巨石桥面重至10吨以上，乡民认为非人力能架此桥，应是神仙架设的，故称为"神仙桥"。

独石桥桥面

同春桥

同春桥与河流下游的桃花桥、河桥都属于同种类型的桥梁，此类桥梁在莲都区较为少见。同春桥是巨溪—梁村古道的必经之处，历史悠久。

同春桥位于老竹镇徐庄村北侧约 100 米处，系八字撑石桥，建于清代，东西走向，桥全长 8.3 米，净跨 6 米，高 4.4 米，桥面宽 1.3 米。

河桥横亘于山中小溪上，桥墩分别为三块条石斜插在两侧桥基上，下横置一条石，桥墩上横置一条石，用于衔接桥身。桥身分三段，中间一段平铺，两端各有条石斜接在桥墩上的条石，无铆接，直接利用条石间的摩擦来固定。桥面由四块条石平行铺成，桥面南侧阴刻"同春桥"三字楷书。

经区文物部门鉴定，同春桥结构合理，斜撑石上不砌填，有利于宣泄洪水，具有一定的科学、艺术和文物价值。

同春桥

新岭桥

梁氏先人建有二座新岭桥。清光绪十七年（1891）《渥川梁氏宗谱》载：

新岭桥二所，一在双坑口，一在秤锤岩下。明处士文煦公建。

清光绪《渥川梁氏宗谱》卷十载清梁毓恺作诗《新岭》：

嵬嵬峻岭若屏缦，直上山岭更有山。
四面高峰烟雾密，置身恍在白云间。

新岭桥

沈堰桥

清光绪十七年（1891）《渥川梁氏宗谱》载："沈堰桥，明处士垌公、坦公建。"

第三节 亭台楼阁

古人云："名山无恙，胜地不常。"每逢尘劫战事，园亭台榭半付劫灰，即使留存者，亦难以保存往日形制之全。笔者稽考各版本郡志、邑志，择而载之，俾登临凭吊者有所指证附见，游山玩水者可参考，以证古渥千年底蕴之不虚也。

丙星亭

清光绪十七年（1891）《渥川梁氏宗谱》载："丙星亭，在龟山背。宋处士主学先生之焱公建。"

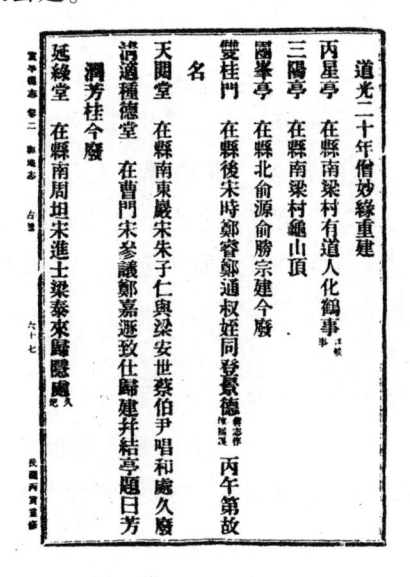

民国《宣平县志》丙星亭、三阳亭

清光绪《宣平县志》载："丙星亭，在梁村，道人化鹤事。"

又见清光绪《宣平县志》之逸事："明梁之焱坐丙星亭，见羽衣言貌都伟，留归，与饮夜将半，急欲别去，云'来年三月三日当复来'。至期，见一鹤鸣空中，之焱沐浴更衣以待，乃作偈曰：'来如如去，亦如如无，不如如遂。'瞑目坐逝。"

清里人梁儒望作《丙星亭怀古》（清光绪《渥川梁氏宗谱》卷十载）：

山环水抱树为屏，尚记先翁构此亭。
无复雕栏留胜迹，空留旧址想仪型。
仙踪自昔曾堪约，鹤唳于今何处听
惆怅寂寥荒境下，徒令顾庙识文星。

三阳亭

三阳亭，在梁村南龟山之巅，元梁之焱建。清光绪《宣平县志》载："三阳亭，在梁村龟山顶。"

白云堆

白云山，在龟山，梁钺别业。清光绪十七年（1891）《渥川梁氏宗谱》载："白云堆在龟山隈，元漕举进士、仕澧州石门知县钺建。"

清光绪《宣平县志》载："白云堆在龟山，元梁钺有诗。"

梁钺《龟山白云堆》云：

  白云堆，数椽茅屋龟山隈，中有老翁甘澹泊，无荣无辱心如灰，儗学希夸子，熟睡不闻雷。款门无俗客，扫径多荒苔。不愿排云以额扣阊阖，不愿笁云飞步凌崔嵬。但爱悠悠舒复卷，青山元鹤宜兼该。功名草露不足恃，流光石火行相催。白云堆，水皎皎，雪皑皑，六景变气候，寸田尺宅生灵胎。几见井梧坠秋叶，还看野草发春荄。有时扫云石上展棋局，有时望云箕踞中衔螺杯。膝上焦桐缺徽轸，匣中旧剑埋尘埃。倒冠落帽真悠哉，樵歌牧唱谁嫌猜。短发萧骚半垂领，行住起卧云相陪。夜眠云作被，春衫云剪裁。朝出云相从，暮归云复来。此老龙钟逾九十，一生常与云徘徊。

         （载清光绪《宣平县志》）

清梁村人梁儒林作《白云堆》诗：

  云去堆常清，云来堆忽白。无心云去来，中有卧云客。

又清梁村人梁大器作《白云堆怀古》诗：

  云坞怀先宅，高风杳莫攀。龟山深隐隐，渥水响潺潺。映槛岩花静，侵阶野草闲。春风吹旧址，远树弄绵蛮。

清光绪《宣平县志》梁钺《龟山白云堆》

又清梁村人梁立功作《白云堆》诗：

氤氲重叠绿荫丛，隐隐楼台曲径通。何处钟声疑远近，几家烟火认朦胧。深藏鸟语龟山北，半露松林渥水东。策杖丙星亭畔眺，晨昏人在白云中。

以上四首诗作均载于清光绪十七年（1891）《渥川梁氏宗谱》卷十。

亦好轩

亦好轩，在梁村龟山，始建于南宋，为宋进士、渥川梁氏八世孙梁泰来的读书修身之别业。清光绪十七年（1891）《渥川梁氏宗谱》载：

亦好轩，在远堂山下，宋咸淳进士、仁海县尉泰来公建。

梁泰来有《亦好轩书室》诗云：

人在远堂山下居，家有远堂堂上书。阶苔帘草意自如，有书可读山可庐。人于富贵不可足，我于贫贱乐有余。相逢休问我何好？亦有好处人未知。一池斗大泉可掬，一坡掌平数丛菊。菊吾金，泉吾玉，何用封候万钟粟。君不见，孔门乐处无日无，疏食饮水肱常曲。

诗载清光绪《宣平县志》。
清光绪十七年（1891）《渥川梁氏宗谱》载梁泰来《亦好轩诗》：

不出门庭动月余，自治花竹伴幽居。晓窗得句腹为稿，午榻惊眠手落书。为树异枝针朽蠹，因蔬去草饵馋鱼。客来亦道林泉好，蜀子云亭诸葛芦。

玩月楼

玩月楼，在梁村，清光绪十七年（1891）《渥川梁氏宗谱》载梁毓贤《玩月楼》诗：

雅羡清辉建小楼，每逢月夜乐间游。纱窗漏影移高枕，竹箔筛光下碧瓯。双眼凌云同皎皎，一轮悬镜更悠悠。置身恍在蟾宫内，且听霓裳奏也不。

清光绪十七年（1891）《渥川梁氏宗谱》载梁毓才《玩月楼》诗：

添得南窗景色幽，乘兴载酒上高楼。良宵对酌成三饮，骚客何须秉烛游。

竹筠轩

竹韵轩，在梁村，清光绪十七年（1891）《渥川梁氏宗谱》载梁毓贤《竹筠轩》诗：

幽轩砌下植筼筜，为报平安到草堂。

千干浮筠中抱质，一园密篑内含章。
青莲几席琴书润，绿满阶除户牖（牅）香。
华实兼储欣不俗，此君相映竹方床。

克复堂

克复堂，在梁村龟山，为梁祚璇别业内。清光绪十七年（1891）《渥川梁氏宗谱》载梁祚璇有《克复堂铭》存世：

披枝惜本，饮水思源。祖功肇迹，孙谋复原。
劈除荆棘，平治丘园。架之梁栋，环以墙垣。
滋培兰桂，树植椿萱。暑堪荫木，冬足迎暄。
地形广厚，山境高骞。经营种种，长发元元。

味道轩

味道轩，在梁村龟山，为梁祚璇别业内，为梁氏书房。清光绪十七年（1891）《渥川梁氏宗谱》载梁祚璇《味道轩铭》：

大道无象，至味可寻。匪悦其口，在知以心。
乾坤翕辟，日月升沉，烟云出没，风雨贞淫，
清黄碧绿，飞跃悲吟。时行时止，自酌自斟。
餍饫众妙，沐浴素襟。徒贪醉饱，空隐竹林。

清光绪十七年（1891）《渥川梁氏宗谱》载梁祚璇六世孙、梁世荣玄孙、梁大观曾孙、梁畴孙、梁儒珍子梁毓才《味道轩》诗：

忆昔我先翁，经史胸罗抱。含英复咀华，诗文载旧稿。
龟山结草亭，轩颜传父老。至味可自娱，天道兼人道。
烟霞是画图，泉石皆文藻。鸟啼山客眠，花落家童扫。
琴书得趣多，园林风景好。此中有名世，狂澜回既倒。

师古阁

师古阁,在梁村龟山,为梁祚璇别业内。清光绪十七年(1891)《渥川梁氏宗谱》载梁祚璇《师古阁铭》存世:

借古为鉴,分别妍媸。以心作衡,厘定公私。
不学无术,自我得师。羹墙如见,瘝瘵通之。
画虎类狗,病在于欺。胶柱鼓瑟,患涉于痴。
随时拟议,逐事推移。规矩生巧,经权出其。

又清光绪十七年(1891)《渥川梁氏宗谱》载梁畔《师古阁怀古》:

幽居最爱白云巅,祖作孙谋复任迁。
半亩膏腴绳旧业,几联韵语仿前贤。
风生竹径春常在,花落砚池色自鲜。
山鸟多情啼不住,声声唤醒五更眠。

乐天斋

乐天斋,在梁村龟山,为梁祚璇别业内。清光绪十七年(1891)《渥川梁氏宗谱》载梁祚璇有《乐天斋铭》存世:

空空者佛,元元者仙。万理皆实,二氏弃天。
惟贤希圣,惟士希贤。穷通任运,仕隐随缘。
公无逋赋,私无债钱。游心经史,纵目山川。
不为利诱,不以情牵。俯仰自得,胸次悠然。

醉山轩

醉山轩,在梁村梁大观故宅,清乾隆年间建。清光绪十七年(1891)《渥川梁氏宗谱》载:"(梁大观)晚年又建闲居屋一座额曰醉山轩。"

清光绪十七年（1891）《渥川梁氏宗谱》有梁甸《醉山轩和培九弟韵》：

> 性拙闲无累，家贫客不侵。卜邻山绕屋，庇我树成阴。
> 夜问樽中酒，朝挥几上琴。此身无外务，习静复长吟。

清光绪十七年（1891）《渥川梁氏宗谱》又载梁畴《醉山轩》诗：

> 卜筑傍山林，免教俗虑侵。开轩延树色，乘醉卧花荫。
> 淡及杯中月，清弹几上琴。晚来霞掩映，摇岳动酣吟。

清光绪十七年（1891）《渥川梁氏宗谱》又载梁儒望《醉山轩》诗：

> 结构傍山林，高阳不许侵。酣他云是伴，醉我树成荫。
> 有客泉为酒，无人鸟弄晴。何须倾一斗，自有百篇吟。

清光绪十七年（1891）《渥川梁氏宗谱》又载梁畴孙、梁儒臣子梁毓贤《醉山轩尊祖西圃公原韵》诗（西圃，即梁畴号）：

> 醉我是山林，凡情不受侵。凭栏酣月色，对榻酿松阴。
> 宴客非关酒，醒人止在琴。提壶花里鸟，休向此轩吟。

梁氏古宅"润晖"门楼

松韵轩

松韵轩，在梁村，清光绪十七年（1891）《渥川梁氏宗谱》载梁毓贤《闲居曾祖少亭公原韵》诗（梁毓贤为梁大观曾孙、梁畴孙、梁儒臣子。少亭，梁大观号）：

相承堂构渥溪西，轩号松韵手自题。
皇祖居然成吐凤，吾曹未获学谈鸡。
诗师李杜终难肖，字仿钟王欲与齐。
满幅珠玑皆得意，争看浩气若霓虹。

心远斋

心远斋，在梁村东堂底，清光绪十七年（1891）《渥川梁氏宗谱》载梁品芳《心远斋四景》诗：

西园修竹

高轩翰墨隔尘泥，地辟菊泉碧黛迷。
鸟道曲通花径外，书声朗诵竹林西。
绿阴过雨娟娟净，翠筱含风冉冉齐。
更有松梅三益友，好携斗酒听黄鹂。

东岭乔松

亭亭桢干拂青空，不用秦封望亦崇。
鹤垅朝烟浮柳色，龟塘夜雨吼松风。
凉生九夏沉云黑，暖向三冬漏日红。
试问十年谁树木，长材蔚矣出碚𥕢。

花堤霁月

比比盆花曲曲堤，时来明月照晴蹊。
调琴韵叶阳春律，展卷光争太乙藜。
梓泽不离云屐外，峨嵋却近草堂西。
山斋丙夜村声静，信口哦诗自品题。

石磴光风

地阔天宽墅趣闲，莫教风月落空山。
澄清潭影谦冲色，平远山光蕴籍颜。
春入莺花从赏玩，秋深梨枣待搴攀。
迂回石磴层层上，我欲振衣千仞间。

半岭亭

清光绪十七年（1891）《渥川梁氏宗谱》载："半岭亭，在新岭。明迪功郎应期公次子一鸿公建。"

清渥川梁氏尚璧有《新岭》诗：

三岩苍翠逼天来，新辟蚕丛万壑迥。
涧水有声分壁泄，野梅无主向塘开。
浮云古木含青霭，拔地修篁掩绿苔。
领略烟霞归路晚，恍疑身已过蓬莱。

中和亭

清光绪十七年（1891）《渥川梁氏宗谱》载："中和亭，在村口。明处士坦公与众同建。久圮，今族人改为社仓。"

雾岭亭

清光绪十七年（1891）《渥川梁氏宗谱》载："雾岭亭，在老竹界。明迪功郎应期公长子一蛟公建。"

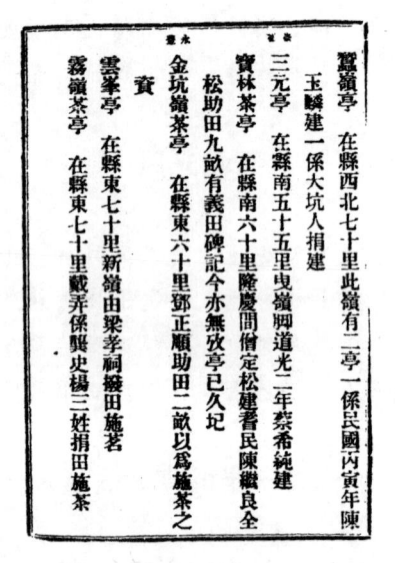

清光绪《宣平县志》雾岭亭

又清光绪十七年（1891）《渥川梁氏宗谱》载："乐善亭，即雾岭亭。乾隆六年，处士世济公、世仪公、大缙公、庠生廷宣公、大钦公、准公、乔公改建横列三间。

"因年久日深，朽蠹倾颓，国学生讳畴、字培九、号西圃公于嘉庆廿一年岁次丙子，独捐己资重建。"

清梁村人梁毓俊有《雾岭亭》诗：

路入珊溪构小亭，两山翠峡雾冥冥。
有人憩息凭栏眺，疑是云梯此处经。

清梁村人梁毓贤有《雾岭亭》诗：

雾罩人去路，幽亭影半露。童叟那得乘，龟度凭石歌。

以上诗作均载于清光绪十七年（1891）《渥川梁氏宗谱》卷十。

云峰亭

云峰亭在新岭，由梁氏拨置亭田，供亭中设茶招待来往过客所用。民国《宣平县志》载："云峰亭，在县东七十里新岭。由梁孝祠拨田施茗。"

走马亭

走马亭，在梁村村西南郑坑前往周坦的走马岭上，清光绪十七年（1891）《渥川梁氏宗谱》载："走马亭，在走马岭，今改为承志亭。明迪功郎应期公次子一鸿公建。"

增福亭

清光绪十七年（1891）《渥川梁氏宗谱》载："增福亭，在云峰寺下芝麻地。光绪二年，伯喜公与众同建。"

半山亭

半山亭，在梁村秤锤岩。清光绪十七年（1891）《渥川梁氏宗谱》载："半山亭，在秤锤岩上。明迪功郎应期公四子一鹄公建。"

少憩亭

清光绪十七年（1891）《渥川梁氏宗谱》载："少憩亭，在村西一里，康熙元生公、绣公、正荣公建。

"雍正六年，祚璇公同众重建。

"咸丰三年，孝祠重建。"

承志亭

承志亭，在梁村西南周坦村。清光绪十七年（1891）《渥川梁氏宗谱》载："承志亭，在周坦界，乾隆元年，庠生圣渲公承父志捐建。"

杨岭口亭

杨岭口亭，在梁村杨岭口。清光绪十七年（1891）《渥川梁氏宗谱》载梁毓俊《杨岭口亭》诗：

垂杨谷口夹峰青，未入山林便有亭。
欲上云程去路杳，好从此处暂留停。

第四节　书院义塾

书院之名，始于唐代。宋时，处州各县始立学院。宋淳熙间，渥川梁氏安世设远堂书院于龟山之远堂，为丽水民间早期书院之一。在1000余年的历史长河中，梁氏先人，前赴后继，设书院，开义塾，教化族中子弟，兴士重教之风，闻名处郡。正所谓学校以士重，士亦重于学。

梁溪义学

义学也称"义塾"。中国旧时靠官款、地方公款或地租设立的蒙学。对象多为贫寒子弟，免费上学。一般来说，义学主要是从事蒙学教育，从学者均为15岁以下的少年儿童。教育内容主要是识字写字、读书作文、学算等，并兼有伦理教化之功能。义学是古代乡村营造求知氛围、普及启蒙教育的最好途径。

梁村创办义学，历史悠久，最早可追溯到宋代善士梁侅（1153—1234），在渥川至东北山坳建义塾，延师教授族中子弟，渥川文风由此兴盛。清光绪《宣平县志》载："梁侅创立义塾，延师训族中子弟"，他还扩大招生范围至邻村,"各乡就学者皆廪给焉"。

渥川梁氏义塾之风,一直延续至清代,重教之风成为邑中之典范。清康熙五十五年,宣平知县张廷佑经上宪首肯,设立义学,敦请渥川梁祚璇暂假郑氏书馆,俟择地重建义塾。(见清光绪《宣平县志》)

远堂书院

远堂书院,在梁村远堂山。清光绪十七年(1891)《渥川梁氏宗谱》载:"远堂书院,宋绍兴甲戌进士、运使安世公建。"

三阳书院

三阳书院,在梁村,建于元末明初。清光绪十七年(1891)《渥川梁氏宗谱》载:"三阳书院,在龟山之西,元浮澜公,字观可,号三阳居士建。"

学易书院

学易书院,在梁村水口。渥川梁氏梁毓俊《学易书院》诗云:

> 为构书斋傍水阿,明经造士足观摩。
> 丙星亭下春风蔼,留墨庄中化雨多。
> 联仿鹅湖培甲第,无殊尘洞聚文科。
> 登临恍见羲文在,象象爻辞好琢磨。

又清光绪十七年(1891)《渥川梁氏宗谱》卷十载梁毓恺《学易堂夏日即景》诗:

> 幽斋夏日可消长,帐外清风淡荡飏。
> 桃李丛中忘溽好,松筠池畔学书良。
> 惟与石磴披襟读,每向栏杆枕卷凉。
> 水槛如秋兰满室,诸童误报桂花香。

又清光绪十七年（1891）《渥川梁氏宗谱》载梁毓祥《学易堂梨花》诗：

堆雪琼苞赛洛阳，读残周易洗花妆。
不知冷月笼明月，疑是寒梅玉照堂。

留墨庄书院

留墨庄书院，在梁村水口，龟山之麓，梁溪之阴，清梁大观在学易书院旧址建。

清光绪十七年（1891）《渥川梁氏宗谱》卷一载："大观公，字学秦，号少亭，骏公次子，髫龄清俊，面似六郎。训蒙师曰：骏公此子定然跨灶他日，青出于蓝未可知也。果颖悟敏达，行文清新，十九岁入庠，治《周易》，遇试每居优等，馨名颇著。父逝业微，日需少缺克勤克俭，支持家业，扩充田园，处兄弟如金昆玉季，接宾朋款洽殷勤，敬族党和平无怨，中年身广体胖，已建龟山左麓大屋，一座额曰'履中堂'，与弟同居，不分尔我。晚年又建闲居屋一座，额曰'醉山轩'。又于庙前水口建书院，额曰'留墨庄'。可称克绳祖武贻厥孙谋。"

清光绪十七年（1891）《渥川梁氏宗谱》卷十载梁毓祥《留墨庄枇杷》：

帐外枇杷半似金，苍黄错落压墙阴。
蜡丸卢桔皆佳品，惹得南人唤到今。

清光绪十七年（1891）《渥川梁氏宗谱》卷十载梁文舟《留墨庄记》：

龟山之阴，水环抱焉，固梁境之川口也。吾曾祖在祖庙前，独筑一庄，所以为鼓励人材者计，使后人修其业，承其志，留其心。于缔造之艰难，庶堂构相继，他年瓣香翰墨，将于此始基。庄以留墨名，殆斯意欤？今将百年于兹矣。

徘徊四顾，堂额"学易"，教专经也；危楼百尺，窗棂四照，象通明也；方塘半亩，荷笔藻文，发泮水也。阶栏砌桂，竹有节而柏有贞，吾先人所栽培也。左轩临流，叠石为栏，仰观俯瞰鸢鱼皆天机也。如斯佳景，不一而足。然其东则渥水长流，水柱之征尚可复睹乎？其南则远堂焉，菊金泉玉之故墟，犹有存者。西望丙星亭，鹤唳不得闻矣。而北则屏山远映，文笔卓峰，后之人抚览流连，当有触物而兴怀者矣。

其或克修其业，承其志，朝夕啸咏其间，从兹蜚声翰苑，借枝桂林幸也，昔人固所深慰也。其或不克修其业，承其志，瓦破垣颓，有人去物，故之悲大不幸也，亦事无可如何耳。后有作者，必有感于斯文，是为志。

第五节　梵寺官观

古曰："文成五利，群尊太一之名；舍卫三乘，缘说无边之法。"志载，早在赵宋，渥溪梁佼捐建清宁道场。后梁氏又建雪峰、延福诸庵。更为难得，万山僻野，建文武二庙，实为括苍之朝圣之地。遥想当年，古渥山川间，梵宫精舍，殿宇恢宏；仙岩洞壑，若隐若现，堪称人间洞天福地。

关帝庙

清光绪十七年（1891）《渥川梁氏宗谱》载："关帝庙，在龟山左麓，丙星亭下，即水口。乾隆丁丑，董事庠生大履、大器、萃岳醵金公建。"

附记：

渥川梁族世最久，乡习最善。国朝雅化作人，沐浴于诗书礼教者，既深士读，农耕务民，义民神道，衣冠豪俊之伦，不堪枚举。岁丁丑乾隆二十二年五月，十三都士，咸集于渥溪桥上，庆祝关帝圣诞。虽有旧像，地甚衰焉。议建殿宇，梁君可久、立成、升远、嵩柱四人，素志尚义，倡首捐资，以领袖自任。相龟山之左麓，丙星亭下川，原佳胜，经营基址，后枕龟山，前临渥水，左连田陌，右倚巉岩，林木荫翳，水云霏霭，肯哉堂也。于是，命工庀材创建庙庭，尚坚朴虑久远。中塑帝像，冠冕巍峨，凛然面赤须长，庙貌聿新，永垂千秋，诚一乡之祀典，非矫举也。是腊，余适来于内兄学秦先生家，往览其胜，询始末，默想：至圣作《春秋》，以笔削而代斧钺；关公定汉鼎,以斧钺而当笔削,泗水解梁道若符节,惟帝浩然之气塞乎天地,炳如日星。方今都会、郡邑、坊廊、镇乡之人,谁不启建殿宇崇奉香烟,岂得以寻常淫祀谕哉。

珊溪俞开渭盥手记。

(清光绪《渥川梁氏宗谱》卷七)

清光绪《渥川梁氏宗谱》关帝庙

文武宫

文武宫,在梁村村西水口,梁太傅庙旁。今仅存基址。

清光绪十七年(1891)《渥川梁氏宗谱》载:

<blockquote>
文武宫,在村西水口。嘉庆己巳,董首涌、满、霞、江、安国、翼、清、畏、儒望、儒珍合村捐资建。

道光丁酉年,建议族长大贡,董事为杞、明韶、儒望、伯中、源长、伯仕、桂林、文赞、儒冠、毓贤合村捐金重建。

同治丙寅(即同治五年,1866),族长坛松同众重建。
</blockquote>

梁道院户亩分丘下开于后，太祖参三公助：土名河桥头下尖丘田一丘，计额一亩八分。

土名关山屋前田共十丘，计额三亩。土名河桥头田一丘，计额八分。土名石班另田二丘，计额一亩二分。土名道堂底田四丘，计额一亩五分。土名道堂底墺头溪边田圩地共二丘，计额五分。土名忤冢坑田四丘，计额八分。土名后埯田三丘，计额八分。土名路程溪沿田二丘，计额七分。土名郑弄里口田一丘，计额三分。土名渥山枫树凸下田六丘，计额八分。土名回内田二丘，计额八分。道院经堂屋后园地。

清嘉庆十四年（1809），渥川梁氏第二十六世孙梁畦（1753—1841）捐己基址，并与梁畏等倡捐银两，鸠工新建文武宫于庄中水口，欣然作《文武宫志》：

《曲礼》云：非其所祭而祭之，曰淫祠。若夫梓橦帝君与关圣夫子，依古以来，其享庙食也，不啻遍天下、满寰区，岂得以淫祠目之哉。我乡渥溪桥亭，旧有遗像，非一日矣。延至国朝乾隆丁丑岁，堂伯大履等相阴阳于村西龟山之麓，创建庙庭，颜其额曰"关帝庙"，每岁五月中浣三日，为关帝诞降之辰，进香帛，供牲醴，平时仰庇乞灵，络绎不绝。噫！可谓盛欤。越嘉庆己巳春，族之好仁乐义者，幸当今圣天子缵承大统，人文蔚起，神武迭兴，帝号王封之尊，各隆其褒赠，则文功兴武，备固耀人间也。于是蹶然兴起，推东圃等董其事，立志改造文武殿两进，以妥侑两帝在天之灵，彰别神祠血食之异。问基于畦，畦曰：庙后竹园，系我己业，即欢欣乐助，以为文昌宫万年基址，并乐输资银八两，认塑文昌佛像一堂，岂欲市德，亦聊伸诚敬而已。将见庀材鸠工，不日观成，巍然焕然，庙貌聿新，而岁时受享，更当覃敷阴陟，广钟忠精其福报岂浅鲜哉。是为志。

廿二十六世孙监生畦盥手敬志
（载清光绪《渥川梁氏宗谱》卷七）

是年，文武宫成，渥川梁氏第二十六世孙、贡生梁畏应族人之邀，也作《嘉庆己巳年重建文武宫记》一篇以示祝贺：

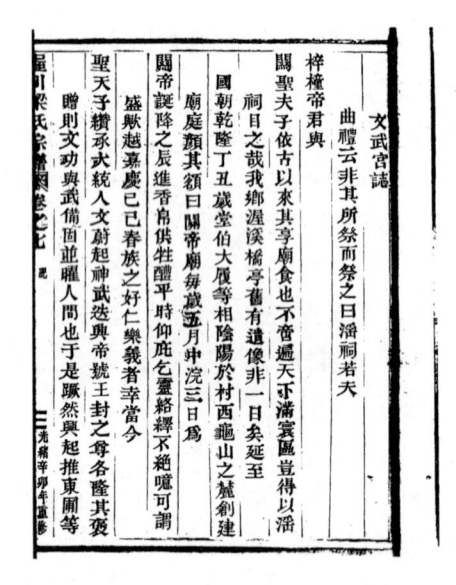

清光绪《渥川梁氏宗谱》文武宫

　　常闻人文蔚起，固藉夫地灵；贤哲挺生，亦关于神佑。故蜀祀文翁，用兆诗书之泽；吴奉子胥，能镇江浙之潮。维我渥溪，境称灵异，旧为君子风俗尚清，刚素秉正。人气水柱，开休征之兆，画堂隆捷报之奇。何莫非梓橦帝、寿亭侯默佑眷顾于其间哉。

　　原其初装圣像于渥溪桥上，越其后塑关帝于丙星亭前，乐善如大履、大器、萃、岳公者，不少概见也。然文昌与武帝，自直省以至镇乡，莫不奉崇祀典。

　　今吾乡百废俱兴，何独缺一而不举乎。所以合族抱怀靡靡，久欲改造两进，因基址不敷，区画未善，幸梅坡兄乐助庙后园基一块，又大贡叔仝弟亦助庙后园路一直，凑成后进基址。余于是偕族兄霞、满、涌、江、翼、清、安国、侄儒望、儒珍等，肩任其事，爰集旧基，商度规模，各输金以为倡，走合境而劝捐。伐木于豫章之巅，凿石于马弄之侧，始事于己巳三春，告竣于庚午九夏，重增神像，式焕宏规，敢称凤质龙章，祷神工于克就；聊幸翚飞鸟革，庆庙貌以更新。益以文昌之宿，辉联魁斗；武曲之星，明耀天都。权阴隲以量才，玉尺常悬；秉春秋而保国，赤心永贞。荐俎豆之馨香兮，春秋不替；仰神祠之瞻拜兮，颂祷惟处。将见英贤鹊起，雁塔题名，甲第蟾联，凤楼可举，岂非两帝在天之灵，气运福报之隆也哉！今援老笔，敢曰告劳，一以志前代之遗迹，一以志兹溪之灵秀，并望后之好仁乐义者复相继而修葺之，庶几文衡武备，将万古而维新云。是为志。

二十六世孙、岁进士畏盥手谨志

清道光十七年（1837），族长梁大贡、里人梁毓贤等组织重修文武宫，渥川梁氏第二十八世孙梁毓贤作《重建文武宫记附志》：

  稽之祀典，能捍大患、御大灾者，则祀之，为其功德及民者也。至于裨风教，振科甲，自古以来，莫若文武两星，其享庙食也固宜。吾乡曰渥溪，祖庙之下，丙星之旁，旧有文武宫在，为后于嘉庆己巳春，董其事者廓而大之，迄今岁月屡更，风雨摧残，栋宇倾坏，几乎不克复整矣。延及道光丁酉岁，族长大贡等，倡议重建，为杞、明、韶、儒望、毓贤等十余人各任其事，原因工程非小，捐输有限，议定并作一殿排列五间，文武两圣端塑一座，莫非省费易竣，坚固绵远而已。于是卜吉，命匠鸠工庀材凿石，俾旧者新、圮者整，榱桷为之朴斫，垣墉为之黝垩，大门为之丹臒，神像为之一新，俱赖众助以成美举，协力以勤厥功。庙貌焕然，祀典如故，不惟里闾增光，其获福岂有涯哉！爰为志。

二十八世孙庠生毓贤谨撰

清同治五年（1866），族长梁坛松等组织重修文武宫，渥川梁氏第二十八世孙梁毓荆作《重建文武宫志》：

  吾乡之有文武宫，由来旧矣。创于乾隆丁丑，广于嘉庆己巳，修于道光丁酉，历经凡百余载。至咸丰戊午，粤逆袭据郡城，乡里焚掠一空，而文武官亦委之灰烬矣。丙寅，粤逆远窜，合族士民，深慨夫庙庭被毁，基址久荒，牛羊践履，朝夕崇奉香灯将于何式凭乎。于是惶惶然，集族众为重建计，随捐祠租二百四十硕，募众力一百余工，踊跃赴事，计资度材，殊费筹画，幸栋宇墙垣焕然一新，较昔之寻废寻修者，应以是举为尤难。落成之后，伏仗圣帝在天之灵，假以默佑，将庙宇亿万斯年，与皇统同为久远，庇佑吾乡之生灵于无疆焉。

  时同治丙寅五年孟春月下浣吉旦。

毓荆成三氏盥手志。

　　议建族长：坛松；房长：为松；
　　董　　首：毓芹、叶清、思敬、崇虞、敏槐；
　　祠　　首：赓衡、碧玉。

清宁寺

　　清宁寺又称清宁庵，在梁村西南 2.5 公里处下官山，始建于宋代。清光绪《处州府志》载："清宁庵，梁村。里人梁佽建。"

　　又清光绪《宣平县志》载："清宁庵，在梁村。宋里人梁佽建。康熙二十九年，僧海禅重修。"里人梁祚璇有《清宁庵碑记》：

清光绪《宣平县志》清宁庵

　　天得一以清，地得一以宁。佛氏鼻祖一苇西来，传其教者，号不二门，不二可变恒河沙诸国，故佛教自一始。余乡花楼凸下地方圭平砥，与远堂山对峙，而屋（按：当为"渥"）溪环绕之潭深而清，径微而曲，苍松翠柏，拂云千霄，入其境者，窅然别有天地。庵曰清宁，乃宋绍兴间，族祖佽所建。至今岁积月累，倾颓日盛。顷有助僧海禅者，向檀那募树一本，锯而为楹若干，楣若干，其它木开枕之属，取诸枝干而有余。由是大殿、两庑、香积、方丈无不焕然一新。夫当木之在山也，雨以润之，日以暄之，大可数十围，高可数十仞，其为北宋物，南渡物，俱未可知。倘曲拳不中程，鬼火劫其腹，或埋藏大壑不可致，亦事之无如何者，故其地甚迩，其中甚坚，其才甚直，工师不能求，大匠不及斫，而海禅独募而致之。噫！异矣。海禅苦志焚修，又能迎养老母，迥非近晚缁流可并意者，木本永源，孝思感假，菩提有树，于此一显其奇乎？庵成，议颜其庵，未有定论，余谓之此一木也，天效地呈，得其旨，则一卷之山可现须弥，一滴之水可消万劫，一庵之小可使天长清、地长宁。昔人所以命名者，其义无殊也。众曰唯唯。爰记此以勒诸石。

延福庵

延福庵，在梁村西，始建于清顺治年间，今存。清光绪《处州府志》载："延福庵，梁村。康熙元年（改）建。四十八年，僧海禅修。"

清光绪十七年（1891）《渥川梁氏宗谱》详细记载了延福庵历代修建过程：

> 延福庵，在殿右水口。旧朝东，今朝北。顺治年间，僧人敬峰募一蛟、一鸿、一谔、一鹄、尚元、尚璧等鼎建。康熙己酉，僧海禅遗赀改造。本庵三尊坐莲佛像。先大人遗言三房祖婆各捐资雕漆装金。至太祖一鸿，拨田归庵，收储租课，择僧主持。原为佛前香灯起见，今太祖屏像，既已请入本庵屏内，开列生卒忌辰，寺僧至期，供奉香灯，不时检点毋至懈者。神前每日当用香末一炉，昼夜香烟不断，朔望亦应治斋忏拜。一则奉祀神灵，二则合境护福，三则遵遗命不负太祖拨田之诚意。特白。桂孙谨撰。咸丰辛酉，房长儒林同众重建。

延福庵田亩：

老竹地方土名黄畈田一丘，计一亩八分。

本村土名杨岭亭田一丘，计一亩八分。

又泉水埞田四丘，计一亩五分。

延福庵外景

延福庵梁架

破桑园田五丘,共计二亩一分。
太傅殿前田一丘,计六分。
徐村地二块并椿树在内。
一鸿公助入田亩:
本村垵坑口田四丘,计三亩,顺治十七年买。
第二坵田一丘,计一亩八分,康熙二年置。
以上户立僧佛芳户完粮。

清咸丰十一年夏，梁儒林等倡修延福庵，梁毓荆撰《重修延福庵记》：尝闻金人应梦白马负经，始传象教于东垂，众护伽蓝于洛下，遂致蔓延中土，崇奉几遍寰区矣。

延福庵柱联题记

二十一世祖启吾公，同诸昆弟子侄各捐己资，建庵于丙星亭右，颜之曰"延福"，中设如来诸佛，捐田供给香灯。阅世十有一，历年百有余。咸丰间，屡经寇乱，庵罹兵燹，宝珞莲台悉成黄土墉垣，瓦石半属苍苔，急欲承先人之志，终愁独木难支，要亦资孙子之贤，皆曰众擎易举。因而叩募欣然乐施，或助银钱，或捐木石，拟循昔日之旧图，还廓今朝之荒址。落成之后，踊跃欢欣，大木巨梁栋宇，争夸雄杰，朱甍绀殿堅茨，快睹辉煌于焉。装佛像璎珞庄严，供香烟旃檀馥郁，继描先祖之金容于廊庑，旋复忌辰之祀事于秋冬，继世相承酬厥考心，所翼信士善人，咸被慈云之覆，获贤孙孝子永承德泽之绵长，是为记。

二十八世孙毓荆怡亭氏谨志。

议建房长：儒林；

董首：毓芹、思敬、崇虞、叶青、周泉、敏槐；

计开捐助树料：

一鹄公派下孙助松树东边楸楣；尚惠公派下孙助楮树大柱四根，又助小步柱二根，又助大栋梁一根；尚奎公派下孙助松树西边楸楣；

大临公派下孙助楮树大梁二根；儒林公助杉树板五丈；儒范公助大礤盘四个；步鳌公助楮树地栿一块；辉光公助椽料三支。

咸丰十一年岁次辛酉孟夏月中浣穀旦。

云峰庵

云峰庵，又称"云峰寺"，在梁村东5公里处新岭头，始建于南宋嘉熙四年（1240）建。今庵堂已废，残垣尚存。清光绪《宣平县志》载："云峰庵，在县东新岭，里人梁一鸿等建。"

清光绪十七年（1891）《渥川梁氏宗谱》载："云峰寺，在新岭头。旧坐东朝西，今坐北朝南。宋淳祐庚子，漘公建。

清光绪《渥川梁氏宗谱》云峰寺图

后改新基，合常同建。后垅田亩：土名山春下田大小八丘；又瓦窑岗大小三丘；隔坑一丘八分，共田三亩五分，赖九喜佃户。土名雪峰寺前坑口田四丘，又坑边田五丘，计壹亩正。土名佛堂外路下右手田四丘，又路上一丘，共田二亩五分。土名佛堂前田八丘，计二亩五分。又佛堂右手大弄田三丘，二亩五分。又大弄左手共田十七丘，计五亩正。又左手佛堂边新开田二丘，又大弄山边新开田二丘，共新开田大小九丘。土名佛堂坑水口田四大小七丘，计三亩正。以上户立僧佛堂户完粮。

  元至正教谕惟垔公合族捐修。
  明天顺垚公、坩公捐资重修。
  国朝历代合族捐修。

清代渥川梁氏梁明烈，曾寄居于此修身读书，故地重游，作《云峰寺即景》：

  小小云峰寺，东南一洞天。送烟翻白鹤，水石漾青莲。
  秋色山门外，晴晖落日边。荒凉秋对佛，搔首已多年。

又作《云峰寺古佛新装》：

  西来色相本精妍，兀坐中华不计年。
  四体弗周非鼠耗，五官过半已虫镌。
  忽焉一变庄严像，竟若初回极乐天。
  亏得孔方来助力，毫光透起宝炉边。

可悦庵

清光绪十七年（1891）《渥川梁氏宗谱》载："可悦庵，在西河。宋嘉定侅公建。"

全庵　追远庵

清光绪十七年（1891）《渥川梁氏宗谱》载：
全庵，在全村。
追远庵，在周漫塘。
二庵俱宋绍定，枅公、樲公同建。

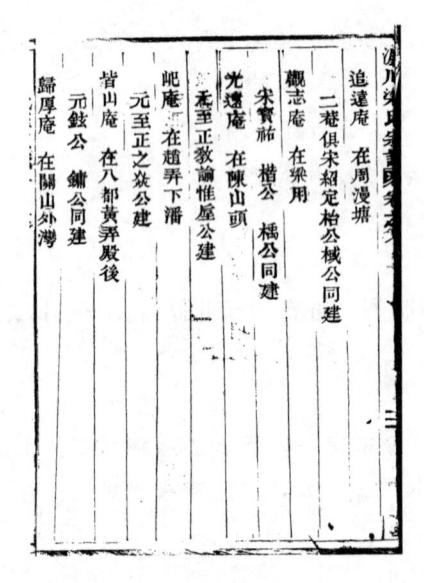

清光绪《渥川梁氏宗谱》追远庵等

观志庵

清光绪十七年（1891）《渥川梁氏宗谱》载：观志庵，在梁用。宋宝祐，楷公、橘公同建。

光远庵

清光绪十七年（1891）《渥川梁氏宗谱》载："光远庵，在陈山头。元至正教谕惟㢘公建。"

屺庵

清光绪十七年（1891）《渥川梁氏宗谱》载："屺庵，在赵弄下潘。元至正之焱公建。"

皆山庵

清光绪十七年（1891）《渥川梁氏宗谱》载："皆山庵，在八都黄弄殿后。元铉公、镛公同建。"

归厚庵

清光绪十七年（1891）《渥川梁氏宗谱》载："归厚庵，在关山外庵，元至正埜公自建。"

以礼庵

清光绪十七年（1891）《渥川梁氏宗谱》载："以礼庵，在关山外庵，元至正升公自建。"

奉先庵

清光绪十七年（1891）《渥川梁氏宗谱》载："奉先庵，在叶村，元景定梦珂公建。"按："元景定"，误，应是"宋景定"。

知化庵

清光绪十七年（1891）《渥川梁氏宗谱》载："知化庵，在戴墓平，明洪武千户淬公建。"

礼节庵

清光绪十七年（1891）《渥川梁氏宗谱》载："礼节庵，在慈坳坑外，明永乐榛公建。"

孝思庵

孝思庵，在梁村郑墺坑，今已颓圮，仅存遗址。

清光绪十七年（1891）《渥川梁氏宗谱》载："孝思庵，在郑墺坑外，元至正梦夔公建。"又载："梦夔公，葬本里郑墺坑外，即郑坑。其山从豫章岩发脉，薄刀岗转身，大放局势，形如烟花，直至桑山、吴坞、水牛塘下，过峡耸起大岗，嵷岩垅直下，左抱龙砂，右环碧水，前有平圲地数亩，于内建庵，曰孝思庵。"

仁庵

清光绪十七年（1891）《渥川梁氏宗谱》载："仁庵，在观上，今小陶村。元至正县丞梦璇公建。"

义永庵

清光绪十七年（1891）《渥川梁氏宗谱》载："义永庵，在栲岭源，明永乐存政公建。"

思亲庵

清光绪十七年（1891）《渥川梁氏宗谱》载："思亲庵，在马村，明宣德柏楠公建。"

寿仁庵

清光绪十七年（1891）《渥川梁氏宗谱》载："寿仁庵，在花楼凸，明正统炖公、焊公、灯公建。"

恒德庵

清光绪十七年（1891）《渥川梁氏宗谱》载："恒德庵，在独山，明天顺垚公、垺公建。"

忆庵

清光绪十七年（1891）《渥川梁氏宗谱》载："忆庵，在上塘，明天启一蛟、一鸿公建。"

梵兴寺

梵兴寺，在小梁村南梁溪之畔。清光绪十七年（1891）《渥川梁氏宗谱》载："梵兴寺，在朱村，宋绍兴进士安世公建。"朱村，即今之小梁村。原有朱姓人居此。

清仁庵

清光绪十七年（1891）《渥川梁氏宗谱》载："清仁庵，在下渥，宋三隅官佽公建。十二世孙乐一道人房。今改为清仁道院。雍正十三年（1735），大缙、大经等迁造于义学路边，户名梁道院。"

第六节　先贤祠庙

古人云："宗祠者，尊祖敬宗之地也。祠祭者，合爱同敬之事也。祠租者，粢盛酒醴之公物也。"族众虽有亲疏，临以祖宗，皆一人之身也。时代虽有远近，列于宗祠，皆同室之亲也。既立宗祠，宜笃族谊。祭有余租，亦可瞻族。合族以祭，油然生孝悌之心。入庙而思，肃然动恪恭之意。

梁氏宗祠

梁氏宗祠，历史悠久，始建于宋。淳熙年间，渥川第六世孙广西转运使梁安世携侄梁佽在本庄对弄坑右井头建立梁氏宗祠。至明初，梁垌以旧祠狭隘，改建新祠于龟山之麓，梁旃墓茔之东。清嘉庆间，族内梁培九、维垣、开宝、阳初等合议扩展宗祠之规模。族中长者梁大兴非常赞成，召集族中长者、房长、耆老等商议重建宗祠。而后号召族人捐钱出力，伐木于豫章山，凿石于马弄之侧，于嘉庆十一年初夏落成，二十五世孙梁大兴作《重建祠堂记》。清光绪十年，梁氏族人倡修宗祠。二十八世孙梁品芳作《重修宗祠记》。

梁氏宗祠门额。该祠于20世纪60年代末改为永丰公社大会堂。外观布局基本完整，里面的设置均已面目全非。

梁氏宗祠大门

附：修建祠堂记

重建祠堂记

清·梁大兴

  古无祠，自天子迄官师，无不循制立庙。汉兴以来，始建祠于墓所焉。

  夫祠者何春曰祠，春物始生，孝子感物增思，继嗣而食之。故赍其名为祠。然则祠之设，实有家名分之首务，而既藉以尽报本反始之心也。

  我渥川之祠由来旧矣。始祖旃公初基于此，六传运使公安世暨侄侯建立对弄坑右井头，颁设祭典，追历世之祖以祀，明祠义也。明初，垌公相旧祠狭隘不足，乃改为营治龟山麓，始祖墓东，厥位面阳，厥材孔良，合汉制也。然而犹未展宏，稽自今螽斯诜诜时而分居一长，遇时祭群处和集势，若不能厕立目之，又有阙状心惧久之。思夫渥川景胜土窄尺地，冥窨寸金，矧祠之后枕旁侧一椽不能再架，区画固难。闲时与族之贤而才者培九、维垣、开宝、阳初，相度扩辟规模。

第七章　古迹风物

有谓余曰：祠前板屋系屏等市肆后，乃六房基址。所谓六房者，尚义迪功郎子信公慈孙也。鞭店屋于此基，藉店基以广祠宇百废具兴矣。余闻而是之言，以克合。爰邀各房长大美、大贡、溢泉、金贤及公派之长者，大简向公众子孙大村尔介汉章、翼符、佩采、清存质以拨田，兑换多金，购买两说。金曰：祖祭先业善买不沽，小子等同一本源，自当输诚乐助，襄厥盛事。既而询诸屏等店屋，亦皆帖然唯诺。

呜呼！公以好义倡而后又以乐承，是真象贤肖德。公虽殁，而公之流风余泽，至今未坠，公犹生，为余缘无以酬公。孙孝敬之心，当即议以每岁孝祠蒸祭胙肉壹拾贰斤，与公派下子孙分给。自今伊始，惟愿后之起者，世世相承，弗替余议弗没人善可也。于是，选董首，命工司，欢然畅然。伐木于豫章之巅，凿石于马弄之侧，俾旧者新之，缺者补之，垣墉堅茨，堂龛黝垩，始事于旃蒙。初夏落成于梁兆中秋，输奂壮其观馨时而荐庶几哉，先灵风雨有所凭依焉。是为记。

时大清嘉庆十一年岁次丙寅桂月谷旦。

二十五世孙大兴谨志。

梁大兴（1724—1810），字士豪，渥川梁氏第二十五世孙。

清光绪《渥川梁氏宗谱》
梁大兴《重建宗祠记》

重修宗祠记

清·梁品芳

　　族之有祠，犹木之有本，水之有源也。然本不固则枝不繁，源不灵则流不久。水木且然，况族之于祠。祖宗之所凭依，礼乐之所行奏，子孙之所仰庇者，而可听其摧残不思其完润乎？今合族商议修葺，将祠租蓄积者，聚赀鸠工，垣墉芜秽者黝垩之，基地缺陷者填平之，鸳瓦花砖头头整饬，山川景物面面辉煌，较之于昔，何嫌踵事增华；垂之于今，争羡当行出色。告竣之时，先灵以妥，将见本固枝繁，源灵流久，维桑梓之恭敬，似此绳其看兰桂之芬芳洵哉。贻厥是役也，举事于清和之下浣，落成于夷则之上弦，计费赀一百二十缗，焜耀内外，粉饰尽工，甲于一邑，固足为观美矣。若夫栋宇重为之光朣，榱桷重为之丹朣，神座匾额重为之错采镂金，则又急俟后来之继起者。是为记。

　　时大清光绪十年岁次甲申巧月谷旦。
　　二十八世孙祠首、岁进士品芳谨志。

梁品芳（1837—1900），字抡秀，号梅舫。渥川梁氏二十八世孙。贡生。有多篇诗作存世。

祖师堂

祖师堂，在梁村梁氏宗祠前，梁应期建。今已颓圮。清光绪十七年（1891）《渥川梁氏宗谱》载："祖师堂，在祠前尚义门内，应期公建。"

梁太傅庙

梁太傅庙，梁村人俗称"太傅殿"，又称"汉太傅万石侯王庙"，祀渥川梁氏先人梁商，在梁村西南，丙星亭上方。古时，太傅古庙翠柏苍松，庄严宏伟。今仅存一残墙门楼及废墟。拾阶而上，宛见当年气象，引人思绪万千。

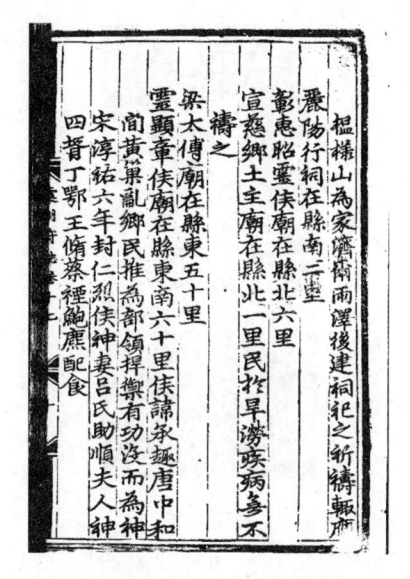

明成化《处州府志》梁太傅庙

梁太傅庙残墙门楼及废墟

  原渥川梁氏存有东汉梁商太傅圣旨及遗像，20世纪70年代被丽水县文管会征集，现存丽水市博物馆。
  梁商（？—141），字伯夏，安定乌氏人，东汉九江太守梁统曾孙。弱冠，以外戚的身份拜为郎中，后又升为黄门侍郎。东汉永建元年，承继父亲的封爵被封为乘氏侯。永建三年，梁商升为侍中、屯骑校尉。阳嘉元年，朝廷加梁商为特进，赏赐安车驷马，拜为执金吾。官至太傅、大将军。东汉时

梁商画像

（原为渥川梁氏祖传，20世纪70年代被征集，藏丽水市博物馆）

的梁氏家族，到梁商这一支，发展至鼎盛时期。梁商生三子：梁冀，官至大将军，袭封乘氏侯；梁不疑，官至河南尹，封颍阳侯；梁蒙，封西平侯。

二女，均为汉庭皇后：顺烈皇后梁妠，为汉顺帝刘保的皇后；懿献皇后梁女莹，汉桓帝刘志的皇后。

明成化《处州府志》载："梁太傅庙，在县东五十里。"

又清光绪《宣平县志》载："梁太傅庙，在县东梁溪。祀汉太傅梁商，诰敕御赞，世代宝藏，盖村中，其苗裔也。""旧传汉顺帝嘉阳四年，敕曰：'设职分司，固朝廷之大典；任贤使能，乃人君之急务。朕自即位以来，昼夜忧勤，惟恐失天下之才，误军国之事。况军将重寄，治乱攸在，安危所关，非故戚老臣，曷克此任。惟太傅梁商者，存心忠谨，升受为大将军，职掌虎符，权专外阃，征讨乱贼，辅翼朝廷。汝当恩威并著，宽猛适宜，使军民之衔结无穷，朕后之宠赐尤加也。汝往钦哉，毋替朕命。赞曰：尔貌而丰，尔德而隆，才兼文武，学充鸿蒙，事亲克孝，事君克忠，生今世，得古之风。'"

清光绪辛卯年《渥川梁氏宗谱》详细记载了太傅庙的来历、方位及修葺过程：汉太傅宗主万石侯王庙，在龟山左侧，面阴背阳。宋绍兴第六世佼公建。

元明失考。

康熙己酉（即康熙八年，1669年）尚璧公同众重修。乾隆丁巳，（即乾隆二年，1737年），祚璇同众重建后殿。乾隆己巳（即乾隆十四年，1749年），世济公同众建火厢，今改建。乾隆辛卯（即乾隆三十六年，1771年），祚璇、元伟二公同众建造前殿，绣公捐建右手火厢平屋三间。乾隆辛丑（即乾隆四十六年，1781年）东，大观等同众修造前后大梁，加建左右边间后共四间。光绪丁亥（即光绪十三年，1887年），合族重修。祠首：品芳、丙林、碧玉、细兰；董事：维新、富松、坛寿、增有、关月、海明、上彦。

清乾隆年间，梁祚璇作《祖庙太傅公中秋寿诞祝文》：

伏以天生龙种，三秋适正中秋，神镇龟山，千岁益增，万岁福首。某等袒割柔毛刚鬣，供沼芷溪，苹金炉香喷，沉檀宝炬，花开麟凤。

附：《梁商敕封大将军制》

敕命

奉天承运，皇帝敕曰：朕惟设职分司，固朝廷之大典；任贤使能，乃人君之急务。朕自即位以来，昼夜忧勤，惟恐失天下之才，误军国之事。况军将重寄，治乱攸在，安危所关，非故戚老成，曷克任此。惟太傅梁商者，存心忠谨，行事刚明，抱轻济之嘉猷，蕴善人之奇计，兹特陞授为大将军，职掌虎符，权专外阃，征讨乱贼，辅翼朝廷。汝当恩威并著，宽猛适宜，使军民之衔结无穷，朕后之宠赐尤加也。汝往钦哉毋替。

朕命右敕大将军进位太傅梁商准此

敕　　　命

阳嘉四年八月十五日辰时下

之　　　宝

御赞

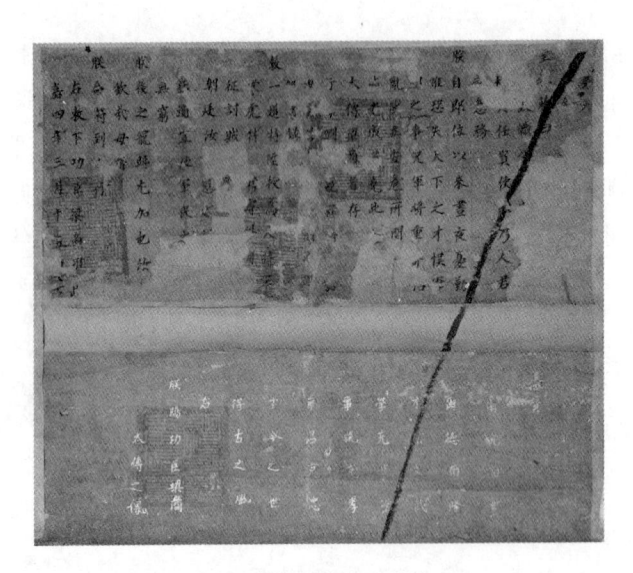

《梁商敕封大将军制》

(原为渥川梁氏祖传，20世纪70年代被征集，藏丽水市博物馆)

赞曰：尔貌而丰，尔德而隆，才兼文武，学鸿蒙事亲克孝，事君克忠，生今之世古之风。

世子庙

世子庙，在梁村村西南水口，梁太傅庙旁，祀东汉大将军梁冀。今已颓圮。

清道光三年，渥川梁氏第二十六世孙梁畔之《世子庙记》云：

> 大将军讳冀，乃乘氏侯梁太傅世子也。东汉阳嘉四年，诰敕太傅遗像，懿德一派，珍为世宝，鼎建庙庭，崇奉禋祀，则以子将军配享宜矣。世子旧有神祠，在祖庙门左，缘年岁绵远，倾圮久之。雍正己酉岁，曾祖祚璇公创竖平屋一间，设立神主，岁荐馨香。延至嘉庆七年春，朽蠹将危，畔告诸房族，愿输己资、木料，辟建三间，装塑神像三尊至两翼。辅使司匠工费，系孝祠普拆兹。道光癸未夏，重更衣像，今虽矮小狭隘，亦可稍妥先灵于风雨而已。若夫高大榱桷、概茨丹艧，则又俟后来之继起者。故志之。
>
> 道光三年岁在癸未季夏之吉，二十六世孙畔谨志。

清光绪十七年（1891）《渥川梁氏宗谱》卷十载有梁村人梁廷祐《世子庙》诗：

> 祖庙门前世子祠，年湮代远势将危。
> 使非我祖重新建，汉册功名失所知。

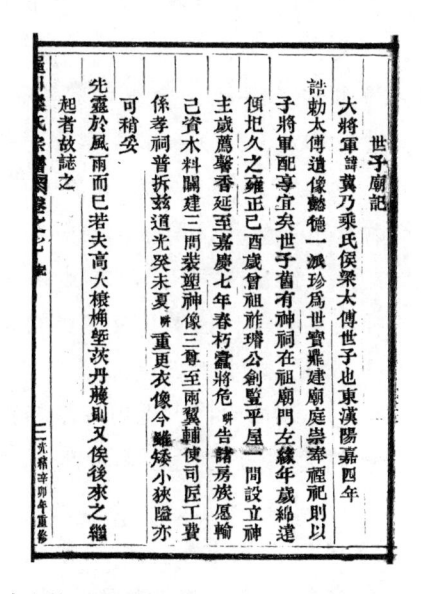

清光绪《渥川梁氏宗谱》之《世子庙记》

禋德祠

禋德祠在东岩之上。不知废于何时。清光绪《宣平县志》载"久圮"，可见在清代光绪或之前早已被毁。宋代词人、吏部尚书韩元吉作《禋德祠碑铭》传世。

清光绪十七年（1891）《渥川梁氏宗谱》载："禋德祠，在东岩顶，中为天阅堂，左为唐末仁烈章侯祠，右建禋德祠。祀宋处士梁宗善偕子孚先、孚将、孚锡、孚惠诸公，宋宣和年间，三乡里人醵金公建。"

清光绪《处州府志》载："禋德祠东岩顶。祀宋蔡梦奎，梁宗善，蔡子升，梁孚先、孚将、孚锡、孚惠，蔡叔辉、叔宝。有韩元吉碑记。"

北宋吏部尚书韩元吉作《禋德祠碑铭》：

政和中，四方无虞。士大夫缘饰儒雅，无有远迩，以歌咏太平为事。是时，处州丽水县蔡君梦奎，教养子孙，皆举进士，驰声学校间。一日，有善击剑者过其门，君独留之，命诸子子昇等习焉，拉姻党梁君宗善子将惠与之俱。盖乡间莫不非笑之，君亦怃然太息曰："是故非俗子所知。天下将勤于兵，吾惧其不免也。"越数载，方腊起青溪，覆郡县，二浙大扰。君不幸新故，诸子孙嶷嶷成立，欲帅众拒贼，以成父志。而长子升者，骁勇伟岸，尚气节，乃挟战守策干郡，太守不能用。宣和之三年也，腊贼之党洪载果道松阳，袭据郡城，劫取大家财，散以募众，又以妖术蛊郡民。丽水凡十乡，其七已悚听载命。惟蔡君、梁君所居曰懿德，与其宣慈、应和三乡，恃二君，不肯附贼。而贼欲下取温州，闻蔡、梁子侄尤知书识战，即遣僧道珍来曰："能助我，无忧富贵。"是时君孙叔辉偕其妻兄梁惠等方议战守利害，拒不听。载大怒，因潜兵夜犯懿德。至则黎明，众得遁匿，庐舍悉焚。子升与将惠各倾家赀募壮士，得千人，即所居七里，有山曰东岩，四面斗绝，缘崖为门。上则泉壤甚沃，草木蓊蔚，有浮屠之舍曰定香。自唐乾元末，土人袁晁之乱，尝栖之。乾符、中和间，群盗继作，章承趣亦固守其上，一乡获全，承趣庙食焉。故三乡民皆来归，推子升为部领。子升与将惠等同心合力，列保伍，定赏罚，众皆帖然。子升挺身督战，乡勇鼓而从之。阅三月，无虑二十战，我军沮击，大胜，斩首二千级。贼闻王师来，欲赴于海，而温已严守备，且畏我军乘其后，遂受降纳款焉。时四方兵兴，遇有盗贼骚扰，及军旅事，郡必召而咨之。建炎初，倪从庆啸乱于衢，部使者诣请子升、将惠偕行，乃奏其前后功，朝廷以将惠与开封荐与文资，而赏子升以武爵，力辞不受。乃大聚图史，萃隽秀，以教子孙。叔辉登宣和庚子解元，孙伯伊登乾道丙戌进士，戬登隆兴癸未进士。绍兴甲戌，梁惠子安世亦登进士第，世以为荣。里间佥曰："天之以报德者丰其后，民之欲报功者飨其神。"于是倡议立祠于岩，用祀二公，以彰大功，以旌硕德，天意人心安矣。祠成，未获揭扁，且缺碑铭。淳熙十年，戩任大司农，安世自大农丞交书来请，曰："东岩之绩，吾州户知之也。今五十年矣。俾后世无传，戩等则有罪。故愿得君之文揭于祠，下俯塞众情。"元吉尝官于丽水，多识其贤士大夫，知其事为不诬也。盖古者能御大灾，捍大难，在礼法得祀，在史得书，在功庸得铭。今蔡氏、梁氏，忠孝义烈，见于父祖，而子孙浸显，各大其家，当书无疑。予以二君同功合德以保民，民咸利用享祠以为报。故名其祠曰禋德，因为之碑而继以铭。铭曰：

天之盖高，险不可升。地之险耶，矗为邱陵。匪人当之，险亦何恃？剑门峨峨，失则平地，瓯粤之间，有石巉岩。与天比崇，奠于东南。寇攘鸱张，啸凶我乡。孰与隄防？蔽其井疆。烈烈梁君，明则先见，时方尚文，教子以战。子承义方，昆令季强，屹如金汤，民用不伤。长戟一挥，其从如云，襁负而登，蚁聚蜂屯。既遏其攻，折其我冲，畏我其乘，不下其东。三月之捷，百世之利。尔耕尔桑，食则以祭。禄不报功，天道周悉。有孙四贤，贵富其联。緐德其积，岂惟战多。勒铭山巅，其永不磨。

清光绪《处州府志》宋韩元吉《禋德祠碑铭》

忠孝义烈祠

清光绪十七年（1891）《渥川梁氏宗谱》载：

忠孝义烈祠，在本里下渥清仁道院后，祀宋处士宗善暨四子诸公。宋运使安世公与侄三隅官佼公仝建。
元鹤皋遁夫镛公同众重修。
明处士垌公同众重修。

该祠设有祭田，清光绪十七年（1891）《渥川梁氏宗谱》载："乐一道人先世忠孝义烈祠堂拨田租祭祀。"

安定宗祠

清光绪十七年（1891）《渥川梁氏宗谱》详载安定宗祠迁建历史、坐落朝向等：

安定宗祠，旧在对弄坑右，井头内边，第六世运使安世公同侄佼建。后迁龟山前梁村口，坐酉向卯，祀隋大司寇讳毗，五世孙唐翰林学士讳肃，七世孙懿德乡渥川始祖讳旃公及历世显祖。
明处士垌公同众改建龟山前。
康熙己巳（即康熙二十八年，1689年），庠生尚璧同众重建。
嘉庆丙寅（即嘉庆十一年，1806年），族长大兴偕各房长大简等会同合族绅士同建。右手伙厢五间，光绪丙子，族长石松偕文龙仝众建。
光绪甲申（即光绪十年，1884年），合族重修。祠首：品芳、丙林、碧玉、细兰；董事：信芳。

第七节　梁氏故宅

故宅者，世代所居也。人之爱国，其先爱家。而物态之家，即生长之故宅矣。守之，可避风雨侵体；离之，则为游子之精神家园，永不忘回家之路。

"菊泉遗泽"古民居

"菊泉遗泽"古民居又称"新屋"古民居。据《梁氏宗谱》记载，梁村梁氏自北宋迁居开基，位于小梁村旧址一带，明中期小梁村毁，迁入现梁村。清代早期，梁村梁氏兴旺，人口繁衍，聚为大村。清咸丰年间太平军曾进驻，战火烧毁大部分民宅。该梁村新屋约在咸丰年间重建，故称新屋。后一直由梁氏后人居住，并不断在左右两侧增建。

"菊泉遗泽"古民居门额

梁村新屋位于镇梁村东塘路15号，坐西北朝东南，建于清咸丰年间，占地1280.8平方米。前后分三进，左右设厢房，小青瓦阴阳合铺，勾头滴水。地面三合土夯土铺筑。天井为卵石铺设。

正厅：九开间宽31.8米，进深10.85米。中为明间，设有木照壁，左右依次有次间、稍间、梯间、道稍间等。柱架为穿斗式结构，中栋高达9.5米。二坡硬山顶叠瓦屋脊。

中厅：九开间宽31.8米，进深8米。中为明间，有木照壁，左右有正、次稍间及梯间，后筑0.37米的夯土墙，通正厅的门设在明间左右，梁架是抬梁穿斗混合式结构。中栋高9米。二坡歇山顶，叠82组屋脊。中厅后为天井，规格16.1米×5米，左右设后厢房，厢房二层二开间。

门厅：九开间面宽31.8米，进深3.35米，穿斗式柱架，其后为前天井，天井两侧为前厢房二层二开间。二坡硬山顶，叠瓦屋脊。

"菊泉遗泽"古民居大门

梁村新屋坐北朝南偏东45°。整幢房屋由门厅、中厅、正厅、厢房和伙间等组成。二、三进间筑夯土墙，并在前天井和后天井三侧设挡火砖围栏，便于起火时取砖堵塞二、三进之间的封火门，构思独特。

经文物部门鉴定，梁村新屋规模较大、格局清晰、用材讲究，构造才思独特，为典型的清代建筑的建造风格，具有一定的历史、艺术和科学价值。

2012年，新屋古民居被为丽水市莲都区第一批公布区级文物保护单位。

"菊泉遗泽"古民居俯瞰

"菊泉遗泽"古民居天井

前街49号古民居（梁伯乐宅）

民居在梁村前街49号，清中期建筑，坐东南朝西北，占地400.3平方米；建筑由正厅和前、后厢房组成，夯土地面，小青瓦阴阳合铺，勾头滴水，马头墙硬山顶。

前街49号古民居正厅明间

正厅面阔五开间，通面宽20.29米，进深五柱七檩，通进深19.73米；梁架为抬梁穿斗混合式带前单步。前厢房二层二开间，后厢房二层一开间。大门朝北，砖砌门墙，门额上阳刻"积善余庆"，门墙屋檐正中立一砖质"宝葫芦"，用于镇宅避邪，牛腿、窗花等雕刻精美。

前街49号古民居正厅明间檐柱牛腿

经文物部门鉴定，梁伯乐宅雕刻精美，格局清晰，具有一定的历史、艺术和科学价值。

前街43号古民居（梁玉友宅）

前街43号古民居

民居在梁村前街43号古民居，建于清同治癸酉年（1873），坐南朝北，占地468.6平方米。三合院式。建筑由正厅和左右厢房组成，夯土地面。小青瓦阴阳合铺，勾头滴水，硬山顶。

正厅面阔五开间，通面宽23.04米；进深五柱七檩，通进深20.34米；梁架为抬梁穿斗混合式带前下檐单步。左右设厢房，均二层二开间。大门朝北，砖砌门墙上檐挑砖，正面阳刻"渭滨分绪"，背面阳刻"润晖癸酉桂月　杨士云题"。牛腿雕刻精美，有凤凰、牡丹等图形，十分精美。

经文物部门鉴定，梁玉友宅雕刻精美，用材讲究，具有一定的历史、艺术和科学价值。

前街6号古民居（梁群伟宅）

民居在梁村前街6号，清代建筑，坐南朝北，占地433.7平方米。建筑由门厅一、正厅一和厢房四组成，夯土地面，小青瓦阴阳合铺，勾头滴水，马头墙硬山顶。

前街6号古民居

门厅三开间，进深二柱三檩，梁架为抬梁式。正厅面阔五开间，进深五柱七檩，梁架为抬梁穿斗混合式带前双步。大门朝北，砖砌门墙，门额阳刻"爽墶斯居"，两侧有人物浮雕。天井四周檐柱均有牛腿，有狮子、凤凰、松鼠、莲花等形状，十分精美。

经文物部门鉴定，梁群伟宅雕刻精美，用材讲究，具有一定的历史艺术和科学价值。

第八节　佳城福地

佳城，典出《西京杂记》卷四："佳城郁郁，三千年见白日。吁嗟滕公居此室。"后遂以"佳城"喻指墓地。古人看待死亡，就像出门在外回家一样，是谓"视死如归"或"视死如生"。梁村一带称人的死亡为"归去"或"过辈"。可见，民间对人的死亡并不害怕，就如同出门回家一样，不喜不忧。尤其是对年长者的逝去，以"红白喜事"相称。而逝者的安身之所，喻之佳城福地，更是顺理成章。

古渥梁村有着千余年的历史，生于斯、长于斯、安于斯的梁氏族人无法记数，绝大部分先人在梁村这片土地上，从无到有，从有到无，安然消失在历史的长河中，而一些影响过郡邑乡里，甚至在中国历史上的某些方面做出贡献的先人，不仅其名讳，就是他们的安生之所，也在方志谱牒中得到世代传承，供后人景仰凭吊。

始迁祖梁旃墓

渥川梁氏始迁祖梁旃墓，在龟山。梁旃，本梁弥远子，后出祀给弟弟梁弥大。梁旃迁居丽水县懿德乡龟山鹤案之崖，娶毛氏，为渥川梁氏始迁之祖。清光绪十七年（1891）《渥川梁氏宗谱》载："始祖旃公墓，葬本村龟山龟首右旋。其山发龙于豫章岩，由巧丝圩至梅树埯，绵延到打石降，坛石突起，直趋蝴蝶头，穿田过峡而来。左翼自风门大坑箸淤、吴坞、柳潭、丼、郑坑、关山，重重护送；右翼自金鸡头、兆婆源、张平、渥山、箸叶埯、新埯头、余山后，叠叠回环，又分一支西行至吴畔鹳鹅丘托其后，再分一支东行至远堂、白鹤山拱其前，而且水缠元武，九曲西流，隔岸岗峦拔奇挺秀，忽而石硐平排，渊澄潭碧，度过溪头，遂掉尾蹒跚，上腾于顶，团气聚精，融结大局，观众山之高，知卑者之独尊，此龟山之胜概也。自宋太平兴国时，始祖开基于此山之巅，其一二世营葬右麓，碑镌'宋处士梁公墓'，前有养龟塘一口，派下常管。

"始祖母毛氏合葬。"

宋处士梁宗善墓

梁宗善,生卒年不详,字世明,梁旃曾孙。赋性敦厚,言规行矩,四乡皆奉为仪型。生四子,皆为一时之英俊,教以读书击剑,文武皆备。宋宣和年间,其四子组织乡勇抗击侵犯懿德的洪载溃部。后祀于东岩禋德祠。卒,墓葬同邑黄岭上(按:今属莲都区丽新畲族乡)。清光绪十七年(1891)《渥川梁氏宗谱》载:"宗善公,葬丽水廿一都黄岭上三石源口,将军大坐形。宋重合戊戌(重和元年,1118年)十二月十一日葬。其山辛戌,山来龙坐乾向巽,左右二手内掩水竹突,四向回顾,山场计九掩九突,皆梁氏之业山,最广阔祔葬者多。"

清光绪《渥川梁氏宗谱》梁宗善墓园图

宋义士梁孚惠墓

梁孚惠(?—1163),字民怀,梁宗善子。与姐丈曳岭脚蔡叔辉等击贼有功,官授进义校尉。入祀东岩禋德祠。卒,葬梁村郑坑。清光绪十七年(1891)《渥川梁氏宗谱》载:"孚惠公,葬本村郑坑,坐艮向坤,白象卷鼻形。

宋隆兴癸未(即隆兴元年,1163)十二月壬申日葬。

其山来龙庚,水折巽,归丙长流。上至天井头,行龙直下石桌前田,左至郑墺小坑坑内荒圩,右至桃花洞一带山淹。朝奉元孙赘居山下鲍(按:今属武义县三港乡)改名隐浦,此山为隐浦之业。第廿二世修职郎封君尚璧买曳坑田拾亩,兑回附葬父柩,乃为迪功郎子孙之产。

李氏合葬。

子梁安世,官至转运使。

宋主簿梁孚将墓

梁孚将墓在老行镇老竹村东,土名为梁用的地方。梁孚将,生卒年不详,字新之,梁宗善子。技勇超群,临敌最称果敢,以军功,官授莆田县主簿,摄兴化军事。入祀东岩禋德祠。清光绪《宣平县志》载:"送主簿梁孚将墓,在老竹。"

清光绪十七年(1891)《渥川梁氏宗谱》载:"天将公(即梁孚将),附本都梁用前山潘氏墓,富氏、杨氏、祝氏三茔俱合附。"

老竹梁用梁孚将坟山远眺

宋少师梁汝嘉墓

梁汝嘉,这位宋代的名宦,一位从丽水山区走出去的缙云郡公,其死后的墓园,也如同他的传奇经历一样扑朔迷离。在其神道碑和不同的地方志当中,均有不同记载。清光绪《宣平县志》载:"宋少师梁汝嘉墓,在杜坑";清光绪《处州府志》载:"少师梁汝嘉墓,祖坑";明万历《栝苍汇记》载:"梁汝嘉墓,在十八都石侯村";宋宰相周必大撰《梁公神道碑》云:"汝嘉葬于松阳惠洽乡。"

清光绪十七年(1891)《渥川梁氏宗谱》载:"汝嘉公,葬松阳廿五都惠洽乡万松岭。公系仓前长支,乃浍公祀祖也。也是合墓。"笔者推断,在古代,尤其是显宦者,一人多穴的情况比比皆是。周必大撰《梁公神道碑》和《梁氏宗谱》比较可靠,神道碑作于逝世不久;梁旃后人梁浍出继汝嘉祀奉香火,此家谱为族祭之据,因此梁汝嘉墓当在松阳惠洽无疑。

梁安世墓园市级文保单位标志碑

梁安世墓

梁安世,梁宗善孙,梁孚惠子。清光绪《宣平县志》载:"宋大农丞梁安世墓,在杨岭脚。"

清光绪十七年(1891)《渥川梁氏宗谱》载:"安世公,葬本村杨岭楮树凸。间邱氏、安石氏、□氏三茔俱合葬。"

据考证,此墓位于梁村西约500米楮树凸南侧山坡上,三面环山,前面为开阔的平地,植被茂密,环境幽静,大体具备南宋以来墓地风水要素。坐北朝南,占地42平方米。主要由卵石垒砌而成。由封土堆和拜坛组成,封土堆呈半圆形,高1.2米,直径4.5米。拜坛呈方形,有两级高

梁安世墓园

约 10 厘米的踏跺，长约 5 米。

经文物部门鉴定，梁安世墓年代久远，并有确切的时间以及墓主人详细信息，具有较高的文物价值。2004 年被丽水市人民政府公布为市级文物保护单位。

梁淬墓

梁淬，清光绪《宣平县志》载："明镇抚梁淬墓，在戴墓坪。"
清光绪十七年（1891）《渥川梁氏宗谱》载："淬公，葬戴墓坪。"

梁镈墓

梁镈，梁旃第十三世孙。清光绪《宣平县志》载：明知州梁镈墓，在东金山前。

梁应期墓

梁应期，生卒年不详，字子信，号忆庵。渥川梁氏第二十世孙。明代善士。清光绪十七年（1891）《渥川梁氏宗谱》载：

应期公，葬十一都上塘。坐西向东，眠犬形。天启七年十月初四己酉日葬。其山买刘天星上塘，陈妹四屋后正脉山并墙外护手淤地树木，一应在内。又坟前屋基园地，地大小共七片。再买周子辂土名后样山为左护手，南至梁姓自坟山，东、西、北三至皆田为界。又买陈姓路下大樟树一株，并圹地在内。长子蛟、次子鸿，督工栽种，小松培养。古木坟后树立石碑。蔡氏合葬。

梁大观家族墓

梁大观家族墓地位于梁村北侧离村 100 米处，营建于清乾隆、道光年间。坐东朝西，主要由封土堆与拜坛组成。梁氏墓地是梁村梁氏总房的清代祖坟，梁大观及夫人为清乾隆年间墓（墓碑字迹不清），及道光丙申的梁良畴公夫人梁朱氏墓和梁良畴重迁墓。

梁大观，为梁旃第二十五世孙，高祖梁一鸿，曾祖梁尚璧，祖父梁祚璇，父梁世荼，均为邑中名士。据光绪十七年（1891）《渥川梁氏宗谱》卷八载：大观公墓，葬本村义学前自田，卯山西向，章氏合墓。

梁大观墓园前的旗杆夹

梁大观墓地是梁村梁氏总房的清代祖坟，为研究梁氏传统民俗文化及清代墓葬形制提供了实物例证。

耕坛为近圆形，直径为 16 米，周边用卵石砌筑一道宽 0.35 米、高

0.3 米的围坎。左右各竖有一对青石"围杆夹"。说明其墓主人中有有功名人士。

封土堆为近圆形土丘,直径为 16 米,周边有卵石砌坎,残高 1.5 米左右,分为两列墓碑,南侧中 1 号墓,横式两块条石,三石柱竖立,为梁大观墓,铭文已不清。南侧中 2 号墓为大观夫人墓,横式一块条石,铭文也不清。北侧的墓碑位前移许多,中心为 3 号墓梁朱氏墓,铭文为大清道光丙申。最北的 4 号墓是由范村迁回的,为梁良畴墓(1979 年移回)。

梁大观墓园

梁尚璧、梁祚璇墓

梁尚璧墓,在槁岭(一曰栲岭),有墓碑一通,子梁祚璇附葬。清光绪《渥川梁氏宗谱》载:

祚璇公,附栲岭父茔下,坐巽向乾,攀鞍下马形。乾隆甲子年十一月廿一日葬。乙亥孟冬知宣平县事陈公讳加儒,字竹溪先生,表其墓曰:儒治宣之二年,赈务既竣,欲纂修邑乘,希有传本,访之袊士,得渥溪学博梁君愚谷先生遗稿四卷,端绪可寻。逾年,读君《味道集》一编,见识高旷,不狃于俗,慨末学之支离,欲粹然一规于正。所著《二氏诸论》与《韩子原道》等篇无歧旨。他如词、赋、诗,余亦皆集逸有致,不懈而及于古。至丧祭祈报诸说返朴还淳,其于世俗波靡中觉迷唤醒，进苦口之药石，与殆针害心之膏肓也。宣阳学者，微斯人，谁与归心焉。慕其为人，后因公务入其里，过君家，嗣子胄监泰牲，善气迎人，退然如不胜衣。诸孙胪列堂阶，彬彬郁郁，闲雅有度，羡君之家法未艾也，心折者久之。君殁一十二年矣，问君墓在宣南栲岭之原，路经栝苍，瞻礼其下，慨生不同时，不得与之上下其议论，其咨化理，而诵其诗，目其书，其言可法，既其人如在。呜呼！古之所谓乡先生殁，而可祭于社者，其斯人之谓。与书曰，表厥宅里，树之风声，良有以也。予因为之表其墓，而述其景行之略如此。"（章氏，葬本里太傅殿；杨氏，与公合附；许氏，附栲岭。）

梁尚璧墓碑二通

梁畏墓

梁畏墓，在梁村东1公里处长蛇吐舌地方。清光绪《渥川梁氏宗谱》载：畏公，葬本村午石山下长蛇吐舌形，坐乾向巽。邓氏合葬本村午石山下，坐亥向巳兼干巽三分。

内附梁畏自书墓志：

余于道光十八年，断置梁以梅土名午石山下田三丘，计额一亩二分。原为夫妇合墓，因于十九年冬卜吉，点穴立向扦下三尺土如黄金，预结生圹于左乾巽兼亥巳，右圹亥巳兼乾巽，外向共立乾巽，内藏五谷一瓶，鸡卵一个，至廿一年辛丑二月廿九日亥时，开圹安厝邓氏孺人，只见暖气烘人，五谷如旧，鸡蛋外包黄衣，内如新生。亲朋睹者，莫不称道心田之地，代为审势，窥形核其名曰长蛇吐舌，金鸡朝对，天生自然之穴，地理中亦罕遇之，余特为志之。

第九节　梁巨古道

梁巨古道，俗称处州古道，《丽水市交通志》称为"丁川、巨溪线"，为梁村一带至巨溪通往处州城的古代官道，也是古代丽水北乡一带通往宣平和宣平通往缙云的县域通道。全线自曳岭脚村东行，过石榴桥，沿丁川（《宣平县志》称赤坑为丁川），经下桥、丁公、梁村、除庄，越雾岭（《宣平县志》称墓岭）至巨溪，在巨溪的溪下村出原宣平境；水路可以竹筏从溪下通至小安，陆路在朱岭亭接稽勾古道小安分支，全程18公里。

巨溪—梁村古道终点独石桥路段

梁巨古道在莲都区老竹镇徐庄村与梁村之间的山间田野之中，起于隋唐，到清末逐渐衰落。梁村至徐庄段古道宽1.0—1.2米，全长约2.2公里。巨溪—梁村古道对研究该地区的古代交通、社会活动和地理沿革提供了实地资料。

古道由卵石铺砌,道旁呈弧形隆起。所铺砌的卵石未经选择和修整,故大小形状不一,随形排砌,没有浆砌材料。做法仅见以平整路基,排砌卵石,石蓬间以山泥填充。据史料记载,该古道早在汉代即是武义至丽水的通道。宋代开始修筑,历代均有修缮,直至清末。

现大部分被新修的乡村间公路所覆盖。仅留老竹镇徐庄村—梁村段保存较好。

古道沿岸古迹众多,有同春桥、河坝等。

巨溪—梁村古道上的同春桥

第八章

英烈事迹

第一节 血战东岩

梁村西十里，有一胜迹"东西岩"。宋代广西转运使、渥川梁安世曾在此筑天阅堂别业。

明代丽水乡贤何镗称："海内称十八洞天，惟青田石门为最胜，缙云仙都为最奇，而窀窿崛起，怪伟环峙，莫过于定宣邑之东西岩。"而东西二岩，又以东岩为最。东岩，又称"赤石楼"，高60余米，四面陡峭，屹立如鼓，因岩壁呈赤色，故名。古人有诗云："白日依山近，琼楼叠石危。千峰霞散绮，幻出赤城奇。"上赤石楼顶唯一途径需身傍峭壁，脚踏斜蹬，手攀穷窿，旋转于石缝之间，穿过两道"天门"方可到达。岩顶宽广，面积有20余亩。处身岩顶，疑为仙境。时间上溯到北宋宣和三年（1121），这里曾发生过一起惨烈血战。这次战争的主角就是梁村梁氏孚将等四兄弟。

宣和三年二月，方腊起矿工部队洪载部经松阳，攻取处州城，随后攻取丽水各乡。丽水十乡只有懿德、宣慈、应和三乡未被洪载部控制。洪载想接着攻取温州，于是遣僧道珍劝降颇有文韬武略的渥川梁孚将、梁孚光、梁孚锡、梁孚惠四兄弟，并以富贵相许。梁氏兄弟拒不听命。洪载大怒，率军夜袭懿德乡，纵火焚烧了这一带的民房。梁氏兄弟尽倾其家资，募壮士千人，与曳岭脚蔡氏兄弟纠集懿德、宣慈、应和三乡民众，抗击洪载部队。梁孚将组织反扑，后撤到距离梁村十里外的东岩，据险地进行顽强抵抗。东岩山"四面斗绝，缘崖为门，上则泉壤甚沃，草木可蔽隐"。矿工部队举兵围困东岩三个月，发起猛烈攻击二十余次。梁孚惠被打得遍体鳞伤，"身被十数创"，仍英勇杀敌。最终，地方武装击败了洪载部队，

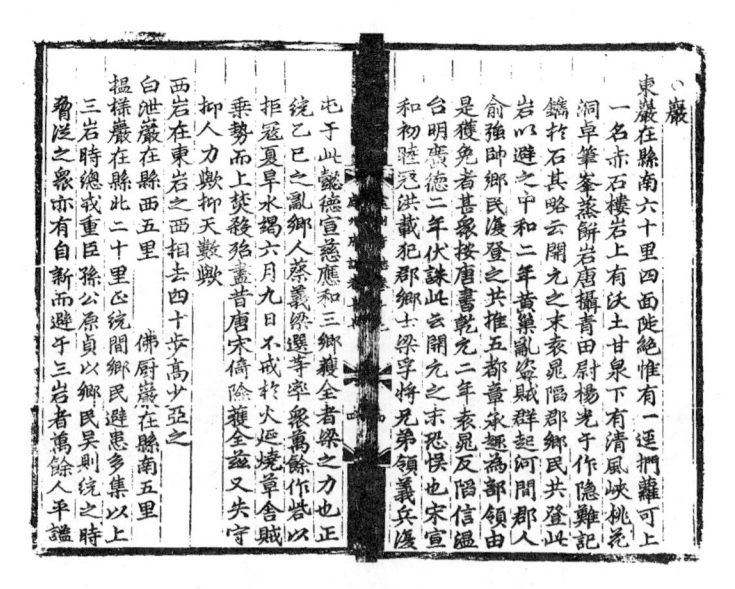

明成化《处州府志》东岩

斩首二千余。洪载只得分兵攻打龙泉和青田，后转向温州。朝廷奖赏梁孚将等功绩，授予官职，梁氏兄弟力辞不受。

梁氏族人为纪念这次战争和英勇的梁氏兄弟，在东岩建禋德祠祭祀。南宋词人韩元吉作《禋德祠碑铭》。韩元吉在文中高度赞扬梁氏兄弟英勇善战、不计名利的高风亮节："……三月之捷，百世之利。尔耕尔桑，食则以祭。禄不报功，天道罔愆。有孙四贤，富贵其联。繄德其积，岂惟战多。勒铭山巅，其永不磨。"

清光绪《渥川梁氏宗谱》详细记载了宋朝这场战事：

> 本里有东岩，其状如甑色赤色，故名赤石楼。顶上可容万人，有清浊二池，有天阅堂、定香院。一夫守险，千人莫当。《一统志》所载桃花洞，可以避兵，即此处也。唐裘甫乱浙，章君承趣保护三乡，男妇退贼，有功乡人，立祠祀之。以后封仁烈侯改为章侯庙。宋洪载犯郡，先世宗善公子孚先、孚将、师锡、孚惠，与曳山蔡梦奎子孙，同画策拒战，保护三乡，男妇亦有功乡人，立礼祠祀之名为"禋德"，宋吏部尚书撰文祠碑，俱在岩顶。后人改为忠孝义烈祠，唐宋两朝皆显名于岩顶者如此。

赤石楼远眺

第二节　抗击矿暴

清光绪《渥川梁氏宗谱》详细记载明中叶宣慈矿工起事及东岩战事：

> 明正统间，宣慈寇陶得义（即陶得二）等叛逆，攻围郡城，乡里人仍避于此，以蔡恭十为乡兵，贼屡围岩。是年己巳六月初十日，围困急十七日岩火，自发烟焰涨天，贼乘之肆暴杀掠男女，投崖下死者五六千人。吾乡守节轻生者难以枚计。独俨妻包氏贞名大震，而蔡恭十一门同日死者四十七人。厥后贼节据此为寨，屡出以拒官军，都指挥脱网战殁于破桥。及事平，郡守张公佑恶之，命工凿断岩路，险峻难登，其下东明洞与西明洞今为供佛场，几不知上有佳境，竟湮没于无识者之手也。

明正统九年（1444）七月，丽水宣慈乡、懿德乡（后属宣平县地，今老竹镇）矿工叶宗留、陈鉴湖、陶得二等聚处州流民数千人，在福安、宝峰、刘洋坑等地私采银矿。十二月二日，叶宗留等在庆元县少阳坑聚众武装起事。十月，出庆元，进浦城，入江西。十三年四月，福建沙县佃农邓茂七，领导农民武装抗租，从数万人，与叶宗留、陈鉴湖、陶得二、叶希八等互为呼应，攻略浙闽二十余县。明左金都御史张楷监军付剿，叶宗留于铅山黄柏坡阻战中阵亡。叶希八、陶得二领矿工部队经浦城、龙泉入云和（原丽水县地）拥陈鉴湖结寨宣慈乡鲍村。是年冬，温州监守、御史李俊屯军丽水周坦。十月，陶得二袭武义，十二月，陈鉴湖出遂昌，于街亭桥一役，矿工部队牺牲千余人，退回宣慈。十四年（1449）正月二十五日，陶得二矿工部队数千人，突袭破桥（今红桥村），杀分守参议耿定，兵务佥事王晟，灭其部千四百余人，进攻处州城。御史李俊、知府张佑"尽出府库深银，招募有敢出城杀敌一人者，赏银五两"。得500人，出通惠门，战于城北后溪，陶得二退西乡。是年二月，邓茂七死于延平，陈鉴湖自署国号太平，建元泰定。四月，浙江巡抚张骥遣丽水县丞丁宁，入山诱降陈鉴湖，被送至京，遭诛杀。唯陶得二杀使者，反抗如故。五月，矿工部队刘四、刘五、陈山等占据奇山，与明军大战于宣平溪畔的泸滩，毙指挥沈麟，丽水人叶钜率乡勇3000人增援，复战于后抗圩，刘五、陈三被难，刘四再入奇山。六月，陶得二部徐浩八、富隆鸠、王孟友攻打处州城。分屯6门，造昌公车，高3丈余，其形如柜，内中藏壮男，推至城下竖云梯攻岩泉、望京二门，守军以柴燃火掷击，火烈车焚，城不克。余浩八等退走懿德乡，明军骑兵追至破桥，陷矿工部队伏击，指挥脱纲坠马伏尸。矿工舒景隆部自城撤走宣慈，经曳岭，懿德乡团头领蔡恭十，纠乡勇，率乡族，据东岩抗阻，舒景隆扼隘路围困十余日，不下，纵火焚林，蔡公十及乡勇数十堕岩死。冬，陶得二、叶希八次攻略遂昌，杀指挥弓礼、县丞张智，"焚廨舍""纵狱囚"，从者万众。景泰元年（1450）二月，张楷自福建移师处州，陶得二数战折损千人。张楷"抚""战"并用，反复招降，被招降两万余人。陶得二"焚其寨，散其众"。同月，丽水浮云乡王景参因与陶得二谋取西乡，未就事觉，明军8000人剿于桑坑口，景参败死。五月，陶得二重整旗鼓，出庆元、战丽水、攻武义，毁城栅，杀分守巡佥事陶成，复还据宣慈。镇守浙闽兵部侍郎孙原贞遣大军压处州，陶得二纵军入懿德乡破桥，坚壁自守。明军置垒于官桥，推军清湾，入破桥，焚其营寨。陶得二、祝岳二退守东渠山，余部陈允才、舒景隆、陈惟正等据险东岩。

　　破桥大捷后，陶得二率军来到老竹、梁村一带驻师。在陶得二围攻府城时，逃亡在外的蔡恭十以为反攻的时机已到，趁机带领几百名团练窜回曳岭脚村。陶得二带领队伍打回来，蔡恭十带领懿德乡团练急忙退至离曳岭村五里的东岩。

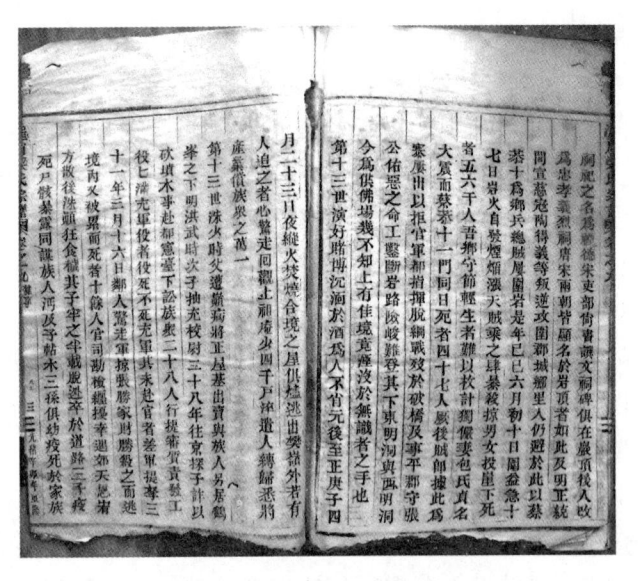

清光绪《遂川梁氏宗谱》志事

东岩一侧有西岩，这两座山峰相去数百步，像两根对峙的摩天柱，成为老竹和曳岭脚的门户。东岩四面陡绝，顶上平坦，有天阅堂、定香院等建筑，还有一个"天池"，水可饮用。登东岩的道路只有南侧崖壁上凿出的一条石磴，因为山峰极陡，登石磴必须拉着两边的草木藤蔓才能上去。东岩的西北面就是两山壁立的清风峡，峡有深涧，地势也十分险峻。

陶得二命令起矿工部队将东岩团团包围起来。几天过后，到了七月七日，岩上已粮断水涸。蔡恭十拼命组织突围，但岩下起矿工部队早已燃起腾腾烈火。火焰燃着岩上的草木，蔓延到山头上，吓得团练纷纷跳崖，全部摔死。蔡恭十也跌死在清风峡。

接着，陶得二率部袭击遂昌。在县圩头击败明军绝其要隘，攻守凡十八日，寨破。十月，派兵万人，穷搜东渠山，梁村人梁秉迩随军征伐。秉迩一马当先，突入矿工部队阵营，登上悬崖处擒拿两名敌将，戮其头颅。后因寡不敌众，为矿徒所杀。陶得二夜起南湖，途中遇敌被俘杀，祝岳二突围脱走。景泰三年（1452）秋七月，孙原贞以处州广僻难治，请析丽水之浮云、元和二乡，置云和县；宣慈、应和二乡，置宣平县。青田之柔远乡，置景宁县。祝岳二返回龚坑银矿，仍以采矿为由，集聚矿工部队于十二月二十八日，谋攻宣平县治。二十九日，处州府驰兵宣平，祝岳二避走入山。四年（1453）正月初四，明军3000人入山缉捕，杀矿工部队百余人，岳二终为所擒。

第三节 狙击太平军

清咸丰八年（1858）九月十一日，侍王李世贤部与合军、花旗军由龙游入遂昌，连克松阳。十七日，沿松阴溪下碧湖，星夜攻克处州城。知府李澍、知县姚复辉撤石帆，旋率兵勇3000人，集乡众万数以壮声势，于二十三日回扑州城。太平军整军出城迎击，旗帜鲜耀，乡众见之纷沓走散，清军不战而溃，太平军追歼至青田海口。十一月，太平军设卡四乡，东至岩泉、却金馆，西至碧湖、九龙，南至坛埠、大港头，北至太平、小安等处。同月，李世贤部众数万人，自金华、武义进战宣平，连战遂昌、松阳、云和，清军溃败。

同治元年（1862）正月，处州府城太平军分兵出南乡，经石亭、石桥头、毛竹、魏村畈、张山、杨山等村入云和。二月二十五日，李世贤部，号十万人，自松阳过丽水西乡，分屯丽（水）、宣（平）、武（义）边界数十日。三月，福建总兵林文察，自龙泉绕道大港头偷袭碧湖太平军。同月，丽水南乡十八都、关岭、西黄、董村、里山各堡乡团与太平军发生狙击战。四月，四乡乡团扰战频起，互有胜负。魏村、高溪、岚山头等处攻占尤烈。五月十二日，太平军扫荡西乡之郑山、松坑口、桐树岗、太平庄等地，杀毙团首吕云亭、何志劭、赵芳、翁国棠、刘大荣。六月十九日，州城太平军出击四乡，南至二都、三都16个村，西至朱云坑、缸窑、岭南、港口，东至黄畈、李佳源，北至凤山前、林宅口。

清光绪《渥川梁氏宗谱》之《志事》详载太平军掳掠梁村的经过：

咸丰戊午年八月，粤逆洪秀全自称太平国天王，遣部下伪翼王石达开，滋扰浙江，拨伪总制石达英等，率领贼众数千，于三月廿七日，直抵处城。城陷，贼遂僭踞焉，复拨伪将攻陷各邑。

宣邑被陷，留贼踞之，遣逆从黄贼目带二百余人，据珊溪，裹胁男妇，掳掠一空。斯时，村中老小男女，远遁深山，匿迹崖窝。各自乱窜，惟无赖凶徒在村，藉此窃取人家财物。自夸勇敢，勒村中捐助钱谷，聚棍徒约五月下旬逐贼，黄贼知之，即于十八黄昏悉领贼众，突入村中，遇人即杀，逢屋便烧，铳炮轰击，火焰涨天。被杀受伤者

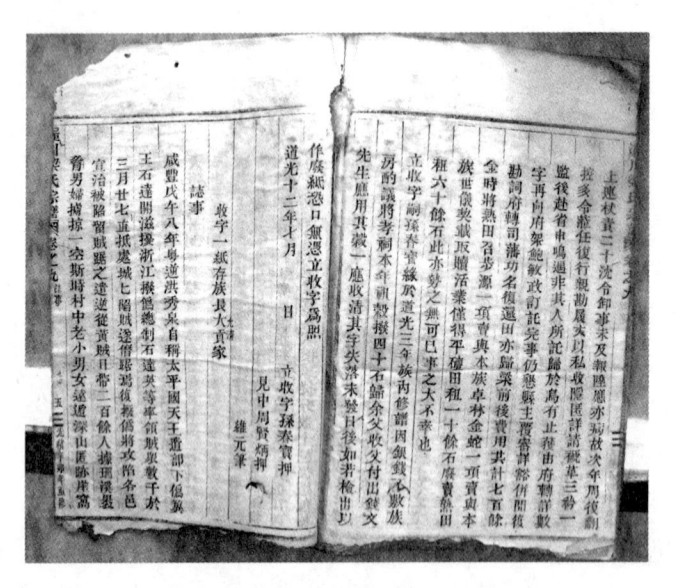

清光绪《渥川梁氏宗谱》志事

十余人，计烧大屋十五座，共八十三家。其未尽烧者，幸有人匿身隐僻。贼去，潜出扑灭之。次日，村人潜窥其居，则为灰烬者过半矣。

实系无赖辈，以螳搏技俩妄作妄为，致累合村，受此惨祸。

六月初旬，官军屯扎金华，贼惧，于廿八日逆贼全数尽窜闽境，郡邑克复，始安耕种。

越三载辛酉十一年五月，有粤匪数千，直窜处城，一日绕道抵金华城隐去。掳之。十月，粤逆伪丞相会立沧全陈贼目，从江西径至处城，攻陷城池，掳为巢穴，拨贼从分散十邑，复遣伪检点任贼窜掳珊溪为粮台。村人咸避于三岩寺下岩穴中。此山两崖对峙，壁立万仞，穴如蜂房，缘梯缒岩而上下衣食藏于此。贼踞珊溪，逼勒进贡立师旅军师百长司马等伪职，下令不准薙开丁口，分门牌，计丁勒钱，阳为安民，阴通在郡。贼众从僻道至本境，不分日夜，肆行掳掠，裹胁少壮。斯时村无炊烟，野绝行踪，任是崇山绝壑，深林丛草之处，无可躲避。

同治壬戌元年六月，松邑三都乡勇与任贼鏖战于马村、白岸口。贼败，遁归郡城，而珊溪贼营始撤，稍得安身。不料天行疫疠，合家传染，或死于崖穴，或毙于家中，老少皆无棺木，悉用竹箪、松板夹裹殡葬。惟时丽邑太平、朱弄等处贼众，蜂屯蚁聚，无暇择吉朝殡暮死暮葬。七月中旬，各大宪统领雄军数万，围攻处鏖战数昼夜。会陈二逆惧怖，于廿一二日率全数贼从望京门蜂拥远遁，争先奔窜，郡邑克复。于是合村老幼男女，悉得归家，谁知疫病盛行，死者尽多。即有得五百余口，合家无人者二十余灶。古云：大凶之后，必有大疫。连年遭厄如此，惨毒是亦吾乡之大劫也欤！

第四节　红色之乡

1927年10月，宣平县南乡（今曳岭一带）青帮首领、梁氏后裔郑和斋在柳城经中共宣平县委书记曾志达、委员陈俊介绍加入共产党。1928年春，陈俊以国民党宣平县党部执委兼农工部长的公开身份到南乡，与郑和斋共商创建南乡党的基层组织。5月，在新屋村建立中共南乡区委，郑和斋为区委书记。下设新屋、老竹、马村3个党支部。之后，南乡党组织又发展了一批党员，共有30多名党员。同年秋季，宣平进行了十多次小规模的武装暴动，引起了国民党宣平县政府的恐慌，并组织力量清剿。12月，由于国民党省防军的残酷镇压及叛徒出卖，区委及党支部负责人遭国民党通缉，许多党员被捕，党组织遭破坏。区委书记郑和斋被捕，于1930年8月27日被枪杀于杭州陆军监狱。

南乡革命纪念馆

1935年5月，中国工农红军挺进师在师长粟裕、政委刘英的率领下，到浙西南地区开辟游击根据地。6月，中共党员、红军战士汪陈俊受党组织指派回家乡宣平县梁村乡麻铺村（今属老竹镇）开展党的工作。在麻铺村发展中共党员 8 名，并建立中共麻铺村支部委员会，书记为汪陈俊。党支部下设麻铺、梁村、破桥、弄里 4 个党小组。同时，建立麻铺红军游击大队。9 月，遭国民党镇压，6 名党员被捕，汪陈俊、邹平阳被杀害，党组织和红军游击大队遭敌破坏。

1948 年 7 月，建立中共曳岭区领导小组。中共曳岭区领导小组活动范围在老竹、丽新、巨溪一带。区领导小组下属组织有老竹、畎岸、梁村、章记、楼根底、富山头、巨溪 7 个党支部和白水坑、双坑口 2 个党小组。

附录一

历代题赠诗文选录

一 寿文跋赞

祝梁君思荐安人戴氏寿文

清·陈谔

　　余家五云深处，馆于宣之曳山，杜门谢客，作一蠹简，鲰生秃颖盈筒，久不摘词捈藻矣。适有友人潘时亨执一赫蹄向余言：伊亲梁戴氏安人之淑德，偶届花月下浣九日为五旬诞辰，征余一言为寿。余闻安人早娴闺训，夙著坤仪，才同咏絮，辨可解围，自名门而归望族，温柔端静，孝奉翁姑，和于妯娌，振肃家政，拮据赞襄。

　　值夫子中年仙逝，矢志柏舟，徽猷丕茂，内外交称，不减巾帼中男子。笃生四杰，教育多方，长君尚元挺秀于一方，次三尚亨、尚干勤俭以立家，季郎方在襁褓，以母道兼父道，策励成人，皆著名于族里。抑且子媳环侍兰孙，振振绳绳，俱非寻堂品格，当此之时惟乐享天年伫待，荣封之渥至耳。

　　方今媊星焕耀，彩帨生光，珠履盈门，翕尔酬觥献颂，何羡瑶池嘉会哉。自是百福骈臻，寿山高耸，扶灵寿杖，进万年觞。此又戚属所深愿者也。是为序。

（录自清光绪《渥川梁氏宗谱》卷九）

恭祝维屏兄七秩寿庆

清·梁畏

七十年来鬓未霜，从心不逾学知方。
且携尊酒花间醉，目是声名海内芳。
策杖漫副故旧约，含饴时弄子孙浆。
龙头久已称难老，觞泛庭前彩凤翔。
南极星辉拱紫微，童颜鹤发古来稀。
图中九老堪为伴，岛外群仙自结依。
千里骅骝多踟蹰，数枝萼蕾亦芳菲。
从今若得长生菓，耄算期颐在指挥。

弟　畏拜赠

（录自清光绪《渥川梁氏宗谱》之著作卷）

【按】梁畏（1764—1847）字知三，号东圃。渥川梁氏第二十六世孙。

题贞烈集

明·孙原贞

奋身贾勇迈群雄，献馘论功孰与同。
妻洁冰霜完妇节，父摧肝脑见臣忠。
名标赤石岩岩上，魂在清风寂寂中。
自予陈情旌特异，一门死事古来隆。

（录自清光绪《宣平县志》）

【按】孙原贞（1388—1474），名瑀，字原贞，以字行。江西德兴人。永乐十三年（1415）进士，授司部主事，历郎中。正统初年，以荐擢河南右参政，再迁浙江布政使。后来担任兵部左侍郎，镇守浙江，景泰三年六月进兵部尚书，是年十二月调福建。有《岁寒集》。

题贞烈集

明·朱涌

江东千里黯尘沙,避寇焉知死是家。
抱石自怜心似铁,投岩不惜貌如花。
韩姬节挟冰霜迥,宝女名垂宇宙赊。
忍听垅头明月夜,苍凉枯木怨啼鸦。

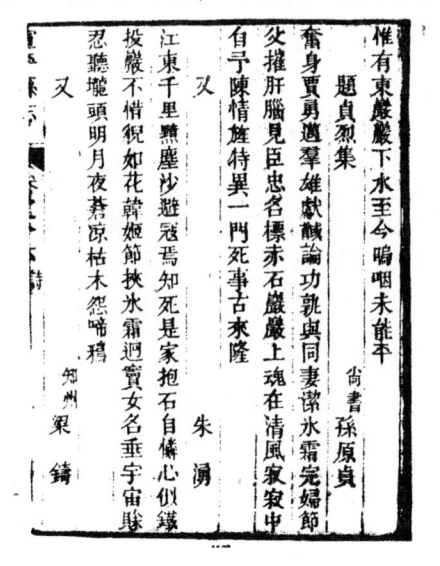

(录自清光绪《宣平县志》)

晚园先生传

清·邵是栴

梁君大器,字立成,号晚园,邑庠生。试辄优等,以读书病目,蚤告给父母兄弟,问为所当为,无不尽心力。乃兄设教外乡,凡经理家务事,明而且公。承父产齿积置田造屋,家称小康。生四子,长子倬,孝弟力田;次位、次佐,俱食廪饩;四子俭,业儒。常训子曰:余忧儿不耕不读,儿莫忧不丰不足,以故业农者,无不逢年习制举者。必赴乡选,其起家正未有艾也。珊溪俞梦熊，一都名士，髫年同砚，白首如新，因缔为儿女姻。此外无俗士知交，足罕蹈城市，饶有山林独醉之觥，其善于承先善于启后者与。

文林郎拣选知县教谕御管训导事、宣平儒学训导、年家眷弟邵是枏撰

（录自清光绪《渥川梁氏宗谱》卷九）

【按】邵是枏，生卒年不详，余姚人，乾隆二十四年举人，时任宣平县儒学训导。

安乐山跋

清·周一鹏

昔尧夫先生名所居，窝曰安乐。有取于安其揣、乐其心之谓欤。或曰：不然，安则不危，乐则不忧，能造于不危不忧，斯之谓安乐窝，与山无不可也。药樵先生，以是名之义，或取诸此乎。

乾隆丁酉余月之望书。

（录自清光绪《渥川梁氏宗谱》卷九）

【按】周一鹏，生卒年不详，钱塘人。副贡。清乾隆三十二年二月任宣平县儒学教谕。

君立成年先生退修同严跋

清·周一鹏

学者所贵，有为有守。语云：修之于家，献之于迁，退者进之基也。立成年学长先生，以"退修"名斋，深契古人退则修己之意欤。虽然，修其天爵人爵，自至不于其身，必于其后人。庶几拭目望之。本学教谕钱塘、南北副车武英殿行走、年家眷弟周一鹏谨志。

（录自清光绪《渥川梁氏宗谱》卷九）

【按】立成，即梁大器（1724—1786），字立成，号晚园。渥川梁旃第二十五世孙。

明旦翁传赞

清·陈必华

秉性正直，品行端方，谦恭持己，孝友传家。一生之乐善，名誉重于乡邦。乐善之心，见人之善，在所必奖。见人之恶，在所必其处家也，言语未尝稍涉戏。渝方冠时，即承兄理家，备历艰辛，蜚声庠序，且抚孤倒成名，丕振家声，厥后分产，各爨囊无私蓄，不惟乡党宗族之所称，而弟与诸侄咸颂其无私。斯真仰不愧而俯不怍。稽生平大端，克尽孝友，椿早逝，奉萱堂色笑依然，服劳奉养，无不克尽子职。见弟与诸侄虽私居，必礼貌相接。淑配章氏，恭俭慈和，四德兼优，夫妇相敬如宾，今耄年盛。族辑谱牒，咸服清正刚方，仰镇谱事，监理纂修，诸冗尽剔，百务惟康，宜其卜年之遐，而子孙遗泽之长，爰不揣其鄙而略为之传云。

芝山陈必华拜撰

（录自清光绪《渥川梁氏宗谱》卷九）

二 诗词歌赋

祝梁翁国玉寿诗

清·胡升猷

南山郁崔嵬，硆硆何壮哉。
下有采芝人，抱璞隐嵩莱。
高华吐纳重五岳，嵌崎之性多节鄂。
德风已足表国型，怡情胸次藏邱壑。
试看迈种有闻人，和光潇洒渺风尘。
绕膝尽为天下士，芝兰玉树殊森森。
品重琳琅征书优，物色林泉访沦落。
拭目蒲轮下九重，洪伐行将标芸阁。
啸傲烟霞八十年，翩翩不异地行仙。
称觞为乞安期枣，九如云璈长歌篇。

（录自清光绪《渥川梁氏宗谱》卷九）

【按】胡升猷，生卒年不详，字允大，号贞岩，浙江山阴人，顺天大兴籍。清顺治四年进士。历官户部郎中、分巡江西南瑞道。在陕西汉兴道任内，被吴三桂叛军俘获五载，不屈。十九年授四川按察使。二十二年迁大理寺少卿，累官至刑部尚书。

国玉，即梁尚璧，字国玉，号韫生。梁祚璇父。生平详见第六章。

祝梁翁国玉寿诗

清·高士奇

笑傲炯霞逸兴赊，蓬莱深处驻仙车。
庭前有竹都栖凤，门外无山不带霞。
铸剑湖清闲酿酒，凌霄台静自烹砂。
秋光遥应先生寿，篱下争开黄菊花。

（录自清光绪《渥川梁氏宗谱》卷九）

【按】高士奇（1645—1704），字澹人，号江村。浙江余姚人。清康熙十五年迁内阁中书，领六品俸薪。官至詹事府少詹事兼翰林院侍读学士。晚年又特授詹事府詹事、礼部侍郎。谥号"文恪"。著有史学著作《左传纪事本末》53卷，《清吟堂集》等。

祝梁翁国玉寿诗

清·彭定求

栝郡高峰秀接天，孤松瘦石识高贤。
十年铅汞身弥健，半榻图书手自编。
道貌渐看添绿鬓，声华真不愧青钱。
二难膝下联翩起，丹诏翘瞻下日边。

（录自清光绪《渥川梁氏宗谱》卷九）

【按】彭定求，生卒年不详，字勤止，一字南畇，（今苏州吴县）人。康熙十五年（1676）状元。初授修撰，历官侍讲，因父丧乞假归，遂不复出。幼承家学，曾皈依清初苏州著名道士施道渊为弟子，又尝师事汤

彭定求画像

斌。著有《阳明释毁录》《儒门法语》和《南畇文集》等。

祝梁翁国玉寿诗

清·王尹方

九秋茱菊正纷奢,鹤髪朱颜乐岁华。
杯盏不空文举座,轩车常集郑庄家。
蔼如一月春风暖,秀发双枝玉树花。
处士星高名胜地,蓬莱小畔酌流霞。

(录自清光绪《渥川梁氏宗谱》卷九)

【按】王尹方(？—1694),字鹤汀,山西安邑人。清康熙十二年(1673)进士,官至内阁学士兼礼部侍郎。

祝梁翁国玉寿诗

清·米汉雯

唾壶缺后鬓毛苍,耄耋行□兴尚狂。
老去诗名空浙右,醉来丽曲遏山阳。
常因博黍留高士,不为求田设下床。

莫怪此中栖遁意，知君几度历沧桑。

（录自清光绪《渥川梁氏宗谱》卷九）

【按】米汉雯，生卒年不详，宛平（今北京）人。明太仆米万钟孙。清顺治十八年（1661）进士，康熙十八年（1679）举鸿博，改编修，官侍讲学士。山水气势浩瀚，笔意苍劲，书、画俱仿米芾。

祝梁翁国玉寿诗

清·刘元慧

紫云深处绮筵开，翠色千重鸳鹭来。
堂上歌声迥绛烛，帘前花落点霞杯。
丹砂勾漏傅仙峤，玉露飞琼下碧台。
太乙火藜应照夜，著书争羡出群才。

（录自清光绪《渥川梁氏宗谱》卷九）

【按】刘元慧，生卒年不详，字子睿。河北正定人。顺治八年进士，康熙三十年升任顺天府尹，三十四年改宗人府丞，三十六年升左副都御使，三十七年病免。工书法，尤致力于董其昌，得其神似。

祝梁翁国玉寿诗

清·黄斐

百城图书楷模新，流水桃花问隐鳞。
蒋径辟初能过客，韦经读罢有传人。
已盟鸥鹭分萝服，自染烟云挂角巾。
苍鬓欲疏颜色古，丹梯五岳许相寻。

（录自清光绪《渥川梁氏宗谱》卷九）

【按】黄斐，生卒年不详，官太常寺卿。

祝梁翁国玉寿诗

清·蔡元升

栗里风流北海卮，鹖冠鸠杖亦堪怡。
青门自种瓜如枣，黄石长生秀在芝。
相逐云龙俱爱客，长鸣野鹤更多姿。
菊英佳处时称祝，无限秋华醉洛耆。

（录自清光绪《渥川梁氏宗谱》卷九）

【按】蔡元升，生卒年不详，湖州人。壬戌状元。官至礼部尚书。撰有《佩文韵府》106卷。

祝梁翁国玉寿诗

清·陈元龙

耄耋年华齿发强，耆英洛社共翱翔。
一经学识传家贵，千里人看诵义长。
寝息干戈高密境，错陈羔雁颍川傍。
栝苍近与仙都峙，邀约群真泛羽觞。

（录自清光绪《渥川梁氏宗谱》卷九）

【按】陈元龙（1652—1736），字广陵，号乾斋，浙江海宁人。康熙二十四年乙丑科榜眼，累官至文渊阁大学士、礼部尚书。

祝梁翁国玉寿诗

清·高层云

盛世章缝士楷模，誉从门内达通都。
每闻邦政倾公府，自有儒风比后厨。
鸿宝书成尊月旦，龙纹气迥跃天衢。

只今茱菊浮香候，屡舞何曾解倩扶。

（录自清光绪《渥川梁氏宗谱》卷九）

【按】高层云，生卒年不详，明末清初画家。清康熙二十七年，任给事中。

祝梁翁国玉寿诗

清·仇兆鳌

卓然名行重儒林，八十年来邃养深。
结客尊罍常自满，爱闲花鸟日相寻。
彦方善解乡邻斗，巨伯能回寇盗心。
露冷风清秋正好，筵前玉树起森森。

（录自清光绪《渥川梁氏宗谱》卷九）

【按】仇兆鳌（1638—1717），字沧柱，宁波鄞县人。明末清初著名学者。清康熙二十四年（1685）举进士。累官至吏部侍郎。代表作有《四书说约》《杜诗详注》《周易参同契》集注和《悟真篇》集注。

留别梁双峰学尹甫

清·胡必奇

学尹梁村老侄孙，才情逼似信陵尹。
竹篱犬吠座常满，书幌风飘夜论文。
公事不轻来偃室，罢官偏喜叩柴门。
蒸藜饷黍古人意，班马萧萧不忍分。

（录自清光绪《渥川梁氏宗谱》卷九）

【按】胡必奇，生卒年不详，字仲郊，福建龙溪人。以举人出仕，雍正十一年（1733）任宣平县知县。宣邑旧多荒田，前任清丈有案，胡到任始详，请题捐银两千余两并请题捐积欠赔粮银五千余两，遗黎得生。

题退庵梁先生双寿喜像

清·戴希良

我有一老友,夫妻俱皓首。举案每齐眉,相处常并偶。
忠厚殊不伦,潇洒还无右。鹤算卜年华,松龄许长久。
令子擅人龙,文孙夸敌手。芬芬兰桂馨,宜天报以后。
湖州府长兴县学训导、年家眷弟戴希良拜题。

(录自清光绪《渥川梁氏宗谱》卷九)

【按】戴希良,生卒年不详,字鉴溪,丽水人,乾隆中,以岁贡生授长兴训导。诸生谒见,谆谆以礼义。授课闲余,携琴访佳山水,啸咏自得。后以老乞归。《长兴县志》称其"清白廉介,不涉势利"。有南明山"半云"摩崖存世。

题梁翁龟山学秦氏履中堂诗

清·俞开渭

远堂山右结新庐,峻葺垣墉乐自如。
钓月耕云天性足,循规蹈矩素风舒。
芝兰善体先贤植,图史频看后哲储。
预卜文光从引焕,一团仁让庆三余。

(录自清光绪《渥川梁氏宗谱》卷九)

【按】俞开渭,生卒年不详,老竹人。清廪生。

题碌斋学尧氏听松轩歌

清·俞开渭

白云堆里存清操,好倚古松登东皋。
老龙盘郁拂云霄,倾耳吹喧□际□。
左瞻绿竹右梅标,岁寒三径晚萧萧。

炎夏持经箕踞坐，敛经倦读听洪涛。
兀静旋生逸兴豪，歌凝云驭驻青梢。
墅鹤峰前翔欲返，平间草菊自迎陶。
书永呼朋谈道味，更深倩月课儿曹。
我过此轩弹一曲，阳春调咽松风高。

（录自清光绪《渥川梁氏宗谱》卷九）

过宿雪崖小圃

清·周一鹏

书斋结构地精严，暂息行尘客梦甜。
暖阁风清人语静，轩窗夜午月光纤。
时闻香气通缥帙，远见花枝映画帘。
小圃幽间欣领略，蠹鱼于我想无嫌。

（奉委时查书籍）

（录自清光绪《渥川梁氏宗谱》卷九）

题渥川晚园老先生行乐图

清·杨翰文

几时顾虎头，与君传尺幅。蠢蠢画屏间，石栏从起伏。
正襟以危坐，悠然历寒焕。频置数行书，频赚数椽屋。
得意欲忘言，斯容宛可掬。掩卷我思悠，树云遮远目。
莲城岁进士、年家眷弟杨翰文经羽氏拜。

（录自清光绪《渥川梁氏宗谱》卷九）

赠梁翁士豪氏

清·何学士

鼓作精神杖国前，修祠又在耄耆年。
贤劳不识乾坤老，善述曾添甲子旋。
况助严君堂构建，还成弱弟室家全。

闻翁八十犹余六，始步云中伴列仙。
眷晚何学士拜题。

（录自清光绪《渥川梁氏宗谱》卷九）

赠梁子甫叔樊氏入泮

清·陈文豹

羡君才品冠群英，芹藻新香彩袖迎。
素得藜光五夜灿，应标花样十分精。
云堆暂隐岩栖豹，水柱旋兴浪跃鲸。
他日王家称补衮，樊候山甫又重生。

（录自清光绪《渥川梁氏宗谱》卷九）

【按】陈文豹，生卒年不详，缙云人。拔贡。乾隆庚辰副贡。

附录二

梁氏诗文辑录

一　梁安世文选

记先伯宗善

宋·梁安世

　　主簿先伯宗善，魁伟长髯貌，若汉寿亭侯，有大节。宣和癸卯，自京师还，尝言必乱。亲故问之，则曰：某见士大夫群居，只谈田宅服食之华，好声色之高下，俸禄之厚薄，无一人及天下国家事心。窃鄙之尝投书于越师翟公，公器之留门下，使家人自制衣裳以相与，值陈通反杭越，遣兵渡浙命先伯将百余人偕往，会越兵败。先伯仅以身免，乡人间邱侍郎文常云，如新之人物，志节合为达官，惜不用于世耳。

　　自宣和庚子至绍兴初，所在多盗，门户既有保全。乡邑之民稍有警急，州郡必倚先伯为重。江敦褆少卿纬守处州，一夕军士谋变，急召先伯至黄堂，为设方略，明约来夜至四鼓，捕得十人。江公畏懦，不敢出言，先伯命驱出戮之，事遂定。方腊党洪载突据处州城，主簿兄弟共率懿德、宣慈、应和三乡义兵拒之，战贼屡败。载闻有王师来，欲顺流亟攻永嘉，循海且走。虑我义兵所袭而止，温得益修守备，此功尤大。秋八月，诏招抚载，遂就降纳赂于监军之中官童贯，反以守处城得美官，朝廷差武臣为守黄烈檄东岩，义兵赴郡弹压，余孽悉散。郡屡上其事，竟为所抑不报。

　　建炎初，倪从庆啸聚于三衢，同郡人季质为本路部使者，招主簿伯与先人俱从征，及平，从庆并录前功上，诏受主簿。伯文资、先人武爵辞不受。

（录自清光绪《渥川梁氏宗谱》卷十）

东岩天阅堂
偕曳山进士蔡伯尹、横溪处士朱肯堂游东岩分韵

宋·梁安世

子美天门佛寺诗,旧传天阙象纬逼。
介甫改用阅字工,诗人疑信两俱适。
吾州东岩天下稀,仰睇青霄直咫尺。
远公作堂榜"天阅",名自宣城冷官得。
兹山设险造物意,四顾无傍十仞直,
想当娲皇补天时。失手坠地惊霹雳,
又疑混沌葬于此。脑脂化土皮为石,
五帝观风下古坛。六丁凿地粘空壁,
群仙夜半听鸡鸣。佩环晓上阊门辟,
冷官里居时一游。自愧尘踪与世隔,
却思宣和庚子岁。鼠辈跳梁据州宅,
招携耆稚来保聚。先君仗义从诸伯,
三乡誓不染凶侪。此事太史遗简册,
当时捍力苦战地。父老指言犹历历,
寻幽验往多憎慨。俯仰乾坤异今昔,
同遊况皆翰墨林。胆豪胸阔搜诗癖,
临窥颇畏足履冰。坐久自疑身传翼,
黄昏欲留不辞醉。月在山腰星可摘,
分槃觅句最不工,独想忠魂泪横臆。

(清光绪《宣平县志》卷一五)

游紫虚观眉岩亭

宋·梁安世

少微桂山名,在昔谁检点。我观好奇伟,蜡屐访巇崟。
陂陀上硋陆,有石砑崖厂。虚名诉所遇,幽秘不容掩。

东山奔欲来，北山坐而俨。谯门矫西望，峥嵘入心胆。
于时秋已高，气象惊荏苒。风旌闻阓下，云阵天昊敛。
仰空恣排挈，造意到平淡。松声洗耳净，野色入眉惨。
溪落沙嘴长，微纹生碧簟。斜阳鱼网挂，烟树疏鸦点。
供诗尽境界，所萦良不俭。登高壮年事，哭我多独感。
慨怀泪林浪，洒落涟漪染。同行二羽士，华发蓬已髡。
熟诵庄周言，诮我未能贬。我言哀与乐，林壤无丰歉。
逢迎有浅深，迷悟分顿渐。殷勤谢至戮，有味食昌歜。
膏腴养天倪，琼篆探元览。丈夫行匆匆。止信流清坎。
欲追赤松游，弃官犹未敢。

（录自清光绪《渥川梁氏宗谱》卷十）

二　梁椅文选

重修镇淮饮虹桥记

宋·梁椅

周夏官掌邦政，而其属有司险以成桥梁，郑大夫能整比其国，至褰裳溱洧者与之，则谓之不知政。金陵（金南京市）故有桥，曰镇淮，曰饮虹，雄跨秦淮，淮水集涧，溪贯城邑，以达于江，奔流驶湍、冲撼激射。雨甚，势益横不可俯。而卓属车马憧憧燕停暑，商人戌夫与诸道贡输之入于饷馈者，舳舻戛摩，桥不得休息，大抵亡虑数十年辄弗支。

宝祐乙卯，东阳马公（按：即马光祖，曾任处州知州）自户部尚书出镇，越明年，修戎器，缮斗舰，创游击营，而奎翰之堂，邮传之舍，掾史之居，哲人胜士之流风余址，诸凡经度，以序即功。向二桥适同圮于潦，公不移日，召匠饬材，以通判何君宗姚（按：何宗姚，龙泉人，枢密使何澹孙）莅，铢寸从官出，工人欢趋，葳岁十月桥成，修广如其旧，加坚缜焉，万井萦环，遥岑掩映，如巨鳌赑负冠山，以与阳侯角武而争雄也。束西行者，胥咨嗟泳歌，以德公赐。

噫！公之德于民独桥哉。桥余事也，然过都越国，往往倾陊刓阙，聪听民揭且厉，水怒至即相望如万里隔。间起而图之，则又以其隐民者厉民，故君子于以占政焉。天地间运动流行一精神耳，人以精神为事业，则栉比而发理，枢旋而户随，钜纲细目，畴不在精義义利用中。

公表里忠勤，炯炯心目，环吾土皆若车辙马迹，朝夕至者，桥讵足烦公咄嗟哉！然尝观留侯客下邳间，从容步游圯上，而老人者以兵法授之，迄持以兴汉，兹岂适相邂逅然耶？凭高而眺远，临流而观逝，子房于是志念深矣！是邦一瞬关河，公方蚤夜秣马厉兵，思击单于颈献阴阙下。而桥西直天堑，东挟龙蟠，志士忠臣，遇而生慨，安知无衣褐之翁，跪履之子，把《六韬》、《三略》，往来议论，其上将赴公精神，以济登四海焉？亦如此桥矣，试以斯文招之。

门生从政郎、差充沿江制置使司干办公事梁椅谨记，门生朝奉郎、差充沿江制置使司参议官胡居仁谨书并题盖。

（宋景定《建康志》卷十六）

上元建学前记

宋·梁椅

上元自程夫子主县簿，士迪于训，至今恂恂如也。邑故未有学，裁置弟子员四，附于郡学官，而廪于县。春秋释奠先圣，令服其服，荐献七十子两庑下，外是一无所兴之。东阳陈侯寅至，则慨然曰："吾为邑长于斯，使为士者无以藏修息游，不大恶欤？"顾邑赋输皆上于郡，微铢寸入，盖偃蹇睥睨者三年。会负郭有民田入于官，为亩凡若干，洒请于大尹观文赵公，其诺如响，计使户部倪公又欣然以废圃衡从各三百尺有畸，俾规以为宫，于是上元县学一日权兴矣。侯方薙芜斩翳，木石苴铁，百工咸作，亡何，当代去，恨后未及竟，惧来者之弗绪也，属椅志所始。

椅窃惟三代之学，莫备于周，周公所以经世变、立人极，六典具矣，而建学养士之费，独未之闻。及考其制，则巷有塾，里有师，朝夕出入有教，自二十五家之间等而升之党庠术序，以达于国，莫不有条约焉。然后知井田与学校并行，真千万世良法也。阡陌开，士什九无常产，学亦往往无定处，长民者将聚而教，则必饮食之，宫室之，而官无公田，又必委曲于经常之外，故其事视古人为难。独慨今之学者，月有试，旬有课，大抵不过务记览，工词章，钓取声利。而学规云者，又特出于一时有位之人，类非圣贤旨意。夫自洒扫应对进退，以至穷理正心，修己治人，所谓学也。今使长民者孳孳焉以就所难，而其学乃缪于古，岂不甚可惜哉！且侯之经兹役也，必曰食焉而教，基焉而庐，盖有为之本者，夫学亦若此而已。邑之士其尚思侯经之难，视侯所以先立其本之意，而程夫子之遗规绪训，益致力焉，则为无负于侯之所望。若夫栋宇器服，未溃于成，则新令且至，必能以陈侯之心焉心，椅敬执简以俟续书。

宝佑戊午日南至，宣教郎、添差通判建康军府兼管内劝农营田事梁椅撰。

（宋景定《建康志》卷三〇）

清如堂记

宋·梁椅

上改元开庆之二月，进京湖制置大使马公资政殿学士，再镇秣陵。到之日，其父老相携持，以慰其乡邻；其部伍激昂，以愿致其身。呕喻翔佯，如儿夺乳，而忽复襁于其母也。公为一切镇以宽静，人用和肃，幕府事益者，迺作堂于青溪之泒，扁曰清如。盖公之在京湖也，出私财，幕善战士，奉命城黄平人迹不到处，转输缱属，秋毫不以累县官。北去少府，当具橐中装，公悉却不赍一钱。上闻，亲御翰墨以赐，有曰："卿一清如水。"公将同民之乐，而荣上之赐也，遂取以名堂。岁八月溃成。四面□涵，万象一镜，向之荒烟野草重昔贤踌躇凄怆之慨者，今使人融怡自得，游泳忘归焉。

梁椅适自维扬来省公，公命舟舣椅堂上，酒三行，椅离席再拜，执爵言曰："水本清，泥滓之；性本清，欲蔽之。先生无耳目玩好之娱，无口体甘逸之奉，傅舍其加而家国事，虚舟其身而身民隐，先生岂有他哉！人汙其清，我清其清而已耳。虽然，椅也窃尝闻之，道满天地间，而最可见道者莫如水，源泉混混，不舍昼夜，君子以自强不息焉。水先万物而已养万物，水流不舍，是以物生而不穷。先生忧勤王室，俯焉日孳，方寸之天无顷刻不运也。故其流行为长江大河，润泽为时雨甘露，社稷生灵实嘉赖之。此则先生之清，而圣上所为褒表也。若止于濯吾缨，以洁其身而已矣，不几于伯夷之隘乎？故曰：伯夷之清清而隘，裕翁之清清而裕。"

公笑曰："嘻！是吾志也。"釂予爵，遂退而次第其语，为堂记。

门生宣教郎、前淮东安抚使司参议官梁椅撰；

门生朝奉郎、新除宗正寺簿陈淳祖书；

门生文林郎、滁州军事推官兼沿江制置大使司干办公事章应雷篆盖。

（《景定建康志》卷二一）

国朝文章正宗跋

宋·梁椅

椅曩从事江阃，真文忠公之子、今度支少监为参议官，公馀扣异闻，得《国朝文章正宗》，盖公晚年所纂辑也。甫笔受，少监别去，仅录篇目与公批点评论处，携归山中，友朋争传写。郡博士倪君渊道见而悦之，乃谋帮鄞诸郑君瑞卿，裒全文刊之学官，字字钩校，几无毫发遗恨。或疑是编未脱稿，不得为全书，椅解之曰："文以理为准，理到则辞达。公于论理一门最所留意，学者沉潜玩索而有得焉，则凡著其目而未录其辞，与它名家有当录而未既者，可概推也。"二君俾椅志所从徒受，谨拜手书于左方。

后学梁椅。

（《皕宋楼藏书志》卷一一四）

三　梁泰来文选

潘氏前言录序

宋·梁泰来

《史》之有《世家》，所以推本其世胄，采录其行实，使后之人有稽焉。天下岂无硕德重望，优游下僚，长材奥学，隐遁山林。虽有嘉言懿行，未能得志于当时，姓氏莫彰于竹帛，一归泯灭而已。然而公论一脉，伏于人心，盖有亘古今而不可磨者。于此有人焉，乃能慕其高谊，著于野乘，而其子孙之贤者惧世德之湮坠，又能笔为家传，亦足以发扬潜德，贻方来而不朽，岂曰小补之哉！

中材潘君，拙巢翁之闻孙，端谨积学，其儒业秀于一乡。暇日取其鼻祖之始，宗支之蕃，宦业之著，与夫族党姻亲之达官名儒，凡得诸回翁慢坡先生之遗论，萃为一编，目之曰《潘氏前言录》。吁！中材用心良动矣。予求其书读之，挹前贤于方册之间，缅流风于千载之上，未尝不抚卷三叹而起敬起慕也。是书之作，能使先正群公德行文学，虽死而不朽，愈远而愈芳，其功岂浅浅哉！抑予闻史迁之作史也，言荆轲征夏无且，言卫青征苏建。他日有操史笔而观风采言者出，名将征诸中材云。

（清光绪《宣平县志》卷一五）

棋

宋·梁泰来

不动干戈觌面兵，非秦非楚自纵横。
十分得势寡敌众，一着投机死转生。
当局胜心迷取舍，旁人冷眼辨输赢。
翻来覆去须臾耳，对此分明见世情。

（录自清光绪《渥川梁氏宗谱》卷十）

菊花

宋·梁泰来

不栽桃李媚东风，偏与黄花臭味同。
双径平分方丈地，每篱匀种十余丛。
嚼霜香沁酒肠里，泻露思浮诗句中。
谁会此花清绝处，楚灵均后晋陶公。

（录自清光绪《渥川梁氏宗谱》卷十）

人心

宋·梁泰来

人心险似风波险，世态轻于云絮轻。
凫鹤短长皆定分，触蛮胜负只虚名。
琴书庭户闲方静，蔬果杯盘贫倒清。
真欲为农今已晚，篇诗话兴赋归耕。

（录自清光绪《渥川梁氏宗谱》卷十）

对酒

宋·梁泰来

白发于人最不偏，能随岁月上华巅。
须臾变故桑生海，今古英雄草后阡。
浪说挥戈回白日，且须举盏望青天。
扬州骑鹤何时足，万事无心即散仙。

（录自清光绪《渥川梁氏宗谱》卷十）

山林

宋·梁泰来

山林自古老英豪，穷达从来运所遭。
世利甚微两蜗角，人情多变九牛毛。
寄怀琴外无声妙，袖手棋边不着高。
白骨休嗟秋井塌，相逢有酒且持螯。

（录自清光绪《渥川梁氏宗谱》卷十）

寄王横溪、俞朋山二同年

宋·梁泰来

推冠已已青衫老，对镜看看白发侵。
挟策尚存三寸舌，著书仅见七分心。
清泉白石吾盟友，流水高山谁赏音。
平服可劳刀锯患，朝东必胜在山林。

（录自清光绪《渥川梁氏宗谱》卷十）

劳生

宋·梁泰来

百年风转蓬窠易，东海桑田倏变更。

过去事皆如梦寐，已灭心不到功名。
狂歌颠倒啰啰哩，醉句参差仄仄平。
富贵葭中一荸耳，寸攘尺取漫劳生。

（录自清光绪《渥川梁氏宗谱》卷十）

闲笔

宋·梁泰来

百无补益是浮生，自觉年来嗜欲轻。
养气可令脐下暖，息交仅得耳根清。
且收风月为诗料，莫对溪山说世情。
敝却精神徒碌碌，百无补益是浮生。

（录自清光绪《渥川梁氏宗谱》卷十）

豆腐次侄达泉韵

宋·梁泰来

巧出淮南仙术妙，今人只作食蔬看。
转旋蚁磨滋银汁，缥缈龙茶瀹碧湍。
落刃不闻冰有韵，覆盘惟见雪成团。
此时好入调羹手，已免醋儿风味寒。

和王友梅韵二首

宋·梁泰来

一第青衫十载前，浪跨龙马玉为鞭。
江湖倦矣歌长铗，泉石归欤寄短椽。
诗为君吟穿铁砚，易因困学绝韦编。
年来又作曳裾客，时止时行一任天。

（录自清光绪《渥川梁氏宗谱》卷十）

自笑聪明不及前，长途屈曲且停鞭。
未能水击三千里，聊复山居八九椽。
往事逢朋说皇榜，新功课子诵青编。
何时共把穷通数，相与衔杯一问天。

（录自清光绪《浥川梁氏宗谱》卷十）

栝州治演政堂烟雨楼诗二首
上李侯容斋先生

宋·梁泰来

唐人佳句记莲城，堂匾因成万古名。
人意好于山意好，政声清似水声清。
承流宣化大经济，养性存心熟讲明。
五十九滩从此去，恩深不作不平鸣。

云物屏书太史编，栝苍上映少微躔。
层梯迥出一头地，万里都归极目天。
几点青山流水外，数行白鸟落霞边。
高明远大君侯事，名与斯楼千古传。

（录自清光绪《浥川梁氏宗谱》卷十）

自赠

宋·梁泰来

人间上策酒为乡，天下空言书满床。
省事单传延寿法，宽心独用解愁方。
明珠自照一襟月，大药难留两鬓霜。
破砚代耕人莫讶，寸田中自有余粮。

（录自清光绪《浥川梁氏宗谱》卷十）

高叔祖远堂漕使与杨诚斋先生唱和敬用元韵

宋·梁泰来

黄榜联名甲戌年，传衣直比祖师禅。
源源学道周程后，籍籍诗声魏晋前。
玉笋同班人暂别，雪梅得句字犹鲜。
江西一派清如许，千古遗芳沃砚泉。

（录自清光绪《渥川梁氏宗谱》卷十）

【按】杨诚斋，即宋代文学家杨万里。

余自家抵坦东延绿寓舍，暂息郑坑山家，经走马坞往来偶成

宋·梁泰来

昔年折桂挹蟾光，会赋归来对菊黄。
山势迎人如马走，家居盘石似龟藏。
时来时往履坦道，一咏一觞延绿堂。
晚节悠然聊自息，何妨两鬓着秋霜。

（录自清光绪《渥川梁氏宗谱》卷十）

菊

宋·梁泰来

一片秋光个样清，如何桃李敢当承。
诗人不敢呼名菊，只把黄花两字称。

（录自清光绪《渥川梁氏宗谱》卷十）

酹菊

宋·梁泰来

人因靖节方知菊，菊亦能香靖节名。

好对西风一杯酒,殷勤三酹菊花情。

(录自清光绪《渥川梁氏宗谱》卷十)

过秦少游祠

宋·梁泰来

溪回路转入幽林,云钥荒祠草木深。
流水斜阳鸦数点,不知谁卧古藤荫。

(录自清光绪《渥川梁氏宗谱》卷十)

山深

宋·梁泰来

惯住山深林密处,荒庭草舍独清幽。
来行花径齿吟屐,坐对方塘矶钓钩。
懒性避名如避寇,贫居无酒亦无愁。
白云可恋且高卧,莫怪庞公不入州。

(录自清光绪《渥川梁氏宗谱》卷十)

蔡中斋招避暑东岩

宋·梁泰来

危蹑层梯最上头,高寒地位接琼楼。
人间炎日自三伏,峡里清风长九秋。
南涧铭碑录遗爱,远堂诗笔记会游。
个中别是清凉国,杖履何妨更少留。

(录自清光绪《渥川梁氏宗谱》卷十)

竹间无暑

宋·梁泰来

一枕微凉足午熏,万竿绿竹净无尘。

世人欲避炎炎暑,此地能令暑避人。

(录自清光绪《渥川梁氏宗谱》卷十)

月下读诗

宋·梁泰来

月下将诗与月评,一庭风露月三更。
金蟆玉兔点头处,好丑不逃天眼睛。

(录自清光绪《渥川梁氏宗谱》卷十)

担米夫

宋·梁泰来

嗷嗷馋口需朝铺,百里颓肩役道途。
莫向担夫询米价,担夫流汗已如珠。

(录自清光绪《渥川梁氏宗谱》卷十)

蚕妇怨

宋·梁泰来

蚕熟蚕妇喜,绢成蚕妇怨。
我言蚕妇不须怨,官中纳米不纳绢。
蚕妇未言先皱眉,口说此怀人未知。
且如今年桑叶贵,叶债未偿典春衣。
春衣典尽无计赎,米粮只补官粮足。
机头尺寸博米谷,寒指停梭已空轴。
去年绢尽犹绩麻,今年麻已供敷科。
青灯夜窗补郎襦,妾身受冻休嗟吁。

(录自清光绪《渥川梁氏宗谱》卷十)

古意

宋·梁泰来

多欢苦夜短，多愁厌夜长。饥寒忧岁闰，富盛惜年光。
人心各有欲，好恶苦不一。不一如所期，毋乃劳造物。
造物亦何心，至道本自然。寄语屈平子，何须更问天。

聚散随炎凉，交态自古然。翟公何见晚，大笔书门前。
樽前强语笑，抽肠誓生死。厉害直丝粟，反眼相我尔。
田尝位卿相，宾客盈三千。田尝去相位，客去何翩翩。
管鲍不复生，斯人足可惜。世变自苍黄，古心常铁石。

（录自清光绪《渥川梁氏宗谱》卷十）

八月十四夜

宋·梁泰来

月明休讶一分亏，排夜开樽陆续诗。
莫恨冰轮犹有缺，未圆应有向圆时。

（录自清光绪《渥川梁氏宗谱》卷十）

陈平

宋·梁泰来

浪说生平六出奇，智谋到底有穷时。
不从陆贾筹诸吕，非特身危汉亦危。

（录自清光绪《渥川梁氏宗谱》卷十）

张良

宋·梁泰来

掉舌俄成万户封，报韩之外不言功。

汉高笼络英雄者，却在先生笼络中。

（录自清光绪《渥川梁氏宗谱》卷十）

昭君

宋·梁泰来

胡沙猎猎浣宫衣，马上琵琶曲曲悲。
瘦减仪容尚如此，单于岂识在宫时。

（录自清光绪《渥川梁氏宗谱》卷十）

钓台

宋·梁泰来

幸有富春田可耕，石台何用钓竿横。
羊裘卖出狂奴态，到底先生是钓名。

（录自清光绪《渥川梁氏宗谱》卷十）

屈原

宋·梁泰来

千古以前万古后，只有先生独醒人。
众人皆醉醒何益？后世多将醉保身。

（录自清光绪《渥川梁氏宗谱》卷十）

漫成

宋·梁泰来

进步高高高又高，枯粘壁上枉辛劳。
我今不作轩裳梦，林密山深住得劳。

过双溪访远堂遗迹

宋·梁泰来

清风明月老吟秋，岭表归来此倚楼。
一代英豪千古恨，双溪溪上自渔舟。

（录自清光绪《浯川梁氏宗谱》卷十）

【按】此双溪为金华双溪，宋淳熙年间，梁安世曾到此游玩，并有诗作存世。

钱塘观弄潮

宋·梁泰来

随波上下若轻鸥，生长江乡性善游。
翻笑前朝名利客，溺身欲海莫抽头。

（录自清光绪《浯川梁氏宗谱》卷十）

和靖墓

宋·梁泰来

黄壤难埋处士魂，水边雪后若逢君。
假令所好亦桃李，未必诗人拜此坟。

（录自清光绪《浯川梁氏宗谱》卷十）

梅花

宋·梁泰来

骨格清癯大耐寒，人无道眼也休看。
吾侬为说梅花相，主定梅花作冷官。

（录自清光绪《浯川梁氏宗谱》卷十）

感兴

宋·梁泰来

添年世未熟,寡欲道情深。醉后有醒语,今人用古心。
雪梅清入骨,风竹冷知音。不作趋时态,聊成感兴吟。

(录自清光绪《渥川梁氏宗谱》卷十)

归田

宋·梁泰来

野兴归田乐,官情行路难。身心无荣辱,梦寐自平安。
晚食何加匀,粗衣尽疗寒。幽居日无事,种菜当花看。

(录自清光绪《渥川梁氏宗谱》卷十)

偶书

宋·梁泰来

世事风中絮,时机局上棋。穷通皆分定,行止岂人为。
引睡书堪枕,驱愁酒替诗。塞翁虽失马,倒是得便宜。

(录自清光绪《渥川梁氏宗谱》卷十)

野步

宋·梁泰来

树影压檐牙,茅茨一两家。虫丝网残叶,鸟篆印平沙。
桥影摇纹浪,山光照彩霞。讴谣听农妪,香稻满汗邪。

(录自清光绪《渥川梁氏宗谱》卷十)

行安乐高

宋·梁泰来

可酒可诗处，即行安乐高。此生惯为客，所寓便如家。
空地借栽竹，荒畦理种花。何须田二顷，方是好生涯。

（录自清光绪《浬川梁氏宗谱》卷十）

感知

宋·梁泰来

古来豪杰士，谁不老山林。泉石本来面，功名过去心。
西风隔楼笛，夜月近邻砧。为厌雕肝肾，年来不浪吟。

（录自清光绪《浬川梁氏宗谱》卷十）

贫乐有余

宋·梁泰来

其一

任拙间无累，虽贫乐有余。残樽留客了，近稿遗儿书。
护笋成春竹，翻池过宿鱼。寸田耕不尽，何用买菑畲。

其二

能定寂无扰，虽贫乐有余。谋家愧邻里，分席稔樵渔。
修砌扶崩石，开畦理废墟。青云故人在，时复问何如。

其三

知足外无想，虽贫乐有余。看云山绕屋，掬月水巡除。
酌春生乾酒，晨餐烂煮蔬。闲吟不知晚，低月半窗虚。

其四

未老闲为上，虽贫乐有余。天山筮嘉遁，水石赋幽居。

冷饮沽来酒，温寻读过书。此心无外慕，清梦自蘧蘧。

其五
知止幸无辱，虽贫乐有余。清谈胜嘉设，缓步当安车。
草软地皆席，松阴山可庐。日来无别课，笺注养生书。

（录自清光绪《渥川梁氏宗谱》卷十）

闲趣

宋·梁泰来

删梅豁松迳，薙草净蔬畦。酒尽开新缶，诗成换别题。
目前荣悴别，末后死生齐。休问谁强弱，守雌天下蹊。

（录自清光绪《渥川梁氏宗谱》卷十）

菊

宋·梁泰来

百花妩媚春风里，千人万人诣桃李。
诗人别有好生涯，不种凡花并红紫。
门前坡地掌似平，地亦因以平得名。
自锄烟雨苗新绿，根根可待霜中英。
时人但笑种花拙，不看年年二三月。
一宵风雨忽纷披，万种芳菲尽雕歇。
秋林摇落树树空，冷烟晴露东篱东。
金星照人晔寒彩，翠云翻径罗芳丛。
声诗觞酒宴佳友，人间富贵九秋九。
花欤人欤臭味同，意韵入诗香入酒。
不须深怪所嗜偏，借问古人然不然。
胡不观灵均之兰子猷竹，和靖之梅濂溪莲。

（录自清光绪《渥川梁氏宗谱》卷十）

续问月歌

宋·梁泰来

广寒宫阙今何年，我欲更问嫦娥仙。
谁欤为卜天上居，琼墙玉堵能团圆。
西去东来几昏晓，玉兔长生娥不老。
当时李白酒一杯，醉狂会间几时来。
古人今人若流水，李白而今安在哉。
人生欢笑不易有，劝君盃酒莫停手。
便须起舞浩浩歌，清光正在西檐柳。

(录自清光绪《渥川梁氏宗谱》卷十)

中秋无月

宋·梁泰来

去年中秋月下饮，今年中秋灯一点。
去年中秋年已登，今年中秋秋未成。
仁教无月诗无绪，一冷杯对檐前雨。
莫教有月人翻愁，西郊土渴禾无收。
寄语少年风月侣，岁中不是无三五。
但今无月民无愁，樽前夜夜是中秋。

(录自清光绪《渥川梁氏宗谱》卷十)

醉歌寄蟾洲叶素斋

宋·梁泰来

千古在前万古后，掠眼光阴鸟儿走。
浮云富贵尽空花，看看黑头成皓首。
世间万事如浮云，倏忽白衣化苍狗。
玉堂金马在何乡，茆舍竹篱刚半亩。
近闻谁封万户侯，腰间金印大如斗。

或传谁为戎死鬼，蒙头膏血沙场朽。
山中之乐尽无穷，不听旁人闲是否。
清泉白石吾卜邻，园老溪翁吾取友。
驼峰未抵野蔬汤，蔗浆不换茅柴酒。
但知起舞歌呜呜，醉乡天地无何有。

（录自清光绪《浬川梁氏宗谱》卷十）

菜羹吟答鼎臣宗弟

宋·梁泰来

东邻贵官万户侯，炊金馔玉罗珍馐。
西邻富翁万钟粟，刲腴割鲜作大嚼。
当歌对酒逞风流，尊前已作明日愁。
贵莫贵兮愁宠辱，富莫富兮愁未足。
争如野老贫且清，盛衰得失俱忘情。
烂煮菜羹饱真味，自饮自歌还自醉。
晚菘早韭秋复春，多锄少摘随时新。
鼎食纷纷餍梁肉，岂识田园有真乐。

（录自清光绪《浬川梁氏宗谱》卷十）

云山堂歌呈容斋李侯

宋·梁泰来

云之妙用主乎动，山之本体主乎静。
云舒云卷山隐见，明远楼前森万景。
烟霞吞吐草木蕃，山兮亦可以动言。
太虚收险杳无迹，云兮盖有静者存。
细看云容与山色，动静互为一太极。
一动一静机无穷，尽在郡侯胸次中。
吾愿此山为传岩，君侯入相调鼎鼐。
此云起作霖沛然，惠泽九州均四海。

（录自清光绪《浬川梁氏宗谱》卷十）

醉中歌集古句

宋·梁泰来

天长地久有终毕，百年三万六千日。
人生七十古来稀，富贵荣华能几时？
少陵无人谪仙死，古人今人若流水。
仲尼盗跖俱尘埃，英雄而今安在哉。
昔日青楼对歌舞，桃花乱落如红雨。
繁华今古共凄凉，人面只今在何处？
少年安得长少年，富贵不成年少去。
志士幽人莫怨嗟，北邙塚墓高嵯峨。
吾知世事邯郸梦，名垂万古知何用？
举杯消愁愁更愁，曷不委心任去留。
今人不见古时月，月有阴晴与圆缺。
何如月下倾金罍，一杯一杯复一杯。
古往今来只如此，莫忧世事兼身事。
红光入面春风和，而为无可奈何歌。
劝君终日酩酊醉，天地万物如吾何？

(录自清光绪《浥川梁氏宗谱》卷十)

杂意

宋·梁泰来

山高水洋洋，千古伯牙心。我欲铸子期，床头无黄金。
风松振幽籁，石溜激清音。无成亦无亏，妙处藏天襟。

信义两相合，千里如比邻。肝胆或少异，对面峻越秦。
交道人不古，空怀管鲍贫。世态似炎凉，何足入笑频。

人生何自苦，百计劳昏晨。惟有睡卧时，几刻收精神。
饥则梦取人，饱则梦予人。方当取予际，亦复多贪嗔。

及其睡觉来，始悟梦非真。岂知梦非梦，觉亦梦中身。
大觉知大梦，万劫一浮尘。

蜗生天地间，沧海寄毛粟。而于尔左右，有国曰蛮触。
区区肆战争，干戈日追逐。岂知宇宙大，八荒四辽廓。
至人无所争，物我两冥邈。得失俱亡羊，人何不自觉。

大鹏翼垂天，扶摇逐羊角。赤鷃翔蒿间，数仞自腾跃。
泰山非有余，秋毫非不足。但能安性分，熙然得天乐。

虎肋插健翮，白昼飞长空。鲸鲵制蝼蚁，困处涸辙中。
当初东陵侯，金印披华蟲。汉晋刀笔吏，磬折扫下风。
后来谒萧相，一拜一鞠躬。二子得志时，孰不夸豪雄。
而今亦安在，同归一云蓬。死生有如此，何必问穷通。

（录自清光绪《渥川梁氏宗谱》卷十）

自适

宋·梁泰来

百年瓮下醉，万事琼一掷。触蜗轻胜负，塞马忘得失。
泥波混独清，机械伤纯白。西山日可恋，吟憩聊自适。

（录自清光绪《渥川梁氏宗谱》卷十）

古意寄潘谏山圣俞

宋·梁泰来

道逢山林客，裹袖怀王前。问渠欲何之，持献五鼎筵。
且言食之久，可以成神仙。时方嗜梁肉，所献非肥鲜。
为客三叹息，物微味固全。不如早还山，熟煮涧底泉。

（录自清光绪《渥川梁氏宗谱》卷十）

暑中

宋·梁泰来

苦热遭蒸炊，但觉宇宙隘。岂知清凉国，不出宇宙外。
月下可举觞，风前可解带。天将此二物，置此闲世界。
惟有闲人闲，心与二物会。坐令炎炎暑，远远三舍退。

（录自清光绪《渥川梁氏宗谱》卷十）

三鹤岭寄王横溪、俞朋山二同年俱为青田县学教谕

宋·梁泰来

翩跹二三鹤，接羽会冲天。因风俄退飞，相顾犹昂然。
两鹤超群者，双飞下青田。长鸣弄清音，不改霜雪妍。
想渠万里心，未必怀乘轩。一只人不识，回翔白云巅。
去住虽不同，饮啄各自便。北山穗帐寒，高飞将言旋。
同声唳秋月，仙寿俱千年。

（录自清光绪《渥川梁氏宗谱》卷十）

闲居寄兴集渊明句

宋·梁泰来

寒暑有代谢，万化相寻绎。明日非今日，人生少至百。
息驾归闲居，鬓边早已白。杜门不复出，拥褐暴前轩。
迥泽取游目，斗酒开襟颜。聊以永今朝，复得返自然。

我昔曾远游，出门万里客。此谁行使然，遥遥从羁役。
鸟倦飞知还，南山有旧宅。负杖肆游从，事事悉如昔。
卧起弄书琴，浊酒聊自适。

盛年不重来，此语真不虚。惟愿世间名，规规一何愚。
斗酒聚比邻，摘我园中蔬。遥谢荷篠翁，为我少踌躇。

盛衰不可量，寒暑复相推。虽留身后名，壮节忽失时。
晨出肆微芹，园蔬有余滋。投壶接宾侣，得酒莫若辞。
酒中固多味，一觞聊可挥。

丈夫志四海，骞翮思远翥。有酒不肯饮，日月掷人去。
古时功名士，今复在何处。且极今朝乐，遑恤身后虑。
遥遥沮溺心，几人得真趣。

（录自清光绪《渥川梁氏宗谱》卷十）

王石泉集山谷句，见寄集东坡句和

宋·梁泰来

敞袍霜叶残，吟诗肩耸山。春风摇酒杯，掉臂嵇阮间。
世路风波恶，谁知有孔颜。笑人还自笑，谁似广文寒。
袖中出子诗，苦语凉肺肝。诗人例穷蹇，顾独遗以安。
避世已无心，古井不生澜。不入纷华域，空花眼里观。

（录自清光绪《渥川梁氏宗谱》卷十）

题周坦戴氏桂林池馆

宋·梁泰来

地偏不受点尘侵，日涉园亭得趣深。
竹外移梅已辟径，月中分种定成林。
云山环碧醒人眼，池水澄清印此心。
净几明窗尽潇洒，时携好客一凭临。

（录自清光绪《渥川梁氏宗谱》卷十）

周坦戴氏图谱序

宋·梁泰来

氏族之有谱牒，亲亲之大义也。古者，大宗小宗之法，立民皆知所本，无畔散错杂之患。世递降而不言。虽大夫士之家，亦莫不克行，是以往往不能识其所自，矧夫迁徙不常，历世浸远，失其传者，盖多有之。此谱牒所以不得不作也。

戴氏之先，出于殷，至宋戴公因以其谥为氏，历代以来间有显者。周坦之源，则出于陈留戴城，复分于闽，衍于台、于温，于今栝之丽水，丽水之祖，则又自司议公始公讳明，宋绍兴二十七年为普安郡王府属以司议郎致仕。有子六人，乾道初，长子惠升来仕邑丽水，迎父母诸弟于任，遂卜周坦之地家焉。某夙忝姻契。幼闻祖母言戴氏巅末，仿佛记忆，今衰朽矣。归老于家有年矣。

大德甲辰春，内弟桂林、元敬持图谱泣为余言曰："某之家谱遭兵燹煨烬之余，旁郡本支已失其详，今哀所知者，粗克成帙，请为我叙其概。"

余捧阅数四，与儿时所闻不异，且昭穆后先，班班可考。呜呼！其尊祖敬宗之心，诚可尚矣。使世之士族咸知尊祖敬宗而谨修之。若是岂复有失其传者乎？

余故曰："谱牒之作，亲亲之大义也。自时厥后，子子孙孙，勿替引之，则又桂林之不能无望于将来者。"余不敏，缅怀昔人之言，申以桂林之请，弗敢辞让，为序之如此云。

（录自清光绪《渥川梁氏宗谱》卷十）

【按】此文作于元大德甲辰年春，即元大德八年，1304年。

四　梁浡澜文选

题紫虚观八咏

元·梁浡澜

紫虚高阁

紫虚高阁齐穹苍，云楼霓壤琼为堂。
麒麟电钥开明光，环佩群仙朝紫皇。
碧箫声里彩云曙，十二金扇霭香雾。

少微名山

栝苍上应少微区,少微山耸栝城隅。
天经地纪同机枢,世有处士山中居。
阳厓深处巢云厂,灵芝仙茵云根长。

古井溶丹

千年古井临仙宫,昔人炼药仙宫中。
秋添固济丹砂红,沐浴须资神水功。
只今金索汲清水,玉液琼浆足甘美。

乔松来鹤

眉岩松树郁以清,老干天矫身亭亭。
一双白鹤来清冥,去家倐忽将千龄。
雪衣不爱华轩好,自向山林啄瑶草。

洞宝题诗

青蛇跃袖光粼粼,彩毫生花惊世人。
相思惜别逾十春,咳吐珠玉题烟云。
当时险语泣魍魉,烧火因留劫前像。

思廉留舄

三花聚顶生羽翼,三叠琴心道初得。
放神驭气超八极,寂寂空山留只舄。
乾坤门户一钥通,双凫千里还相逢。

双溪春水

少眉山下好溪头,祈仙之水双合流。

溶溶漾漾涵沧洲，桃花浪暖春光浮。
溪上幽人守元牝，赤鸾东来瀛海近。

一塔秋云

古塔巍巍对仙阁，华呗声中宝花落。
白云时来为磅礴，未遂西风往林壑。
驱作仙家两太清，一洗尘劫秋冥冥。

（录自清光绪《渥川梁氏宗谱》卷十）

和陈伯亮游东岩韵

元·梁浡澜

华山处士霞为食，驾鹤逍遥游八极。
来向东岩作洞章，满浥天潢归砚滴。
灏气着衣香不销，歌音落落神鬼逃。
苍崖万仞削寒玉，峭绝直与词争高。
同游仙侣梯云上，芙蓉一朵仙姑掌。
尘寰湫隘岂能知，时听鸾翩佩环响。
岩头风景貌难观，冬月温和三伏寒。
天池水脉异清浊，琪树枝柯相曲盘。
昔时我祖专斯顶，二郡三乡获安静。
忠孝碑文录战功，义烈祠堂绘仪影。
传家袍笏有自来，深惭孙子无奇才。
柴门暇日琴书静，追思陈迹令心哀。
瑶草璀璨霏琼宇，往往瑰词骇人语。
晓天银榜射金乌，白书岩花落晴雨。
赓歌倘有参洞章，便欲乘风访茅许。

（录自清光绪《渥川梁氏宗谱》卷十）

游天台为乡校师题煮字轩

元·梁㳺澜

崇墉带原湿，中有幽人庐。堂后披修竹，庭前植高梧。
流水绕阶下，青山当坐隅。笑谭有谁侣，往来皆巨儒。
榜题煮字轩，知是广文居。弦歌夕讲习，编简书卷舒。
吾闻圣人教，揖让为菹菹。陈义乃种植，讲学以耰锄。
诗书积五谷，食廪恒有余。以兹字堪煮，滋味甘且腴。
此屋犹鼎釜，环宇为庖厨。既尝诗之味，敦厚固不愚。
惯熟礼之味，庄敬岂敢渝。易味造精微，书味多通疏。
乃知春秋味，此事不可逾。五味既调和，腥膻难与俱。
适口颜自怡，充腹肠不枯。食饱遂登仕，致君与唐虞。
五教得敷陈，万姓皆欢愉。会看儿童辈，化德歌康衢。

（录自清光绪《渥川梁氏宗谱》卷十）

梅花和韵

元·梁㳺澜

瘦影横窗月写神，雪中难辨假和真。
罗浮绰约逢仙子，庾岭殷勤寄使人。
玉骨有香曾饮露，石肠无梦岂沾尘。
庖羲未画先天卦，已具乾坤太古春。

（录自清光绪《渥川梁氏宗谱》卷十）

五　梁钺文选

赴荐次郡庠叶文范宿庆恩寺

明·梁钺

行囊已度括苍山，星斗峥嵘剑气寒。

万里功名应有分，三生因果岂无干。
扫云借设梅花榻，拨火重添芋栗盘。
鹏翼修程在寥廓，禅枝聊遂一宵安。

（录自清光绪《渥川梁氏宗谱》卷十）

【按】庆恩寺，建寺时属丽水县懿德乡。清光绪《处州府志》载："庆恩寺，（宣平）县北三十里。元至治二年建。国朝康熙三十三年重建。雍正三年，僧明照重建大殿。乾隆十七年，僧觉文装塑佛像。"

叶文范，丽水人，明永乐年间处州府学训导。

过双溪

明·梁钺

两岸萧萧红蓼天，津亭打鼓唤开船。
蒲帆满受南风正，枫陛遥瞻北斗边。
奕世衣冠全盛日，当途事业太平年。
愿言令德全终始，莫信人夸鹤背钱。

（录自清光绪《渥川梁氏宗谱》卷十）

道中遇暑

明·梁钺

道上行人当伏暑，汗流如浆气如缕。
绿杨阴处一蝉鸣，似笑侬音读书苦。

（录自清光绪《渥川梁氏宗谱》卷十）

遇岩滩

明·梁钺

归舟风顺蒲帆速，石齿冷冷漱寒玉。
蓬窗午枕梦初醒，误听雨声鸣野竹。

（录自清光绪《渥川梁氏宗谱》卷十）

刘诚意伯子仲璟赘居吾里，时回青田以诗送之三首

明·梁钺

刘郎本仙子，采药天台山。不辞涧谷深，获遇如欢颜。
芙蓉施夜幕，石髓共朝餐。既偕凤昔好，永结连理欢。
世俗虽得闻，高风焉可攀。

嬴女学凤箫，高台弄明月。清响出层霄，泠泠洒冰雪。
一朝逢萧史，眷恋两情悦。乘鸾上彩云，出入蓬莱阁。
空中回首时，尘世何辽绝。

蹇予苍山樵，采薪入云雾。偶逢弈棋者，颇慰平生素。
一局未云终，斧柯先已腐。乾坤境物新，迷却来时路。
誓欲从之游，天长岁年暮。

（录自清光绪《渥川梁氏宗谱》卷十）

乙亥八月三日，闻梵兴钟声访僧一谦
（原书按语：僧姓梁，公之宗兄弟也。
公卒是月廿二日）

明·梁钺

入寺问维摩，群迷事若何？有身还有累，无病亦无磨。
翠竹黄花径，青泉白石阿。三生今已矣，同共笑呵呵。
无限世间，人几个能知己。仰戴东人，九十翁，深爱残僧来这里。感洪恩，铭骨髓，香尊粝饭嚼几瓯。主去青山自相峙，有来归无厄吒咦，同共笑呵呵，三生今已矣。

（原书按语：附僧一谦答）
（录自清光绪《渥川梁氏宗谱》卷十）

【按】梵兴寺，建寺时属丽水县。清光绪《处州府志》载："梵兴寺，

（宣平）县东六十五里。今废。"

题寺东厅壁

明·梁钺

信步造精蓝，梵山逢一谦。脊梁坚胜铁，心境澈于潭。
独树明残照，霜风捲幕风。欲归还留宿，重话复三三。

（录自清光绪《渥川梁氏宗谱》卷十）

顾老树

明·梁钺

老树荒山里，根株数十围。皮皴行蚁萃，叶密乳禽依。
道路多修阻，工师乃见违。抱材难大用，回首岁年非。

（录自清光绪《渥川梁氏宗谱》卷十）

侄果以王原安《古木竹石画》求题

明·梁钺

修篁枝拂云，老树根入石。岁寒见交情，不改太古色。

（录自清光绪《渥川梁氏宗谱》卷十）

初九日间疾者多，各饮以酒，至晚有雨

明·梁钺

夕阳红树暮秋天，白酒黄花药王船。
坐久不知近昏黑，片时风雨湿青毡。

（录自清光绪《渥川梁氏宗谱》卷十）

初十日题自像

明·梁钺

面貌严楞，处世莫偶。心胸坦夷，于义颇厚时俨雅其衣冠，或疏放于

诗酒。泉石兮襟怀,风月兮交友。

(录自清光绪《渥川梁氏宗谱》卷十)

又和昨日天字韵

明·梁钺

八十九年无愧天,艰难身似上滩船。
有时对酒月为伴,一觉空床身当毡。

(录自清光绪《渥川梁氏宗谱》卷十)

是夜见月起拜辞

明·梁钺

今生只见两夜月,曾历此月一千一百一回圆。我今别汝逍遥去,未卜相逢是甚年。

(录自清光绪《渥川梁氏宗谱》卷十)

十一日作谒

明·梁钺

我寿八十九方寸,积厚居仁而行,居义而守。处世无亏,生无愧负。咦!云路迢迢,逍遥而走。

(录自清光绪《渥川梁氏宗谱》卷十)

十二日临绝,闻梵兴寺僧一谦卒,语曰

丢了臭皮囊,趑步升云界。擘破披中,神超顶外。

(录自清光绪《渥川梁氏宗谱》卷十)

六　梁铸文选

题贞烈集

明·梁铸

三十八人同日死，男忠女烈总成名。
青萍却折犹腾虎，白璧虽残不玷蝇。
当宁推恩旌笃行，史官采传纪休声。
年年瞻拜东岩不，杜树昏鸦惨客情。

（录自清光绪《渥川梁氏宗谱》卷十）

七　梁谷存文选

梁谷存（1393—1467），字秀宝，渥川梁氏第十五世孙，梁椰栗子。娶小安何氏（1393—1449），生二子：鼎熟、鼎城。

长短歌

明·梁谷存

长短歌，长短歌，我遭长短如之何？
过屯罹，蹇五行，纂定难移蹉。
世人亦各有长短，偏我长短何其多。
痛我妻，忆我妻，痛忆罔极情惨凄。
天生尔运太乖舛，少年父母先归西。
婉娩听从遵母训，彻夜纺织临鸡鸣。
裙布钗荆来事我，值我染患将沉泥。
亲解妆赀供药饵，守执妇道从关雎。
孝奉舅姑尽柔顺，和睦妯娌频招呼。
昔我闲非赴金阙，维持家事多勤劬。
信义恒持无干蛊，柏舟誓与共姜俱，
孜孜俭约助家业。眼常进积略堪需，
养男娶女继宗祀。指望蔗景安康衢，

何期乡变人道否。盗贼蜂起盈州间，
如獐似鼠各奔窜。人人避难东岩居，
我妻男妇遭荼毒。痛彻骨髓长嗟吁，
不异当年窦氏女。节义岂肯污其躯，
投崖丧命赴黄壤。万古可绘烈女图，
家财房舍尽烧劫。衣资细软没锱铢，
贼徒罪恶贯盈满。寸斩未足酬其辜。
我妻男妇魂何在，犹如春梦总成虚。
作词略用记长短，纵有茧素难尽书。

（录自清光绪《渥川梁氏宗谱》卷十）

八　梁尚璧文选

崇俭约言

清·梁尚璧

　　孔子云：奢不如俭，非谓衣可丰、食可足者，必计锱铢，惜尺寸，不温不饱，自甘为桑下饿夫，冻死陈三也。亦非谓居可安者，无敝庐以蔽风雨，游可广者，无不酒以相应酬，一似于陵仲子，卜筑于蚓壤，下处于蟛邻也。太俭则悭悭，固不可；不俭则奢奢，更不可。用所当用之谓节，节用之谓俭，故称美德耳。

　　试与里人约言之。享有田园者，若而人办公赋外，私费早已无多；承充佃种者，若而人完租息时，日用尚愁不足，财源浅薄，物力艰辛，明明可见，亦已悉矣。而乃随波逐流，崇尚侈靡，每当岁时伏腊，延接亲朋眷属，彼此互相款待，不过为妻子荣光，而实费耗于不觉。可怪可叹！人生花甲一周，子孙称祝，自此杖国杖朝，间室期颐，皆当介眉志庆，何以年甫三十、四十，预若虑其不五十、六十者，而竟开筵设席，浪费银钱也。至于衣服居处，间亦有过于华丽之制，岂节用之道哉。吾谓速舅娱宾，古人皆然，今人何敢废坠，但杀鸡市肉，佐以园蔬，伲可适口充腹，奚必海错山珍见客。承祭衣冠以明洁为上，寻常布素足以庇身，焉用履丝曳缟。居室期于浑坚明亮，小者只可容膝便称为安乐窝，而鸟革翚飞之象，徒事雕镂，终为无益也。至于衣食居游之外，或听僧道作功果，或信师巫为祷赛，妄谈无知，花费于冥冥之中，习俗锢蔽为害甚深，一切当从减省，积少可以成多，量入为出，能有远虑，必无近忧，为天地惜福，为儿孙贻谋，为一己立廉隅、敦名节，皆由俭之一字基之。俭之为义大矣哉！窃愿同志者，共崇尚焉可也。

（录自清光绪《渥川梁氏宗谱》卷十）

题东西岩十景

清·梁尚璧

幞头岩

皂帽谁容我，青山不染人。如何空谷里，亦惹市朝尘。

将军岩

苔斑梳石发，树老长云茅。剑佩辉煌者，空山亦建牙。

卓笔峰

脱囊锥立地，瘗冢管窥天。花吐云章丽，徒夸大似椽。

清风峡

峡暗天窥小，风高地逼阴，悬崖苍翠合，啼鸟送清音。

赤石楼

石骨孤掌柱，云根高擘危。斧痕何虚览，点染化工奇。

玉甑岩

突兀形如甑，嶙峋石似熏。空中谁吐纳，日夜煮烟云。

桃花洞

洞古云飞白，崖深树灼红。炼丹炉久冷，仙路渺难通。

卓锡泉

锡飞方沼碧，止水不通潮。漾月光容小，岩花落瓣娇。

日月池

清浊分泾渭，东西走兔鸟。岩巅刚一撮，蕴有两仪图。

牛鼻洞

矗矗一樑竖，崆崆双窍缄。骑牛人不见，紫气绕东岩。

（录自清光绪《渥川梁氏宗谱》卷十）

九 梁一鹄文选

梁一鹄（1599—1660），字思达。渥川梁氏第二十一世孙。

读刘文成公全集

清·梁一鹄

盖世人豪间世生，云龙际会启升平。
旋天斡地汗谟定，殄汉歼吴忠勇精。
翼运鸿篇钟鼎勒，写情妙帙鬼神惊。
文章事业双彪炳，此集而今有孰赓。

（录自清光绪《渥川梁氏宗谱》卷十）

赋得秋菊有佳色

清·梁一鹄

清冷篱边菊，黄金色自佳。愿酬高士酒，羞作美人钗。
暮发存真趣，幽香抱远怀。何须元亮宅，逸兴满天涯。

（录自清光绪《渥川梁氏宗谱》卷十）

小蓬莱绝句四首

清·梁一鹄

苍岭岧峣古洞天，五云深处访神仙。
桃花依旧倩游客，不异刘郎采药年。

卢敖石笋势参天，台篆忘归吏欲仙。
旸谷朝夕宜阮客，山名迹胜共千年。

海上三峰世外天，琼楼金阙贮飞仙。
栝山差拟蓬莱小，湖鼎莲花不计年。

地维分野斗牛天，山号蓬莱都号仙。
欧冶龙泉光拂井，浮邱鹤羽说当年。

（录自清光绪《渥川梁氏宗谱》卷十）

十　梁祚璇文选

贞烈补遗传

清·梁祚璇

本邑东岩巅，昔为避寇地。唐乾符章候承趣与婿丁鄂等，统乡兵捍黄巢党裘甫乱。宋宣和，先世祖宗善与子孚将、孚惠、亲蔡梦奎子升、文子，亦统乡兵捍方腊党洪载乱。

明正统，矿贼陈鉴湖等猖獗攻掠城邑，蔡宗吉子侄辈亦做前轨守御，三乡妇女仍避巅中，乃贼狡而勇，宗吉一门战死者三十八人，宗族五百余口，各地异姓不可胜纪巨厄运。适逢己巳六月十七日，岩下攻急，岩上失火，烟焰涨天，隘塞不守，贼突而上。妇女不肯被污，奋身投崖死者千余人。包氏蔡俨妻，俨幸不死，杀贼报仇，其妻以贞烈传，歌咏成集，其不传者。余族梁谷存一妻两媳俱死崖下，作长短歌一首，以志哀伤。余读而悲之，因复搜谱中同死者，有朱氏矼妇，何氏谷存妇，又何氏知训妇，徐氏垚妇，叶氏坼妇，章氏□妇，又朱氏鼎塾妇，刘氏鼎城妇，即谷存两媳，萧氏文志妇，共得九人。他族尚多无考，即此可考者，推及无考者，彼千余人，皎皎清风，皆可想见于百世下，因特录之以补贞烈之遗。

（录自清光绪《渥川梁氏宗谱》卷十）

抑庵稿序

清·梁祚璇

抑庵稿者，李君俊三所作也。君讳仁灼，康熙壬子选拔，平日授徒讲学，邑中受业者什居八九人，但知其制艺超轶，不知其诗古文辞尤诣极也。及君老闲居，数至余馆，相与议论文章得失、学术源流。因知其中之蕴蓄，迥出寻常万万，有时登高作赋，即景留题，各臻妙境。爰索其全稿读之，因谓余曰：君知我者，盖为我作序。适君选寿昌谕，寻疾革，余亦赴汤溪任，尘纷胶扰，负约于冥冥心之疚也。今余乞休归里，不忍辜君初心，再披其稿，卒读焉，其诗神清气逸，唐中晚间尚无此风味；其文骨老色苍，汉班、杨中始有此菁华，殆昌黎所云"有大醇而无小疵"者乎。盖君少壮时，尊人为渭源令，侍从左右，所过名山大川，足以开拓心胸；所遇高人异事，足以资助识力。七十余岁内，学益博养益深，如水之有原者，停瀦宏满，泛为百川，自滔滔不竭、井井有条也。梓君之稿以播海内，有目者必当奉为径寸珠，把玩不能释矣。顾自名曰《抑庵稿》，其谦光之德，亦可想见也夫。

（录自清光绪《宣平县志》第十五卷）

治丧说

清·梁祚璇

  送死，大事也。文公家礼，固当遵行矣，而世俗昏迷，入乎邪道，不可不详其说也。丧，首殡殓杉木为棺，灌以松脂，外加漆不加硃，硃所忌也。有力者办于平时，无力临时当从简易。倘务精美而稽延时日，恐滋尸腐之患，虽铜棺亦无益矣。衣衾贵温厚，不贵华丽，用布帛不用葛裘。平居常服之完好，无纫补者最得其宜。若采取浆粉薄物，疏针阔缝，如所称脱生衫裤、蓝白长袄，乃溺于邪说，非孝也。又有鸡鸣脚踏枕灰粽草履之类，可鄙可笑，概宜禁绝。棺底用铺垫，宜石灰制蚂蚁，宜松炭制树根，必研细加以厚绵之褥，令平软。上盖以衾，亦须厚绵制高枕以安其首，旁塞绵絮，以防摇动倾侧。切不可剪纸为钱，入于左右，不日腐烂沾滞，奚足贵哉。且贵贱各有品制，不得僭越。一切金银等物，不得入棺，免招发掘。灵前穗帏，几上供设炉瓶，宛如生时。肆筵景象，纸花纸碗，何用排列。早晚哭临上饭，自在后人孝敬。手振僧道之铜铃，将胡为耶。

  最可恶者，开丧之名目，僧人谓之解冤结，道士谓之水火炼。生平有冤结，待其解于殁时；本性无水火，待其炼于死后，亦已晚矣。况彼僧道，岂能解之炼之耶。而鸣磬击鼓，似唱莲花落者，丧次间作此戏法，可乎不可？七七之说，亦起于末，世人之何日可忘亲，必俟之七日方思其归，扬纸旛以迎于路，安知其魂之游于何方乎？又安知其魂不逍遥云际乎？且未遇七日之前，其魂不在灵座，而早暮哀哭，徒滋无益，不能一感其冥冥之灵乎！至于礼忏诵经，破狱放赦，焰口寄库，作诸功果，名为超升天界，尔亲果陷地府否？又为度脱轮回，尔亲果入畜道否？如果当陷地府，当入畜道，非僧道能超升度脱也。彼佛与神，亦必不受其贿，托忏悔而徇私枉法也。若亲为善人君子，不当陷地府、入畜道，为其子孙者反文致其罪，以邀恩，免于僧道之流，不孝之罪上通于天矣。孔子曰："祭之以礼"，又曰："易也宁戚"，至哉言乎！

（录自清光绪《渥川梁氏宗谱》卷十）

营茔说

清·梁祚璇

葬者，藏也。藏其魄不令人见也。《诗》曰："相其阴阳，观其流泉。"程子曰："异日不为城郭道路。"宫室不为牛羊所践踏，不为豪强所兼并，择地之道莫善于此。

自古高识之士，皆以得归先陇为幸，而纷纷然、仆仆然，有择地数十年，何其愚也。天子、诸侯、大夫、士其葬之月，各有制。而葬日遇雨，改葬次日，不常见于载籍乎。今有兄弟众多，择日数十年者，更何愚也。总为葬地得荫之说，为堪舆家所惑，遂因择地择日，至于暴露而不得葬者，往往然矣。

试思五帝、三王之世，谁为营葬。而尧、舜、禹、汤、文、武、周、孔诸圣，皋、夔、稷、契、伊、莱、望散诸贤相，继挺生出类拔萃。自东晋之末，郭璞造《葬经》以来，非无间出之英，能及古人之万一否。且夫世之享富贵，长子孙获福寿者，莫知其然而然；《易》言："积善者，有余庆。"《书》言："作善者，降百祥。"理或可信，如以茔魄之举，挟为福报之资，毋论其家之善恶，而概恃乎？其地之吉凶，苍苍者天必不如是，梦梦也将诛其心，而勿之许矣。况彼之挟术以游者，自谓能精其术，何不独婪善地使其家田于天下，而尚皇皇驰逐以博衣食于人。青田文成公彼等援为仙手，赖布衣、杨救贫、卜则魏，彼等所奉为师资也。然而文成之后，不闻更出异人；赖氏、杨氏、卜氏诸人，不闻自大，其家则欲仰其庇荫者，尤愚之甚者矣。余谓堪舆家挟术来游，必谙于克择、明于理气，有当茔者，即延主葬事，可无暴露之忧。营葬而费金钱，亦情分之所当然也。第当葬之时，藏墓志铭、立墓表，则可；藏子孙石、瘗买山契，则不可。点主俾神归于祠，祀后土使魄安于地，则可；屈膝于前，受其喝山之套语，则不可。总为亡者计，不为己谋，则有合于葬之义矣。封之树之，自在后人。

（录自清光绪《渥川梁氏宗谱》卷十）

附录二 梁氏诗文辑录

莲城赋（试卷，载郡志）

清·梁祚璇

斗牛分野，瓯越故疆，振天纲于栝岫，连地络于丽阳，屏障开兮规模壮，阴阳度兮衍荫长。于是好溪抱，白云翔，南明拱，万象藏。自西自东兮锦绣平铺月麓，自南自北兮璧圭横列山堂。建泽宫兮檡岭上，筑水障兮练河傍。烟雨楼中花四面，隐元洞外树千章。驾虹桥兮擅黄灵妙术，瞻星阁兮留处士余芳。万灶屯兮林林总总，三区列兮熙熙攘攘，及其广厦长廊，宏深屈曲，似辋川之陆离，与桃源之迥复。既而林茂花繁，参差芬馥，似金谷之繁华，与兔园之彬郁。是以钜公莅止，高士留青，右军标题于星濑，康乐采胜于石门。美化沾紫阳之雨，监税停少游之云。卢敖笋、阳冰樽、元章篆、昌黎文、道士鹤、真人坟。曲奏永嘉兮琵琶妙，剑成欧冶兮蛟龙吞。故其毓秀钟灵，代生人杰，感松怪兮勒鸿勋，遇灵英兮著奇节。都堂有三凤兮缙云，宰辅在一门兮潜佶。濂洛之间特出兮，尹遂昌之纲目发明；伊周以后一人兮，刘青田之坐筹功业。读卷春闱兮识辨古谊忠肝，对诏明廷兮诗诵耕云钓月。遏人欲于潜暗兮考亭服膺，息临安之火盗兮仲谟伟烈。而且潆水愈疾兮幻术奇，卖雷通神兮仙技绝。游月玩灯兮符箓显，吹箫濯被兮神人接。虽嘉名之屡易兮，自会稽永嘉而庆元；惟胜地之常存兮，且万载千年而奕叶。孤峰独秀兮荷桂，乱山九盘兮莲房，古木阴翳兮枝叶，雉堞周遭兮蓉妆，结社此中兮乐土，比德君子兮荣光。

（录自清光绪《渥川梁氏宗谱》卷十）

栝苍山赋

清·梁祚璇

惟栝苍之神秀，为瓯越之洞天。斗牛野度，少微星躔，周遭三百余里，直指一万六千，左植根于大姥，右接脉于南田。一塍通鸟道，百折上云巅。故游人之踪罕到，而广兴之记寂然。若夫万象包罗，太虚廖廓，结为岗峦，融为川渎，独山同本而殊支，好溪流清而源浊。俯天台于带襟，收仙都于把握，孤石立而鼎湖明，旭山拱而旸谷断。突星书于右军，石门开于康乐，当配天以称公，亦应地而为岳。或乃过仙居，陟高岗，眺群峰之巘岉，睹万壑之低昂。如闻犬吠，如见雁翔，如临川廪，如鄱阳仓，如列平泉石，如游金谷庄，雾吞而若吐，云掩而复章。不电而雷声隐隐，无风而雨色茫茫，真无奇之不有，亦无怪之不藏。

其草则龙须，织席罩，葛为裳。黄精滋补，钩吻毒伤，交藤乌首，百合润肠，藜藿贫家菜，蕨薇凶岁粮。衣生石而耳生木，山有菰而猴有姜。到处薜萝成绣，四时兰茝留香。宝盖悬而茯苓融结，乔木植而兔丝偎傍。

其木则桧老犹柏，柘嫩如桑，松杉拂云直上，樗栎蔽日横张。削梧檟为琴瑟，锯楮樟为舟梁。榆荚飘钱满路，枫叶荐红染霜。柏子吐白，槐实褪黄。纹细羡黄檀红，豆质坚让青栗。白杨柿串珠而色赤，梨象鹅而颈长。梅柳知春先放，桃李不言自芳。

其鸟则白鹇类鹭，锦鸡如凰，鹳鹅排阵，鸿雁成行，雉炫羽毛五采，鹰舒翅翮高飏。八哥学人语，画眉拭艳妆。坑雀尾摇翠，竹鸡喉弄簧，莺梭织浪，燕翦掠塘，鸠啼秋夕，鹧唤勾芒。夺巢鸠妇拙，唾血杜鹃忙。小而一枝栖宿，大而树顶徜徉。

其兽则文豹雾隐，老熊日狷，凶角溅溅，麑簪琅琅，虎狼震吼，狐鼠跟跄，豺犬能舔山君毙，跳鱼搏使巨蟒僵。逐野豕于大麓，掘竹豚于深隍。供客多麂鹿，设祭佐麇獐。鼯鼬匿古穴，猿猱走大荒。而且龙蛇窟伏，魍魉窝狂，蛟成雷市，蚓避雨殃，蝴蝶幻梦，蜂蚁朝王，蟋蚣春秋，不识蜉蝣，早暮俱忘。蝉鼓翼以鸣树，萤得暗而放光。蛛螯纲将丝结，螳螂车思臂当。亦有龙团茗叶，岂无凤尾修篁。恍是众材之薮，竟为百物之乡。

于是成德则贤士挺生，隐元则异人间出。魁多士三掇巍科，冠百僚六专尊秩。刺史郡守百有三，尚书侍郎什居一。水柱兆远堂之得时，松怪征歧公之发迹。注慎独潜暗俱消，治临安火盗两毕。管师复钓耕隐名，尹起莘纲目载笔。刘青田学为帝师，叶松阳忠贯天日。五云三凤古留题，百岁方伯今洋溢；节钺三省著勋名，兄弟四皓光传述。羊愔遇灵英之奇，元白受辟谷之术。或卖雷以惊小儿，或溦水以痊瘑疾，或驯千年之鹤于芝田，或引万乘之游乎月窟。总前代之芳规，非他邦之可匹，乃城郭之犹存，何人物之非昔。愚公岂果能移巨灵，亦难再擘，无平不陂，有始必卒，倘运会之重兴，定钟毓乎异质，姑仁莲城以俟之，毋抚乌皮而叹息。

（录自清光绪《渥川梁氏宗谱》卷十）

清风峡赋

清·梁祚璇

懿德乡景色苍苍，赤石楼形势昂昂。忽而两崖对峙矗，不知其几百仞，惟是一径可入，杳莫测其所深藏。霜雪罕坠，兔鸟无光，春和秋爽，冬温夏凉。木产半山倒挂，鸟来谷口迴翔。仰视云天藐小，近窥烟雨微茫。风飘游客袖，翠滴野人裳。昔称避兵之薮，久为名胜之场。而乃仁烈章侯不作忠义，梁公已亡当正克之末年，遭土寇之猖狂，巅上殿遭灰烬，桥边砦入豺狼。一包氏疾呼殉难，诸节妇捐命投荒，尸横骨积，魂散神扬。石号将军徒侧目，坛名饭甑不克肠。鹃泣幞头岩畔，猿啼卓笔峰旁，经过者泪坠，凭吊者心伤。今日清飙依旧，千秋古峡流芳。

（录自清光绪《渥川梁氏宗谱》卷十）

箴录五

清·梁祚璇

君臣

普天率土，悉主悉臣。达而廊庙，民物经纶。
奔走御侮，文武致身。穷而草野，远近尊亲。
型仁讲让，风俗还淳。母陷贪墨，欺上罔民。
母违律例，触纲遭屯。

父子

父精母血，衍庆本支。乔仰梓俯，尊卑不移。
人伦所系，天性在兹。先意承志，喜惧当知。
百年相倚，三公可辞。母谓予圣，傲慢自恣。
母曰亲老，悖逆潜滋。

夫妇

男阳女阴，奇耦生成。上承宗庙，祀事孔明。
治内治外，麟凤偕行。下关似续，世系递更。
宜家宜室，琴瑟声清。母荒于色，陨身败名。
母偏所爱，反目伤情。

兄弟

兄先弟后，离里属毛。幼而嬉戏，载笑载号。
枣梨同啖，花鸟相调。长而成立，双翔双翱。
服劝集事，豆觞慰劳。母贪分爨，手足弃抛。
母听妇言，骨肉煎熬。

朋友

金兰结契，姓异心同。当面规劝，意气如虹。
鸡黍践约，车笠盟崇。变而捍卫，义侠可风。
刑威不避，性命相通。母趋炎热，势交屡空。
母贪货贿，利交鲜终。

（录自清光绪《渥川梁氏宗谱》卷十）

劝农

清·梁祚璇

皇民汋穆，饮血茹毛。养以粒米，神农之膏。
稷教树艺，厥有成劳。千秋万国，履厚戴高。
任土作贡，深耕不空。画井分疆，服勤者众。
廪有稻粱，家无馁冻。阡陌一开，穷黎悲痛。
食为民天，王政所先。历山莘野，鹿门富川。
君相贤哲，栖亩躬佃。况我庶人，孰敢不然。

天时易驰，地利难期。水耕火耨，人事莫迟。
鸟催力作，兽畏肥遗。上农常饱，游民屡饥。

（录自清光绪《渥川梁氏宗谱》卷十）

勉学

清·梁祚璇

苞符将泄，河洛效灵。蕴涵理数，灿烂日星。
记载于史，厘定为经。麟麟炳炳，充栋汗青。
素王笃生，大成久集。四配四科，处传秘笈。
江都昌黎，绵延辅翌。濂洛关闽，昭明讲习。
圣君贤相，访道寻师。面墙孔丑，全鉴是资。
囊萤映雪，辛若弗辞。凡我士类，岂不绎思。
堂奥难窥，门墙易错。骛惊奢华，终成郭郭。
处为潜龙，出即荐鹗。纬地经天。先忧后乐。

（录自清光绪《渥川梁氏宗谱》卷十）

左道行

清·梁祚璇

黄帝访崆峒，老聃出函谷。好尚近清虚，仙道争托族。
谓可得长生，狂秦求海屋。广置童男女，百艘聚钱谷。
三山不可登，殁世无归缩。方士感汉武，承露盘如斛。
火枣谁亲见，蟠桃几时熟。轮台悔过时，群奸早诛戮。
宋人还自欺，天书出牛腹。徽钦北狩去，五国城中哭。
何年腾彩云，何人骑白鹿。空言披鹤氅，枉说劈麟肉。
飞升事有无，升药常遭毒。梦境传邯郸，宫观骇心目。
上天安有师，纷纷授符箓。元圃花何如，昆仑孰荒宿。
生人有伦物，修持多后福。

（录自清光绪《渥川梁氏宗谱》卷十）

空门行

清·梁祚璇

释迦称法王，诸佛各分疆。法门尚苦空，五戒净荤肠。
未闻骑狮象，不见放毫光。涅槃骨久朽，中原路阻长。
胡为非族类，祝发附门墙。大都四穷辈，抄化充衣粮。
中有贪奸徒，造出功果方。古来崇奉者，福田变灾殃。
近乡旧善信，身家今存亡。曷不速深省，聋瞽满尘壤。

（录自清光绪《渥川梁氏宗谱》卷十）

觉后篇

清·梁祚璇

忆初年兮失学，帐中道兮数奇。习章句兮无益，工帖括兮何为？
爱求友兮为己，遂自我兮得师。审统绪兮邪正，檄性命兮完亏。
严幽独兮真妄，研身世兮公私。烛前言兮忠佞，鉴往行兮妍媸。
祛纤悉兮外蔽，戒盈满兮内欺。会授徒兮解惑，亦会友兮析疑。
但驰驱兮声利，罕岁月兮追随。居卑官兮苜蓿，乞归老兮栖迟。
昔自命兮如彼，今所值兮若兹。藏名山兮曷待，衍薪传兮其谁。
常惺惺兮不寐，因惓惓兮击思。

（录自清光绪《渥川梁氏宗谱》卷十）

沙门行

清·梁祚璇

沙门卖佛开戏场，百神位列三宝旁。
狮象车徒无住所，但供明烛与炉香。
木鱼金磬声凄怆，诵经礼忏事荒唐。
锡杖破狱狱已空，鸣锣放赦赦谁行。
轮回果否应超脱，血湖有无免沦亡。
毕竟孤魂埋地府，何年富鬼上天堂。

渺渺茫茫三世因，马面牛头孰化身。
畏死贪生蠢男女，共吞狂药假为真。
古来崇正闲邪士，洞彻幽明觉世人。

归老

清·梁祚璇

归老旧乡关，携筇自往还。天空心境远，地僻物情闲。
鸟宿一林竹，月明四面山。柴门接萝径，童稚候深湾。

（录自清光绪《渥川梁氏宗谱》卷十）

晚眺

清·梁祚璇

不携扶老杖，信步度疏林。霞展空中画，风鸣弦外琴。
远山开翠黛，近水奏清音。守拙穷乡叟，悠然兴会深。

（录自清光绪《渥川梁氏宗谱》卷十）

雪

清·梁祚璇

冬月连朝暖，阴云四面同。酿成珠颗颗，飘堕絮濛濛。
穿户风威疾，围炉火焰空。共悉寒刺骨，独喜兆年丰。

（录自清光绪《渥川梁氏宗谱》卷十）

月

清·梁祚璇

天悬泰阴象，正位在昏黄。南北中分陆，盈亏遥应阳。
药非舂玉兔，桂不斫吴刚。黑白形成处，山三水七光。

（录自清光绪《渥川梁氏宗谱》卷十）

风

清·梁祚璇

太阿盘舞来，噫气不迟回。卷雾腾千仞，驱云度八垓。
形驰如走电，声震若轰雷。散郁神功大，凝成百谷胎。

（录自清光绪《渥川梁氏宗谱》卷十）

云

清·梁祚璇

触石起长空，飞腾寰宇中。从龙施海润，俸日代天工。
太史占休咎，农人卜旱丰。莫夸生五色，独近蓬莱宫。

（录自清光绪《渥川梁氏宗谱》卷十）

老年吟

清·梁祚璇

泉石托孤踪，田园伴野农。盈头发全白，过眼日高春。
同辈伊谁在，出门安所宗。书犹岁万卷，学岂辍三冬。
诗赋凭心手，文章间淡浓。闲行弄修竹，默坐对青松。
惊宿鸟传析，司晨鸡报钟。盥除生垢口，鉴照带羞容。
四序衣粗足，三餐馔盛供。无劳服丹药，不爱斗机锋。
启后惟耕读，型方以敬恭。乡怜情种种，劝戒语重重。
罔恤身将老，相期户可封。有时形化去，骑骥上云峰。

（录自清光绪《渥川梁氏宗谱》卷十）

砭俗吟

清·梁祚璇

神鬼本幽渺，阴阳有盛衰。流俗好邪术，巫觋逞狂才。
不雨愁三伏，无云击五雷。刑牲裹粮食，呼啸起尘埃。

鼓角催龙去，旌旗卷日来。明遭旱魃害，暗受耗财灾。
繁露言相悖，桑林祷不衰。逆天殊甚矣，罪岁胡为哉。

（录自清光绪《渥川梁氏宗谱》卷十）

长松吟耿胡仲郊中尊祝

清·梁祚璇

托根远绝市朝尘，修竹寒梅结比邻。
雨露涵濡加庄长，雪霜推挫更精神。
迎风常作洪涛响，翳日还能厦庇人。
□夏社秦封往事，只今桢干绕龙鳞。

（录自清光绪《渥川梁氏宗谱》卷十）

芝田鹤吟唱为王赞两外翰祝

清·梁祚璇

浮丘驯养在芝田，沐鹤于今有旧川。
不羡乘轩非分宠，岂贪跨背许多钱。
归巢高馆青松顶，屡舞疏峰古洞天。
引头长鸣声自远，云中聚族几千年。

（录自清光绪《渥川梁氏宗谱》卷十）

君子山吟为吴巩藩文学祝

清·梁祚璇

天造灵奇镇遂昌，庄庄象貌迥非常。
千家烟火环平麓，万迭云霞护上方。
更见圭璋支斡盛，还闻廉让水泉香。
修篁亦袭空名者，不及安敦寿且康。

（录自清光绪《渥川梁氏宗谱》卷十）

渔

清·梁祚璇

身家生计在湖中,一叶随风西复东。
网罟撒开纲在手,鸬鹚放去利归翁。
有无龙窟将书达,果否桃源有路通。
青笠绿蓑容寄傲,烟波几个陆龟蒙。

（录自清光绪《渥川梁氏宗谱》卷十）

樵

清·梁祚璇

爨室堆薪岂厌多,清晨持斧入山阿。
一肩轻重心为度,四顾苍凉足似梭。
渔父无从相问答,牧童偶尔共谣歌。
敲棋仙子终乌有,未久先归不烂柯。

（录自清光绪《渥川梁氏宗谱》卷十）

耕

清·梁祚璇

水耕火耨世相承,负耒荷锄分所应。
不惮汗淋趋酷日,相忘足冻履寒冰。
园田郁郁桑麻长,场圃离离禾黍登。
葵薤鸡豚饶正味,鱼梁懒去一扳罾。

（录自清光绪《渥川梁氏宗谱》卷十）

读

清·梁祚璇

希圣希贤志力强,钻研经史课文章。

隆冬不惮鸡三唱，盛夏毋忘萤一囊。
足不窥园帏独下，门多问字业堪藏。
穷通无定随时命，乐在其中自有常。

（录自清光绪《渥川梁氏宗谱》卷十）

牧

清·梁祚璇

未谙稼穑不攻书，逐队嬉游岁月虚。
练事先从驱犊起，服勤预在牧童初。
持竿时击山中果，析柳闲穿水底鱼。
朝夕相依庭户里，阴晴任我自如如。

（录自清光绪《渥川梁氏宗谱》卷十）

题八仙画图

清·梁祚璇

秦皇汉武好神仙，岁费司农百万钱。
云锁洞门无觅处，山浮海外亦徒然。
共传出世逍遥乐，那得长生久视年。
今日画图留色相，衣冠翔步也翩翩。

（录自清光绪《渥川梁氏宗谱》卷十）

其二

闻道蓬莱仙子家，乘云驾雾渡天涯。
千年鹤羽裁为氅，百斛黄金练作砂。
树产蟠桃甘似蜜，盘供火枣大如瓜。
本来面目无由识，一任丹青妙手夸。

（录自清光绪《渥川梁氏宗谱》卷十）

慢兴

清·梁祚璇

两间中处百年身，原是劳人非逸民。
绿野耕云供国赋，芸窗读雪养天真。
维持桑梓千章秀，培植芝兰九畹新。
不许寸阴空掷去，晨错磨练倍精神。

（录自清光绪《渥川梁氏宗谱》卷十）

其三

立名易伪最难真，终日沉思师古人。
五教兼修为学术，三长具足是经纶。
周莲陶菊襟怀近，窦桂王槐培植新。
前路蹉跎将寿补，仰冀不愧老儒臣。

（录自清光绪《渥川梁氏宗谱》卷十）

其五

风骚应让古名流，兴会悠然得力优。
篇法浑成非勉强，词锋特达自清幽。
全凭灵府为真宰，一任毫端独运筹。
窃愧粘胶平仄苦，无能撒手蹈空游。

（录自清光绪《渥川梁氏宗谱》卷十）

玉岩山八景

清·梁祚璇

幞头岩

高下存仪制，方圆有剪裁。不知谁露顶，脱落在山隈。

将军石

几时分虎竹，无地立辕门。徒抱昂昂相，群将长子尊。

赤石楼

色非丹漆染，巧夺鲁班名。拾级登高顶，天然化国城。

饭甑坛

腹能容百斛，形可筹千年。朝久生空雾，伊谁起爨烟。

桃花洞

昔人避兵地，遂作桃源看。洞古炊烟绝，林幽六月寒。

清风峡

两壁空中峙，深崖望里通。天教贞烈妇，于此播清风。

卓笔峰

脱开怀素冢，迥出管城封。倒插凌云汉，岿然一独峰。

牛鼻洞

不污巢父耳，岂受老君骑。双鼻环山洞，云烟一臭之。

（录自清光绪《渥川梁氏宗谱》卷十）

郊行

清·梁祚璇

绕屋苍松隐雾，当门翠竹含烟。偶携一策闲步，错指人间老仙。

何日凤餐竹实，几时鹤舞松梢。有无不须姑待，且自游兹乐郊。

壬戌元旦

清·梁祚璇

桑梓于今无蠹伤，芝兰更觉有花香。
晨兴盥沐燃沉速，北望长空叩彼苍。

兔走鸟飞三万回，椒浆柏酒子孙开。
恐辜职分留遗憾，倍惜光阴补未来。

（录自清光绪《渥川梁氏宗谱》卷十）

清明

清·梁祚璇

节届清明品物芳，天生滋味野人尝。
摘来蕨菜如拳绿，采得松花落粉黄。

（录自清光绪《渥川梁氏宗谱》卷十）

味道轩律陶诗序

清·梁祚璇

陶靖节先生诗在汉魏后、唐宋前，故有古风、无近体。真西山云：宜自为一编，以附于三百篇、楚辞之后，诗之根本准则。盖其冲淡深粹，出于自然，外若枯槁，中实敷腴，非擒章绘句，嘲风弄月，有意于俗人。赞毁其工拙者，能窥其数仞之墙，诚如杨龟山、黄山谷之品评为诗人之冠冕也。

苏东坡千古才人，晚年欲师事先生有和陶《饮酒》二十首，犹不满于人心为有安勉之，别外此集陶者，不具论拟陶者，多更瞠乎后矣。余当壮年，即售一册，披阅之下如冰炭、如柄凿，辄弃去。

今值老景，林居幽窗，暇日复加玩诵，水乳交融，不忍释手，中心怦怦然，集之不可，和之不能，拟之又不敢。忽见会稽王季重集有律陶诗若干，自谑为善盗。闽中黄子虚亦刊有一帙，又谓王子开门而揖进之。余不自揣，仍以不律律，先生二公必相笑于九泉，谓被此子已三窃矣。而袭狐腋以为裘大费经营，缝纫固不啻匠心，而出之苦也。

宣平龟山林叟梁祚璇题于味道轩。

（录自清光绪《渥川梁氏宗谱》卷十）

蠲荒志感

清·梁祚璇

其一

颓基无遗主，收敛不盈厘。总发抱孤念，弱毫多所宣。
朝霞开宿雾，放意乐余年。赐也徒能辨，钟期信为贤。

其二

民生鲜常在，衣食固其端。所保讵乃浅，我襟良已殚。
谁当为汝誉，弗获辞此难。猛志溢四海，邈然不可干。

其三

元鬓早已白，藜羹常乏斟。良才不隐世，仁者用其心。
云鹤有奇翼，神鸾调玉音。灿然有心理，过足非所钦。

其四

我无腾化术，荏苒岁月颓。高莽渺无界，猿声闲且哀。

田家岂不苦，帝者慎用才。清气澄余滓，重华为之来。

（录自清光绪《渥川梁氏宗谱》卷十）

闲居杂诗

清·梁祚璇

其一

衣食当须纪，司田春有秋。神渊写时雨，嘉穟养南畴。
颁白欢游诣，顾瞻无匹俦。托身已得所，忘彼千载忧。

其二

人生归有道，所惧非饥寒。素月出东岭，白云宿檐端。
此中有真意，安得不为欢。量力守故辙，庶无异患干。

其三

暧暧远人村，清晨闻叩门。班荆坐松下，被褐暴前轩。
兹契谁能别，有时不肯言。人当解意表，眷彼品物存。

其四

气力渐衰损，校书亦已勤。冷风送余善，鸣鸟声相闻。
皎皎云间月，悠悠东去云。岂忘游心目，即事多所欣。

其五

相知不忠厚，言笑难为因。贫富常交战，彭殇非等论。
前途渐就窄，薄作少时邻。我愿不知老，弥缝使其醇。

其六

乐与数晨夕，区区诸老翁。桐庭多落叶，绕宅生高蓬。
日月依辰至，山河满目中。抗言谈在昔，回复遂无穷。

其七

鸟哢惧新节，亭亭月将圆。得知千载外，所说圣人篇。
或有数斗酒，乃言饮得仙。素襟不可易，百世当谁传。

其八

感物愿及时，我今始知之。御冬足大布，好味止园葵。
迥泽散游目，登高赋新诗。称心固为好，何事绁尘羁。

其九

方宅十余亩，悠然见南山。一生复能几，千载乃相关。
渺渺孤舟逝，纷纷飞鸟还。杜门不复出，常有好容颜。

其十

规规一何拘，临水愧游鱼。地为罕人远，时还读我书。
居常待其尽，少许便有余。笑傲东轩下，好风与之俱。

（录自清光绪《渥川梁氏宗谱》卷十）

友人遭无妄，赴郡过宿慰留之

清·梁祚璇

毋为忽去兹，有酒斟酌之。猛志固常在，长风无息时。
达人解其会，世俗久相欺。信宿酬清话，情随万化遗。

（录自清光绪《渥川梁氏宗谱》卷十）

观获

清·梁祚璇

其一

夙晨装吾驾,无复东西缘。蔼蔼空中景,依依墟里烟。
桑麻日已长,禾稼在中田。忽已亲此事,不知几何年。

其二

今日从兹役,慨然已知秋。劲风无荣木,闲谷矫鸣鸥。
事事悉如昔,悠悠迷所留。挈壶相与至,班坐依远流。

(录自清光绪《渥川梁氏宗谱》卷十)

田家即事

清·梁祚璇

其一

大钧无私力,所业在田桑。被褐守长夜,粗绨以应阳。
岂忘实辛苦,但愿饱粳粮。日入从所憩,且为陶一觞。

其二

开春理常业,岁月不待人。虽有荷锄倦,聊为陇亩民。
新葵郁北牖,斗酒聚比邻。不学狂驰子,淹留忘宵晨。

其三

服勤尽岁月，且遂灌西园。共道桑麻长，而无车马喧。
荆薪代明烛，采苡足朝飱。无乐自欣豫，长吟掩柴门。

其四

菽麦实所羡，固为儿女忧。一形似有制，光气难与俦。
常恐大化尽，时忘四运周。欢然酌春酒，引满更唱酬。

其五

开荒南野际，枯竹残朽株。眠晚起常早，新畴复应畬。
穷通靡攸虑，贫贱有交娱。日没烛当炳，春醪解饥劬。

其六

人生无根蒂，终古谓之然。春秫作美酒，余粮宿中田。
得欢常作乐，朝起暮归眠。但愿长如此，池鱼思故渊。

（录自清光绪《渥川梁氏宗谱》卷十）

感叹

清·梁祚璇

懒惰故无匹，重筋忽忘天。敝襟不掩肘，寒夜无被眠。
坐止高荫下，鸡鸣桑树巅。家为逆旅舍，窥灶不见烟。

其二

所营非所务，猛气充长缨。岁月相催逼，饥寒饱所更。
了无一可悦，聊复得此生。常恐霜霰至，晨鸡不肯鸣。

其三

倾身营一饱，孰敢慕甘肥。众鸟忻有托，孤云独无依。
谈谐终日夕，邑屋或时非。掩耳每不喜，固穷夙所归。

其四

开径望三益，兴言在兹春。四时自成岁，六籍无一亲。
焉测尘嚣外，相从颍水滨。姿年逝已老，空负头上巾。

（录自清光绪《渥川梁氏宗谱》卷十）

赠高蹈士

清·梁祚璇

其一

息交游闲业，真想初在襟。鼎鼎百年内，遥遥沮溺心。
浊醪聊可恃，旧谷犹储今。稚子候檐隙，欣然方弹琴。

其二

桑竹垂余荫，闲居离世纷。晨兴理荒秽，转欲志长勤。
春水满泗泽，融风久已分。介焉安其业，苟得非所欣。

（录自清光绪《渥川梁氏宗谱》卷十）

感愤

清·梁祚璇

其一

数斟已复醉，顾盼莫谁知。零落同草莽，颠狂独长悲。

卫生每苦拙，壮节忽失时。今日复何悔，愁人难为辞。

其二

闲居执荡志，坐视时运倾。意气多所耻，淹留遂无成。
行行先故路，恻恻悲襟盈。天道幽且远，缅然起深情。

其三

有客常同止，倒裳往自开。怀来苦夕短，觞至辄倾杯。
气变语时易，弱姿与运颓。念之五情热，当复何及哉。

其四

虽无挥金事，濡所寡所谐。冰炭满胸抱，萧条隔天涯。
欲言无予和，疑我与时乖。拨置且莫念，良辰入奇怀。

（录自清光绪《渥川梁氏宗谱》卷十）

岁暮有不情之请者，止宿而去

清·梁祚璇

郁郁荒山里，凄凄岁暮风。如何蓬庐士，遥想荷蓧翁。
饮酒不得足，赋诗颇能工。愿言诲诸子，节义为世雄。

（录自清光绪《渥川梁氏宗谱》卷十）

哭大任、万春两侄孙

清·梁祚璇

其一

落地为兄弟，高坟互低昂。未尝异悲悦，相与还北邙。

只位委空馆，游魂在何方。御衰过旧宅，亦复可怜伤。

其二

大化相寻绎，离忧凄目前。既来孰不往，在己休怨天。
风雨纵横至，鬼神茫昧然。生而共依附，骤骥感悲泉。

（录自清光绪《渥川梁氏宗谱》卷十）

饮宿山庄

清·梁祚璇

崎岖历榛曲，草屋八九间。落叶掩长陌，寒云没西山。
只鸡招近局，斗酒散襟颜。怀役不遑寐，晨兴越河关。

（录自清光绪《渥川梁氏宗谱》卷十）

中秋祖庙戏会，郑越千、祝宋臣、潘邦正过宿

清·梁祚璇

俎豆犹古法，岁功聊可观。故人赏我趣，时结新知欢。
馥馥凌云桂，荣荣窗下兰。挥觞道平素，清吹与鸣弹。

（录自清光绪《渥川梁氏宗谱》卷十）

佛教论

清·梁祚璇

古无佛，中国亦无佛。至衰周而释迦生，苦修于灵鹫山，以空空为宗旨。观音自中印土来，尝坐罗刹之盘陀石。而文殊、普贤，则居洱海之鸡足，相距不远。则普陀、峨眉、五台诸道场，或系日后播迁，要皆乌斯藏天竺国人耳。

据称诸佛临命终时，能现三十二相，不过凭幻术以惊骇一时，西方人遂尊事之本，无与于中国也。即达摩渡江而东，面壁十年，不立语言文字，黝黑蠢恶，为彼国人真像貌，亦未尝贻害于中国也。自有迎佛骨、求

佛经者，甘为罪魁，煽动其邪说。本非西方族类，而削发披缁，为皈依其教之释子，募黄金，建塔寺，泥塑木雕，诸俊俏之像，高居莲台狮座，曰释迦，曰文殊，曰普贤，曰观音，大失本来面目，而乃谬称为如来，其实不如不来也。

释迦之徒侣，迦叶、阿难有锡杖袈裟，历传衣钵，如后世慧远、佛印、德山、黄梅之流，调弄机锋，名为说法，犹存佛氏空空之正果。最可怪者，翻译胡言，咒章，晨昏持诵，不可解者，强解之。而《金刚经》、《妙华经》、《弥陀经》，自述其授受之因缘；《寿生经》、《血盆经》、《观音经》，又夸其普济之法力，皆鄙陋荒谬之说，无一句可为常典者。至国达和尚造为三昧水，忏意在释结解冤，已属诱惑人心，之其续有"血湖"、"梁皇"两部，更可诬骗妇人及无知下流，卖佛求财，真佛氏之罪人矣。世俗日非，人心不古，不为所诬者甚少。独不思西方何如，中国而欲求生于其地哉。父母、妻子倘果有罪，岂秃辈所能超度哉。彼为释子者，非疲癃残疾之人，必鳏寡孤独之子，惟当安命守分，有力者服耕，无力者托钵，自度其流光，不当借名度人，获戾深重，且为佛氏之所摈弃也。

世有佞佛者，佛焉用佞，但佞释子耳；有毁佛者，佛焉用毁，当毁释子耳。余不佞不毁，而论其教之源流如此，可以唤醒睡梦中人否？

（录自清光绪《渥川梁氏宗谱》卷十）

道教论

清·梁祚璇

道者，古圣贤授受所率由之路，健顺五常之总名也。而道其所道者，乃杂出而乱之矣。

老子以五千言传尹喜，以元之又元为众妙之门，止知守雌归于清净。孔子适周学礼，称为犹龙。龙乘风云而变化，似非专门之学也。汉刘歆分别九流，以彼为道者，若庄周、列御寇等皆附之，亦仅视为旷达之类耳。

后世三教之说，起名其居曰"兜率宫"，称为太上老君，苍苍者天，亦加玉皇之号。合诸元始天尊，谓之三清。夫三清者，道教之三宝也。清轻上浮者，天忽分为三十三，名曰诸天。又以天、地、水为三官。以北斗、文昌、文曲为三元。三茅真君、东岳、元武大帝，立庙绘像，遍于天下。

而奉其教者，分立门户，互相传述，辨之不可胜辨也。余试约而论之，以符箓著者，曰天师。奏章步罡，捉斩妖魔为事。林灵素、叶法善声闻犹隐，汉之张道陵，荣封至今。然而，历代子孙永命者罕，其术固不能自庇矣。以修炼显者，曰神仙。钟离权、张果、刘海辈，颇得逍遥之乐。吕岩为丹炉祖，黄白刀圭，相继蛊惑，遂致饵药暴崩之罪，《参同元契》、《福寿全书》，以及《黄庭经》、《海琼集》，皆非度人者，适祸人者耳。况仙家尸解水解，并无长生不死之术，古所称王母临汉武宫，指东方朔三窃仙桃，麻姑降蔡经宅，李少君见安期枣大如瓜，悉彼等捏诬欺人之语。此汉武悔过下诏，所以致叹。夫世上岂有神仙也。

至于妖法幻术，小则空中取物，叱石成羊，犹属游戏之事。如纸剪人马，变为天兵神将，呼风唤雨，走石飞沙，汉之黄巾，先代之白莲，闻香往往猖乱灭族，此道外之道，不可述于后世者也。又考《周礼》所载，有巫觋一途，方相氏职之，虎目熊皮，驱逐疫气，其交鬼神，以生人为心。若闽中林三教，今称陈十四夫人者，其流亚也。祈雨祈晴，世多用之。然而非道自托于道，课本咒章亦称太上律令，亥豕不辨，时为人许天愿、设醮筵，作诸法事，迎神禳灾，尚无大罪。而吾梧恶习辄夥降神之邪党，言语侏禽，举动蠢陋鸣锣击鼓，抢魂打王，妇人痴汉屈伸听命，此风大坏。道教亦大无色，虽大声疾呼，无能禁止，余亦无如之何也。姑伸其论，以匡维吾儒之正道焉耳。

（录自清光绪《渥川梁氏宗谱》卷十）

神佛辨

清·梁祚璇

神之为灵，由来旧矣。至尊无以尚，岂下同于彼佛乎哉。乃时人溺于释子之说，虽事神亦云拜佛，一若佛之一字，可以包罗诸神也者；一若神之一途，皆蒙蔽于彼佛也者。世道人心，尚堪救药欤？彼佛生于乌斯藏，不过两间之凡胎，未尝自以为神也，释子则以神诬民耳。嗟乎！蚩蚩之民，亦知神之为神乎。

夫神之在土者，莫大于天，而日月辰星，云雨霜露，何往无阴阳五行，敦化川流之德；神之在下者，莫广于地，而山水、社稷、城隍、土地，何目无刚柔变化、长养阴骘之功。神之参赞经纶于上下者，莫妙于人，羲、农、黄帝、尧、舜之为君，禹、稷、契、益、伊、傅之为臣，周、孔、颜、曾、孟氏之为圣，泰伯、季札、关、岳、伍子诸人之为贤。凡此当崇祀之时，各有尊称，可指不容混于佛也。

惟彼伕之弟子，或有事于灵鹫，普陀、峨嵋、五台、九华则何云拜佛而已矣。推之仙道者流，亦自有瑶池、武当、泰岱、少华、衡岳、齐云之名目，且不可概称以佛，而况可以亵神慢神乎哉。

（录自清光绪《渥川梁氏宗谱》卷十）

续高识传序

清·梁祚璇

自三皇五帝以至春秋皆无佛教，西方乌斯藏名佛国，释迦、观音等，皆彼土所产，其教亦自行于彼土，与中华不相涉也。

及有奉其教者，大都鳏寡孤独及疲癃残疾之流，即一二宰官、文士堕入其门，必出于万不得已之界，故陈白沙云佛氏者，朝廷之大养济院也。嗟乎，普天下比丘与比丘尼，皆养济院中人耳。其或耕田锄园，自食其力，山巅水津，接待行旅，竟与良百姓无殊，是余之所嘉与者也。抑或种竹艺茶，易米糊口，键关坐山，无求于世，亦与幽栖士同辙，是余之所奖掖者也。其余耳聋目瞽，手跔足跛，衣食无资，沿门托钵，与乞丐共生涯，更余之所哀怜者也。

独怪夫炫耀聪明、调弄笔墨者，翻译咒章，造作经忏，立地狱之名，怵人畏惧；创天堂之说，引人欢喜。而养济院中，遂有唱莲花落一流秃子。世间愚夫、愚妇，习闻其言，而不知其非。即中材以下之士，亦溺其心而误以为是，聚众烧香，作诸丑态。而新丧大故之际，鸣钟击鼓于灵前，召魂、破狱、放赦种种非为，乃美其名曰超荐，准之于礼，按之于律，不觉陷于大不教矣。

故余之恶夫佛者，恶夫皈依佛者也；余之恶夫皈依佛者，恶夫皈依佛而卖佛求财者也。姑不与之辟佛，佛皆土木形骸，画图色相，本无语言文字以示人；亦不与之辟禅，禅只拈花喝棒，赌胜机锋，不离色色空空之本，旨至于宣扬佛事，借佛诬民，狐媚惑世，其祸甚无涯。余不禁大声疾呼，以晓夫佞佛谈禅者，毋为此辈所迷误。此亦昌黎韩公明先王之道以道之之意也。唐传奕集稷晋名儒驳佛之论，作《高识传》十卷，余亦集唐宋以来先儒之说以续之。附以问答语数条，虽近于鄙陋不文，而醒世苦衷，其亦可以共谅也夫。

（录自清光绪《渥川梁氏宗谱》卷十）

大总戎名寿图序

清·梁祚璇

恭闻　丁大总戎大镇宪，钟峨嵋之灵秀，萃锦宫（按："宫"当为"官"）之英华。天上日星，人中龙虎。自幼祥征大将独知，提印提戈。稍长，志敌万人，不屑习书习剑，丰仪壮丽，媲美曲江，材识通明，同符诸葛，怀奇出关外。希乘洱海长风，抱器事戎轩，欲勒燕然片石。乃敢直入虎穴，遂能旦扫狼烟，西塞寒心，北庭破胆，特树无双。鸿烈屡膺不次莺迁，吹角建牙，总辖貔貅百万；登坛挂印，节镇贲育三千。桃花岭内立辕门，细柳营东开射圃。无待喑哑叱咤，简练多方，何殊子弟父兄，绸缪孔固。入觐天颜有，喜亲承，宠锡频加，不伐不矜。

兄是劳谦君子，有仁有勇，洵为专阃。将军亘古稀逢，近今罕匹，及兹桂月，方届艾年。三星光照南明，五老驾临东海。珍错供瓯越绮席，宏开筐筐，贡金衢瑶觞，竞举戴翟冠而披蟒服堂。有配德夫人，曳珠履而戏彩衣，阶列象贤公族。自参游及守卫，剑佩辉煌。由黎庶至三军拜稽，跄跻身兆，箕畴五福，天申华祝，三多草芥，儒绅寒微，韦布仰蒙说礼教诗之化，永怀饱德醉酒之忱，托之画图，悬诸甲帐，传为盛事，少奉休光敬作俚辞，庸伸与颂。

（录自清光绪《渥川梁氏宗谱》卷十）

元旦迎岁星文

清·梁祚璇

伏以帝出乎震，贞元会合启昌期；人生于寅，天地交通成泰运。春王一统，夏正三阳，金炉烟吐，光华宝炬，花呈锦绣，冠裳整肃，盥荐虔诚。

宣平县九都懿德乡福首等，谨以牲醴之仪，昭告于本年太岁，斗杓初转，履道方新，月令开元，阳和始布，望祥云于汉表，占紫气于日东，天仗缤纷向天衢，而前导仙璈嘹亮，挟仙侣以交驰，户外停骖，堂中息驾初献酒。尝闻岁星拱照，广增比屋，嘉祥福曜，光临永锡，一方善庆。况孔惠孔时之孔亟，必相生相养之相先。恭惟太岁尊神，功并生成，德高参赞，干支定位，缠度周流，日有三百六旬，何日不资保障。节分二十四气，每节咸赖调和。土旺于木火金水之间，神妙于雨露风雷之上，立生民之大命，普美利而不言，司万物之化机，代天工而无旷，宜崇祀事上迓洪庥。

二献酒窃以击鼓吹幽望，其如几如式豚蹄斗酒，祷以满籆满车，惟兹族党之人，悉在骈嶘之下，伏愿默相有道，阴阳无私，南朔东西。膴膴田园，书大有尊卑老幼；林林男妇，沐长春休征华祝。三多庆衍箕畴，五福萑苻远绝，祝融不灾，虎豹敛迹，深山鹿豕，潜游邃谷，无逢患害，共乐升平。

三献酒自今于登于豆，以告虔下情既达，我将我享之昭鉴，有感必通坐镇从容，德施优渥，允作一乡福主，留为终岁恩星。直待改换桃符，敬饯旋归龙驭。尚飨！

（录自清光绪《渥川梁氏宗谱》卷十）

祖庙太傅公中秋寿诞祝文

清·梁祚璇

伏以天生龙种，三秋适正中秋；神镇龟山，千岁益增万岁。福首某等祖割柔毛刚鬣，手供沼芷溪苹，金炉香喷沉檀，宝炬花开麟凤，擎拳曲跽，捧帛称觞。

谨致祝于宗主万石侯王，俯观对越慈孙，欢然点额，默领骏奔，孝悃莞尔，解颐冠进贤之冠，服衮龙之服，驾驭天闲，上驷坐乘，北阙祥云，众帅肃班，群镇环卫，旌旗影摇，秋日鼓钟，响度商风，陟降庭中，祼将阶下。

恭行初献。窃以饮水思源，源深而流斯远；惜枝顾本，本大而条自繁。溯发祥于河西，振宗祧于大业，凡我族间之衍荫，悉关阴骘之绵长。恭惟宗主太傅，允武允文，乃神乃圣，位兼将相，贤名标范晔《汉书》，爵晋侯王血食。肇高宗南渡，画图遗宝像，式金式玉示仪型；诰敕耀龙章，不愆不忘昭法守忧，见忾闻如在，洞忠属敬加虔少憩几筵重陈樽俎。

恭行亚献：尝闻德流宇宙，寿齐南极长庚。功冠古今望重泰山北斗。昔是一门烈祖，今为百代明神。伏愿品秩常尊，声施弥远。握懿德生灵禄命，司豫章社稷权衡。高下园田，阴阳和而风雨顺；百千士女，官骸壮而寝食安。子弟习诗书，屡掇青衿紫绶；父昆承赋役，时余白镪黄金。驱虎豹猿鹿于荒陬，长犬豸牛羊于里巷。家有优游老叟，户添瓜瓞休徵。更劝加餐，载赓既醉。

恭行三献：窃以箕子陈畴五福，必先曰寿姬公制礼四祭，各限一时。既崇尚乎介眉，亦预防乎烦渎。按礼文而彻馔，成嘉会而捲帘，锦铺万朵山花，光曳千条川柳，或逍遥云路，或偃息天庭，或殒瑶岛蟠桃，或剖羑门大枣，梨园夜演，桂轮皎皎，一来游鸡酒，时供槐市霏霏重过盼瞻依弗替，保障无疆。尚飨。

（录自清光绪《渥川梁氏宗谱》卷十）

十一　梁世棻文选

梁世棻（1689—1738）字骏公，号筠西居士。梁祚璇继子。娶遂昌文学黄圣修女（1687—1756），生三子：大壮、大观、大临；生三女：长适芦湾庠生朱熙，次适老竹廪生俞开渭，三适前湾庠生潘德光。

偕友玉岩登高

清·梁世棻

谁是逍遥世外仙，玉岩登眺一高骞。
侧临台榭疑无地，直上云巅别有天。
刹外青松遮殿角，篱边黄菊映堂前。
此中佳处堪同赏，挹取茱萸意邈然。

（录自清光绪《渥川梁氏宗谱》卷十）

豫章圣迹

清·梁世棻

万仞小蓬莱，攀萝几度来。白云摘绝顶，红日照层台。

殿圮山灵显，林深暑气颓。岁祈龙化雨，祀事亦隆哉。

（录自清光绪《渥川梁氏宗谱》卷十）

十二　梁大任文选

梁大任（1688—1739），字学尹，号双峰。娶丁川文学徐兴宗女（1692—1781），生一子：梁岳；生四女：长适郡城陈昌五，次适郡城文学周成斌，三适咸宜陈□，四适郡城吴球。

答午溪郑子曹源

清·梁大任

经年契阔老鬓华，风月骚坛久不夸。
示我诗筒无俗字，知君梦笔有新花。
欲参李杜三千首，须见苏黄十五家。
染翰了将蔬笋气，眉山应肯许同车。

（录自清光绪《渥川梁氏宗谱》卷十）

十三　梁万春文选

梁万春（1691—1738），字协中，号锦峰。生平详见第六章。

偶成

清·梁万春

免守何曾出敝庐，半生粟食度居诸。
弹冠有愿随通塞，脱颖无才任毁誉。
词赋卅年皆捉影，文章八股总拘墟。
不知身世将奚似，野鹤山云信所如。

（录自清光绪《渥川梁氏宗谱》卷十）

十四　梁大观文选

梁大观（1715—1784），字学秦，号少亭。娶渠溪恩贡章铣女（1719—1793），生二子：畹、畴；生二女：长适松阳板桥庠生周陈瑞，次适本邑祝村庠生祝万纹。

范村归途

清·梁大观

西郊雨乍歇,春路滑难驰。处处桑间妇,村村牛背儿。
青畦飞白鹭,绿树啭黄鹂。遥望故人宅,斜阳照竹篱。

（录自清光绪《渥川梁氏宗谱》卷十）

闲居

清·梁大观

课罢行吟小阁西,因时随景觅诗题。
遥看孤屿翔云鹤,静听深林叫竹鸡。
陆范雄思高莫及,苏黄雅韵妙难齐。
挥毫安得成珠玉,秋水为神气吐霓。

（录自清光绪《渥川梁氏宗谱》卷十）

庚子冬始设忆庵公祠祭序

清·梁大观

《礼》有之孟春之月獭祭鱼,孟秋之月鹰祭鸟。物类尚能报本,人可不知此意乎。

梁氏自大宋太平兴国时,由武夷山而来于栝,居丽之梅墩。二世至三世,昆季五惟三公讳㳺,相阴阳,观流泉,乃处懿德乡为渥川之始祖也。迄今阅世将三十,阅年将八百。其间盛衰迭嬗,人材代谢,不可细述。兹当祠宇具存,祀典不作,顾族不可以无祠,祠岂可以无祭乎。

想自国朝康熙甲寅以后,田庐荒毁,土满人稀,祠宇不过草草构结,聊栖祖灵而已。祀典于斯有歇绝之叹。我皇上御极以来,豁逋蠲荒,士读农耕,地方颇有起色,一时觌面绅衿三十余人,族党稍称富庶而祠祭邈然,令人目击心伤。为此中夜踌躇,无方区画,幸吾高高高祖子信公除祭田之外,尚有公积银项,历年收利,分散冬肉子孙获其遗惠,而祖宗杳无孝享，彝伦敦灭亦已甚矣。

大观忝居房长，邀同诸弟大钦、大象、大简等，酌将利息另置一猪一羊，荤素羹饭一席，张灯设彩，即于冬至日特奉子信公牌位于东隅，并合祠远祖近宗同飨其祭。祭毕分胙，庶乎公私交善焉耳。至于日后积赀殷厚，立买田产，与夫族人倘有贤能杰出，创设合族大祭，此则余之所厚望者，备开条款于后。

是为序。

（录自清光绪《渥川梁氏宗谱》卷十）

十五　梁祚芳文选

梁祚芳（1659—1716），字佳辰，梁尚璧子，出继梁尚魁。娶在城岁进士刘显宜妹（1659—1713），生二子：世奕、世雯。生二女：长适在城庠生金之琮，次适曳川廪生陈之璆。

宣平玉岩山

清·梁祚芳

烹砂人去馀丹灶，飞锡僧来种石莲。

（此文辑录自清光绪《宣平县志》）

十六　梁大钦文选

梁大钦（1719—1792），字学尧，一字药樵，号雪圃。梁世济长子。渥溪梁氏第二十五世孙。娶丁川文学徐大纬女（1724—1780），生二子：杰、偕。

自题行乐图赞

清·梁大钦

将军石畔，君子楼前，以书为圃，以砚为田。冷然自善，飘然欲仙。行吟于清晖堂上，养晦乎安乐山边。雪厓先生岂是尔，瓮中居士却宛然。

（录自清光绪《渥川梁氏宗谱》卷十）

西林吟

清·梁大钦

龟鹤双峰峰插天，秀色青空生云烟。
龟峰突兀嵌岩立，首尾六藏千万年。
鹤峰飞舞矗云边，居然胎化来青田。
一龟一鹤生活相，龟蹒跚兮鹤翩翩。
客问双峰中何有，中有生灵几千口。
世耕世读士农家，太史采风风仁厚。
耕者喁喁行让畔，士乐从王养素久。
素之士，复何求，诗书弦诵春又秋。
杜门懒与俗尘游，上悟义文心千古。
下窥庄老离骚忧，左图右史环几席。
琴瑟羹墙已白头。白头坚志志不降，
生涯笔砚安敢荒。历授生徒遍梓里，
俊髦济济成文章。天笃良材因地产，
双峰侧畔清晖堂。或为梗楠共杞梓，
或为玉树临风郁苍苍。

（录自清光绪《渥川梁氏宗谱》卷十）

乙未重过白岩禅院，归途口占寄酬际瀛人

清·梁大钦

昔之日白岩，禅院空又空。今之日白岩，禅院空不空。忆昔寥寥寂寂烟霞冷，而今有人弄月吟。清风本是旧弥陀，笑呵呵本是旧山门。山门高峨峨，名胜何须定。虎溪僧高奚必远，公齐诗咏黄初鲜。俗气书临真草超，叔季数行花卉罗。阶砌四壁，词章都佳丽；金炉烟袅，鸡舌香嫩白。一瓯两掖凉，羡尔一番清雅趣，风尘不染佛门墙。昌黎若肯为说客，鸿儒大半诵金刚。晚风飒飒严霜天，行屐匆匆去志坚。不获聊床一夜禅，欣拈天花襟裾妍。回望龙宫属上方，白岩映起白毫光。

（录自清光绪《渥川梁氏宗谱》卷十）

碌轩

清·梁大钦

六旬寂无闻，自问徒碌碌。服食先人田，借息先人屋。
耕耨在诗书，立苗未秀熟。才钝罕登场，性迂易离俗。
缁黄视仇雠，赌博防鸩毒。一年复一年。山花共野菊、
不必烟波游，有轩可容足。

（录自清光绪《渥川梁氏宗谱》卷十）

安乐山词五首六言

清·梁大钦

安乐山中老子，清晖堂上栖迟。平地难陈三策，杜门空叹五噫。
岁岁舌耕口织，年年大布黄粱。春圃桃红李白，秋园桂馥兰芳。
素不访僧佞佛，无非钉俗砭愚。兴到山中觅句，秋来庄上归租。
自幼喜称绣虎，而今悔学屠龙。梦里峥嵘头角，依然两鬓鬅鬆。
鸡肋一生书味，蝇头两筒儿曹。（梁大观按：一子一侄卑微觅利）
不管炎凉世界，山中安乐为高。

（录自清光绪《渥川梁氏宗谱》卷十）

戊戌三秋重游椒山

清·梁大钦

借栖西竹寺，松菊旧交游。古佛无寒暖，山僧半去留。
书声灯火夜，（梁大观按：寺设二书馆）月色薜萝秋。
静念养生主，安能上急流。白发垂垂老，青山点点秋。
光阴一野马，天地共沙鸥。篱菊黄铺锦，庭柯翠拥虬。（梁大观按：庭前老柏）
笑谈新旧友，（梁大观按：丽邑纪振之、松邑叶青霞）何策使长留。

（录自清光绪《渥川梁氏宗谱》卷十）

赋得秋色老梧桐　得秋字

清·梁大钦

其一

梧桐何惨淡，色缀一天秋。霜薄清阴瘦，风高密影愁。
寒烟空自锁，晓露暂相留。暮紫修柯拂，晴岚老干浮。
韶华须早惜，晚恨最难收。卉木已如此，光阴万古流。

其二

坐看梧桐晚，因知惨淡秋。山光寒历历，潭影静悠悠。
日暮砧声急，霜余草色愁。岚空千嶂出，碧落一庭收。
露冷吟蝉叶，烟横宿雁洲。金风飒飒起，万物欲归休。

（录自清光绪《渥川梁氏宗谱》卷十）

赋得山中太古　得山字

清·梁大钦

地远心恒静，开门止见山。云根欲离合，岚气若回环。
宏景多怡悦，渊明觉往还。轻肥非可慕，稼穑早知艰。
车马从人杂，琴书且自闲。清幽如太古，尘俗莫相攀。

（录自清光绪《渥川梁氏宗谱》卷十）

为侄孙明旦新居落成排律十五韵

清·梁大钦

九苞金鹭鹭，五色石麒麟。秀挺龟山下，祥开渥水滨。
立身文作艺，卜宅德为邻。眇亩诗书旧，垣墉栋宇新。
经营劳智力，省试历昏晨。大壮光先业，遗安启后人。

雕镂戒淫巧，浑朴守天真。砥行如攻玉，治家解卧薪。
地灵非绝胜，人杰乃超伦。棣萼枝枝茂，萱英岁岁春。
高堂长具庆，满志不忧贫。几席环嘉卉，阶除鲜俗尘。
含辉清以越，咀味淡而醇。雪案锄经籍，棘闱赏桂轮。
丑无药石语，足以示书绅。

（录自清光绪《渥川梁氏宗谱》卷十）

挽蔡君鼎养

清·梁大钦

脱颖英才早泮庠，三常德行共文章。
人存名没生犹死，名在人亡殀亦长。
赤石楼云遮暮景，清风峡月堕清光。
如君非是沽名辈，孰与君家姓字扬。

（录自清光绪《渥川梁氏宗谱》卷十）

江心寺

清·梁大钦

漫道江心不可游，江心能解利名愁。
苍苔弥径清还净，绿树撑天夏亦秋。
塔影东西云出没，潮声明灭海沉浮。
从今寄语登临客，稳放横江一叶舟。

（录自清光绪《渥川梁氏宗谱》卷十）

戏赠聋友

清·梁大钦

五官有耳不闻声，目力经营看世情。
秋月几时传鼓漏，春风何日听雷鸣。
笑谭十九迎机别，告诉再三嫌话轻。
鸡犬桑麻皆不问，羲皇以上一天民。

（录自清光绪《渥川梁氏宗谱》卷十）

美人风筝和韵

清·梁大钦

晴日轻风一线牵，暗通神女降罗天。
翻身却有春怀在，嫩脸羞将妙语传。
蒲绿袖拖晨雾薄，榴红裙衬晚霞鲜。
清音弄出相思曲，一段幽情指掌边。

（录自清光绪《渥川梁氏宗谱》卷十）

石侯岩头寺记游

清·梁大钦

炎宋而来八百年，先人桑梓旧山川。
半湾绕绿蓬壶境，两壁排青阆苑天。
五族簪缨联地络，三朝阀阅共星躔。
岩潭寺里初凭眺，清茗一瓯思邈然。

（录自清光绪《渥川梁氏宗谱》卷十）

培兰

清·梁大钦

香分九畹最堪夸，斗室全凭臭味嘉。
座有清言人气霭，琴挥雅操道情奢。
不需珠露溥丹砚，且爱窗风透碧纱。
芳草曾能滋百亩，好纫长佩佐重华。

（录自清光绪《渥川梁氏宗谱》卷十）

种菊

清·梁大钦

竹篱茅舍野人家，地僻堪栽隐逸花。

风韵不随春艳薄,霜姿偏与酒情斜。
迟开笑落龙山帽,早种催会彭泽车。
三径待谁问寄傲,静心方许问津涯。

(录自清光绪《浥川梁氏宗谱》卷十)

东岩八景　六言

清·梁大钦

幞头岩

天造灵区险异,地排怹石巉岩。装成皂帽如在,应有头颅不凡。

将军石

状拟开山五丁,腰无宝剑三尺。虽云愚将临戎,还喜忠心是石。

饭甑岩

天地是炉是灶,峰峦非甑非岩。欲把黄粱炊熟,饱餐一世饕餮。

桃花洞

依稀蓬岛仙山,彷佛桃源古洞。绝去人间火烟,游来天姥魂梦。

清风峡

昔年碧血流崖,今日清风扫峡。缅怀侠骨贞魂,不记纶巾羽笔。

赤石楼

经营岂藉人力,创建何须鬼谋。面面清风皎月,层层丹槛红楼。

卓笔峰

梦里有椽似笔,醒来指笔为峰。岁生毫颖修短,时写云章淡浓。

牛鼻洞

青牛谁氏骑来,千古牺牲不中。一团紫气迎人,露出鼻门双洞。

(录自清光绪《渥川梁氏宗谱》卷十)

乙未帝臣拔峰雨侄同入泮志喜

清·梁大钦

门第桑麻旧,天恩海岳齐。诗书连畎亩,弦诵间锄犁。
白屋元无注,青云却有梯。家驹双踯躅,千里看风蹄。

(录自清光绪《渥川梁氏宗谱》卷十)

十七　梁大器文选

梁大器(1724—1786),字立成,号晚园。梁世济次子。

东岩

清·梁大器

谁将采石砌山巅,疑是娲皇剩一卷。
特起嶙峋中自固,凌空突兀外非圆。
遥看獬豸凭风立,忽讶螺蛳吸露旋。
多少诗宗题壁上,谢公应独憾当年。

(录自清光绪《渥川梁氏宗谱》卷十)

十八　梁甫文选

梁甫(1733—1798),字叔樊,号小斋。渥川梁氏第二十六世孙。

南明山

清·梁甫

步涉溪南草色青,峰回路转快入经。
洞成掌合参三昧,石作梁浮度万灵。
井井有泉皆出海,山山无翠不来庭。
尘纷尽被松风隔,燕语莺啼到处聆。

(录自清光绪《渥川梁氏宗谱》卷十)

三岩寺

清·梁甫

奇岩曲合雨山隈,洞洞相联对水开。
晴雨空从天外落,定泉静向石中来。
寒生六月惊飞雪,响彻三冬骇蛰雷。
邂逅同游尘已隔,从今不必羡天台。

(录自清光绪《渥川梁氏宗谱》卷十)

赋得一潭明月钓无痕

清·梁甫

翩然乘兴棹孤舟,上下空明一色幽。
碧水澄泓映碧汉,清光潋荡漾清秋。
风平不觉丝纶坠,夜静微窥鸥鹭浮。
玉宇无尘浑太古,恍疑人在洞天游。

(录自清光绪《渥川梁氏宗谱》卷十)

水底桃花

清·梁甫

媒朱姹粉艳消魂,灿烂澄潭映日繁。

浪击禹门千朵泛，影浮瑶岛一枝痕。
放牛错认周王野，驾艇空寻渔父源。
惊动鱼龙风雨骤，竞张鳞爪斗翩翩。

（录自清光绪《渥川梁氏宗谱》卷十）

窗前绿竹和棚家王表弟原韵

清·梁甫

环槛琅玕扫碧天，披襟相对两悠然。
菁莹自可追淇澳，密比何曾让渭川。
露滴浓阴滋石砚，日穿疏影映瑶篇。
一朝风雨飞来疾，伫看化龙在目前。

（录自清光绪《渥川梁氏宗谱》卷十）

吊兰

清·梁甫

取向深山挂向庭，不须栽灌享长龄。
烟笼尘拂枝恒茂，日炙风吹叶弥青。
每时国香王者贵，依稀屈轶帝阶灵。
独餐沆瀣空中露，能与人间御火星。

（录自清光绪《渥川梁氏宗谱》卷十）

茉莉

清·梁甫

梅假丰标桂赠香，翩翩蜂蝶漫生狂。
夜间横伴珊瑚枕，画里斜连悲翠煸。
妆不用揸凌洛女，却疑傅粉傲何郎。
纤纤玉手临风摘，雪魄冰魂映月凉。

（录自清光绪《渥川梁氏宗谱》卷十）

建兰

清·梁甫

种承空谷植华堂，倩质偏宜素钵装。
舌吐斓斑疑解语。头凝葱茜懒浓妆。
清真自得幽人趣，馥郁无惭王者香。
安取一枝常佩服，迎风时涤俗尘肠。

（录自清光绪《渥川梁氏宗谱》卷十）

芙蓉

清·梁甫

秋入秋江秋景殊，红妆竞放九秋初。
胭脂带晕迎风立，金粉含娇倩露舒。
邻女隔墙窥宋玉，文君出阁觅相如。
莫愁晚节无知己，三径依依伴我徐。

（录自清光绪《渥川梁氏宗谱》卷十）

读史有感

清·梁甫

风云变幻岂常经，智者须当睹未形。
江汉舟浮胶惧液，苍梧竹峙泪忧零。
西池王母祈招作，北狩将军诰敕停。
力可回天施补救，名传千载齿牙馨。

（录自清光绪《渥川梁氏宗谱》卷十）

牡丹和周子霞圃韵

清·梁甫

风

和飔披指艳阳天，竞吐英华斗阁前。

舞袖一团娇不定，飘飘霞举欲登仙。

晴

迟迟春昼日初长，灿烂花枝蛱蝶忙。
故向光天舒色笑，浅笼粉黛暗生香。

雨

春膏槛外拂潇潇，出落丰神另样娇。
莫是温泉初浴起，亭亭倩立自魂消。

露

一天浓雾湿清晨，漾得芳姿分外新。
却是晓妆临镜罢，隔纱含泪忆怀人。

（录自清光绪《渥川梁氏宗谱》卷十）

玉岩山

清·梁甫

叠叠危峰耸碧霄，楼名赤石驾霓桥。
仰观星斗低堪摘，俯眴烟村淡欲描。
洞口云深留鹤住，岩头花发傍人飘。
我来踞峡迎风坐，彷彿桃源寄慨遥。

（录自清光绪《渥川梁氏宗谱》卷十）

普照寺

清·梁甫

夕阳远眺最高峰，众象森罗翠万重。
曲径斜穿红叶亲，深林回绕白云封。

坐观梧影移秋月，卧听蝉声度晚钟。
宝相庄严分净土，拜瞻从此司禅宗。

（录自清光绪《渥川梁氏宗谱》卷十）

白云山

清·梁甫

岩峣万仞壁，郁郁锁龙宫。列嶂浮层汉，诸山拜下风。
钟鸣苍树杪，僧卧白云中。俯视尘寰界，真成蚁蛭同。

（录自清光绪《渥川梁氏宗谱》卷十）

石门洞和韩子讳作鲁原韵

清·梁甫

石洞谽谺水作关，飞珠喷玉任回还。
猿啼谷口烟霞涌，鸥泛滩头波浪闲。
绿树拂衣疑染翠，苍苔印屐欲留斑。
当年康乐登临兴，独癖奇峰千古扳。

（录自清光绪《渥川梁氏宗谱》卷十）

芝田松鹤词

清·梁甫

山深灵气钟，乔松秀而古。斑驳起龙鳞，轮囷生绣黼。
遥遥引仙姿，氄蒙栖欲舞。架巢松顶上，绸缪成牖户。
寻常护烟霞，岂虑飘风雨。胎息久淹涵，渐觉长毳羽。
须臾薄霄汉，飞腾往洞府。年年继续频，灵种难殚数。
员峤及蓬莱，谁不资诞乳。迄今鹤已归，白云篇山坞。
遍山尽白云，仙踪不可睹。胡勿戛然来，餐芝复故土。

（录自清光绪《渥川梁氏宗谱》卷十）

却金馆有感

清·梁甫

路当丽缙交，有馆构其地。僻静少人烟，馈遗无所避。
昔人厉清操，赠金却不视。后人慕高节，芳名当道志。
顽夫感之廉，懦夫亦立志。在昔多贪风，往往荆榛置。
今日盛循良，停骖应不愧。公侯急表章，思欲鼓吏治。
寄语青云客，顾名亦思义。勿负奖劝心，四知当自愍。

（录自清光绪《渥川梁氏宗谱》卷十）

突星濑

清·梁甫

势同竹箭任倾流，激湍潆洄劲莫收。
三峡奔涛飞噙舌，五云喷浪涌旄头。
奇分织女支机石，幻出黄姑饮渚牛。
逸少镌书何处觅，令人惆怅水悠悠。

（录自清光绪《渥川梁氏宗谱》卷十）

【按】突星濑，在丽水县东好溪。

钓台

清·梁甫

山有松来水有鸥，重岩叠翠俯中流。
清风台上年年在，满目乾坤不是刘。
台上清风长薜萝，江中舳舻往来多。
宦游鼓乐迎潮至，敢问山灵洗耳无。

（录自清光绪《渥川梁氏宗谱》卷十）

西湖

清·梁甫

一片湖光映晓霞，春三秋九盛铅华。
旧遗古迹留题没，新建生祠祝颂赊。
剩有画船游士女，憾无隙地种桑麻。
可怜多少饥寒客，也趁工夫浪探花。

（录自清光绪《渥川梁氏宗谱》卷十）

放鹤亭

清·梁甫

昔年放鹤此亭隈，今日亭空鹤不回。
水色山光千古在，令人俯仰独徘徊。

（录自清光绪《渥川梁氏宗谱》卷十）

镜屏秋月

清·梁甫

屏开邀月镜中移，月吐清光入镜时。
上下空明无色相，往来照耀映须眉。
已惊西蜀元亭赋，难拟东坡赤壁诗。
镜是月来月是镜，镜屏秋月任联题。

（录自清光绪《渥川梁氏宗谱》卷十）

苏堤晓云和青田陈先生讳文豹天台学博原韵

清·梁甫

一镜虹飞万象悬，忽腾霮䨴漾湖天。
晨炊断续烟相接，朝旭横斜影欲连。
掩映楼台浮水上，轻笼桃柳舞汀前。

坡公逸兴中丞继,占尽风流今古传。

(录自清光绪《浥川梁氏宗谱》卷十)

岳武穆坟

清·梁甫

十二金牌立召还,将军碧血染成斑。
巍巍孤冢西湖畔,正气恒留天地间。

(录自清光绪《浥川梁氏宗谱》卷十)

林和靖先生墓

清·梁甫

处士陂前几树梅,横斜瘦影映湖开。
芳魂月夜游人静,应自闻香乘鹤来。

(录自清光绪《浥川梁氏宗谱》卷十)

鄂王坟前铁铸秦桧等像

清·梁甫

生前心是铁,死后铁为身。跪在坟前齐伏罪,任人搏击不生嗔。二帝不南高不北,中原坐令飞边尘。十二金牌如弗召,痛饮黄龙在此晨。一旦返斾势瓦解,风波亭上命逡巡。全家忠义遭荼毒,地黑天昏冤莫伸。千古闻之发倒竖,何况目击如躬亲。憾不将汝铸了碎,碎了又铸击频频。

(录自清光绪《浥川梁氏宗谱》卷十)

琉田青哥窑歌

清·梁甫

天地英华间气结,钟毓晶莹独奇绝。
人巧亦可胜天工,埙篪各擅分优劣。

一今一古迥不同，山川光怪从斯泄。
嗟哉物本藉人传，谁料人反因物别。
幽兰空谷岂无芳，任委灌莽谁人撷。
茹藿飧藜知者希，雾隐面山老岩穴。
安得一旦物色加，方显地灵与人杰。
物既可传光鼎鬵，人更辉煌俎豆列。

（梁甫按：琉田地名，古有章生一生二兄弟，以陶为业，哥窑者佳）

(录自清光绪《渥川梁氏宗谱》卷十)

振衣千仞赋

清·梁甫

人生秉天地之性，备万物之理，度量恢宏志气无累，六宇之中任其所之，八极之表何所不底，奈何局于见，拘于墟，不能抗怀域外而甘于鄙俚。自同夫水蛙之在井中，醯鸡之翔瓮里，一无所视也。尔乃历巉岩，履虎豹，披蒙茸，登虬龙，扪壁扳萝，不数供奉之跻太华；登峰造极，奚啻卢鸿之陟高嵩，旷览八埏，俯仰一切，讵但邺候之栖衡岳，广文成之坐崆峒。何在不可以肆余之磅礴，何在不可以释我之樊笼，而用是蔽蒙盖面墙者，限于畛域达观者，超于世缘，扬袂而一尘不染，开襟而万籁无謦，舞霓裳兮桂殿，披鹤氅兮缑巅，视众山兮俯伏，蹑层云兮翩跹。油油乎貌姑射之临崖而绰约，飘飘乎列御寇之御风以周旋。既腾身而直上，若羽化而登仙。于焉下瞩，尘寰苍苍茫茫，有同倒景；上摩霄汉，巍巍荡荡，任其驰骋。富贵利泽不能荣，贫贱患难不能阱。彷徨乎尘垢之外，逍遥乎无为之境，眼界空乎一世，胸襟拓其万顷，又何涯涘町畦之足为吾梗，信乎蹈火不热，入水不濡，遇烈风震电不惊而曳裾徜徉，以安吾之恬静。乱曰：陟巍峨出层嶂，遨游乎巘岷之间，徘徊乎牛斗之上，云霞拂乎衣带，日月萦其屏帐，两袖清风，频餐瀣饮沆。在须臾，回首白云低，五湖四海总一望。

(录自清光绪《渥川梁氏宗谱》卷十)

汉宫秋二首（即老少年）

清·梁甫

一枝弱植赛群流，通体朱明傍玉楼。
百倍精神晖映晚，诗人竞说汉宫秋。
有叶无花胜有花，老来红艳更堪夸。
丰神敢是天家出，窈窕朱颜映日斜。

（录自清光绪《渥川梁氏宗谱》卷十）

十九 梁大临文选

梁大临（1732—1771），字可南，号敬一。娶郡城褚氏（1730—1825），生四子：畦、畯、畏、畔。

赋得远水兼天净（课艺）

清·梁大临

碧水寒烟净，连天一色秋。江千饶爽气，泽畔挹清飔。
霞送西潭月，星移南浦舟。晴枫红远渚，野鹭白中流。
风静波纹细，涯空汉影浮。但祈槎泛斗，云路自悠悠。

（录自清光绪《渥川梁氏宗谱》卷十）

赋得秋澄万景清（课艺）

清·梁大临

万景澄清日，乾坤一气秋。两间残暑退，四塞野烟收。
玉露因风冷，银河傍月流。池塘梧影静，庭幕桂香浮。
山耸螺青嶂，波漾鸭绿洲。欲知蓬岛意，独鹤泛孤舟。

（录自清光绪《渥川梁氏宗谱》卷十）

二十 梁乔文选

梁乔（1714—1790），字卓林，号伯岩。详见第六章。

鹤峰书院

清·梁乔

竹案梅窗春晓，禽声花色时宜。客来浑忘宾主，兴到漫写诗词。
花径曲通仙路，山楼宛步天台。非自桃源经过，却从瑶岛归来。
坐卧烟霞坞里，不知地阔天空。怀开东岭松月，心静南窗竹风。
山水百年丝竹，鸢鱼数点文章，芝兰识吾风味，松柏对我行藏。

（录自清光绪《渥川梁氏宗谱》卷十）

二十一　梁藩文选

梁藩（1735—1821），字雨价，寿八十七。娶郡城庠生吴玉成女（1737—1817），生二子：上龙、明杲；生二女：长适香水塘文学陈先浩，次适处州府城国学生江国忠长子江大成。

赋得流响出疏桐　课艺

清·梁藩

秋声何处起，清韵逸疏桐。自得凡音外，那堪俗响同。
胶粘难句读，律度浑和融。暮雨吹林杪，寒烟散碧空。
轻拖流不住，余绪咽尤工。高占一头地，长鸣唱远风。

（录自清光绪《渥川梁氏宗谱》卷十）

二十二　梁甸文选

梁甸（1737—1787），字统宇，号半痴。娶曳岭蔡大升女（1736—1790），生一子：明常；一女：适丽水北乡下圩徐芳芝。

赋得渔子宿潭烟

清·梁甸

渔子江干宿，孤舟万里天。人歌五夜曲，月照一潭烟。
睛晒芦洲纲，时烹柳坞鲜。优游身世阔，多获是丰年。

（录自清光绪《渥川梁氏宗谱》卷十）

赋得桃花源里人家

清·梁甸

佚迹在桃源，逍遥别一天。家非世外佛，人是地行仙。
茅屋村烟凑，桑麻鸡犬连。飞花逐柳径，千古好林泉。

（录自清光绪《渥川梁氏宗谱》卷十）

渔妇晓妆波作镜

清·梁甸

水满春江色满舡，清晨少妇镜波光。
鬓边肯与风烟沐，眉际还将粉黛妆。
冉冉荆钗斜点翠，飘飘裙布独含芳。
执篙袒臂轻盈立，月里娇娥降下方。

（录自清光绪《渥川梁氏宗谱》卷十）

贺曳山蔡氏修谱

清·梁甸

蔡家奚啻一中郎，屡占鳌头姓字香。
鹊起人才登虎榜，蝉联仕宦列鸳行。
东岩捍难惊瓯越，赤石完贞重栝苍。
往事千秋归谱系，光前定有白眉良。

（录自清光绪《渥川梁氏宗谱》卷十）

二十三　梁敦复文选

梁敦复（1744—1808），字吉士。娶珊溪陈日森女（1745—1821），生五子：枚、梗、杭、校、杞；生二女：长适郡城丽阳门外胡升，次适松邑板桥监生周思诚。

赋得膏泽多丰年（课艺）

清·梁敦复

问年何以稔，雨泽细如膏。优渥垂金柳，轻匀洒碧桃。
萌勾资长养，甲拆藉甄陶。陇畔携蓑笠，原田敛桔槔。
仓箱咸富厚，妇子尽欢号。帝德符天道，爰书太史毫。

（录自清光绪《渥川梁氏宗谱》卷十）

二十四　梁定海文选

梁定海（1739—1778），字中立。娶郡城余宝官女（1739—1802），生六子：明晃、明湛（出祀）、明堂、明颐、明夏、明锦；生一女，适府城从九品谢昌茂。

赋得山水有清音（课艺）

清·梁定海

其一

空谷生清籁，寂寥意自问。幽幽雅韵集，累累俗缘删。
细柳笼住水，疏松荫好山。无弦惟突兀，不鼓亦潺湲。
俯仰从舒啸，徘徊任往还。知音随处妙，领略峙流间。

其二

静里清音近，依稀山水间。息心临活水，翘首企高山。
竹韵风中冷，松声月下闲。飞泉疑漱玉，溜石想鸣环。
晴晖真可挹，逸兴暗相关。潇洒尘氛外，欣然乐孔颜。

（录自清光绪《渥川梁氏宗谱》卷十）

二十五　梁瀛文选

梁瀛（1741—1824），字海峰，号仙洲。娶丽水北乡张村街林福德女

(1741—1801)，祀一子：明叙；二女：长适老竹温文俊，次适曳坑源徐声贵。

赋得凿壁引光（课艺）

清·梁瀛

比屋韬光近，穿空照隔厢。缥经如雪案，展卷胜萤囊。
细嚼书滋味，那知夜短长。联编盈几席，抗疏入朝堂。
随月传名泌，偷光得姓匡。一时勤凿壁，千载有余芳。

（录自清光绪《渥川梁氏宗谱》卷十）

曳岭头

清·梁瀛

曳岭巍峨接上霄，山川草木尽天乔。
举头红日头相近，回首白云首下飘。
修竹风吹声袅袅，山坑雨落水迢迢。
往来此地气多喘，不是槌胸便击腰。

（录自清光绪《渥川梁氏宗谱》卷十）

咏梅

清·梁瀛

数点梅花便绝尘，迎霜破雪倍精神。
烟开逸韵超凡萼，雨滴清香独可人。
大抵女夷偏着意，才能艳放占魁春。
芳时物物皆堪爱，惟有水肌玉骨真。

（录自清光绪《渥川梁氏宗谱》卷十）

道光二年黄邑侯讳焕到任，人皆谓其讼理政平，因赋俚言半律以颂之

清·梁瀛

下车敷政曰优优，度士皆云西伯侯。
藩抚闻名定汲引，高升禄位挽难留。

（录自清光绪《渥川梁氏宗谱》卷十）

又作歌词以赞之

清·梁瀛

仁哉！邑侯流芳千秋。

施令布政，有刚有柔。片言折狱，才似仲由。居官清白，杨震同流。常平仓裕，遇荒无愁。钱粮早解，藩府嘉褒。兴利除弊，万民皆休。使义养惠，击壤歌讴。高升指日，位同宋寇。

仁哉！邑侯流芳千秋。

（录自清光绪《渥川梁氏宗谱》卷十）

初秋

清·梁瀛

梧桐叶落报初秋，雨洗炎威景渐优。
镜月光辉伴汉上，清风箫瑟满枝头。
蝉声断矣还相续，萤闪光兮又复休。
际此芳辰康健日，杖藜缓步乐戏游。

（录自清光绪《渥川梁氏宗谱》卷十）

赋得带经而锄

清·梁瀛

出作携经，得姓倪娹。修日与白云，犁业农并作。

士人事为士,还兼农者畦。回想忙中稼穑,艺追思闲暇。
简书稽仰兹,随地能深造。学者勤求贵与齐。

(录自清光绪《渥川梁氏宗谱》卷十)

腊月望夜雪景

清·梁瀛

蔼蔼清风阵阵凉,纷纷六出满山傍。
光莹皎洁映银汉,夜色清明照玉堂。
共疾深寒刺骨髓,独怀岁稔谷盈仓。
梅花有雪梅加白,雪压梅花雪愈芳。

(录自清光绪《渥川梁氏宗谱》卷十)

元日落雪

清·梁瀛

四始银花撒满天,寒光皎皎映堂前。
清风吹雪风加冷,飘雪迎风雪乱溅。
路上行人魂不定,家中饮酒醉思眠。
骚人借景多吟咏,老叟皆云大有年。

(录自清光绪《渥川梁氏宗谱》卷十)

赋得过勿惮改

清·梁瀛

吉一凶三自古然,祛除不吝勇为先。
尤愆自讼愆何碍,蹈恶多文恶日缠。
伯玉知非膺厚禄,颜渊不贰臻高贤。
自修要道无他法,禁止畏难志力坚。

(录自清光绪《渥川梁氏宗谱》卷十)

赋得植杖而芸

清·梁瀛

春秋隐士何纷纷，十亩闲闲急火芸。
埋没姓名多有日，躬耕陇畔一团云。
于田耒耜为行侣，归处杖藜作友群。
道貌德容真可掬，能令勇士礼殷勤。

（录自清光绪《渥川梁氏宗谱》卷十）

赋得孟子见梁惠王

清·梁瀛

厚仪卑礼聘贤良，邹氏匆匆驾适梁。
揭地掀天才素裕，长民辅世德深藏。
志投道合风云会，布政施行日月光。
惜把富强来下问，终令孟氏往齐疆。

（录自清光绪《渥川梁氏宗谱》卷十）

赋得孟子去齐

清·梁瀛

道与时违志不投，匆匆命驾别邦游。
井田学校空怀抱，幼学壮行志未酬。
杳矣雪宫空寂寞，悲哉名世竟归休。
贤人去就无容苟，有客留行莫忖筹。

（录自清光绪《渥川梁氏宗谱》卷十）

二十六　梁杰文选

梁杰（1743—1781），字人杰。娶郡城王衙王懋烈女（1745—?），祀一子：千里。

次韵内兄王相宜榴花绝句四首

清·梁杰

其一

山斋新筑小园东,照眼榴花焰烛空。
惠我别栽诗数首,更添浓艳十分红。

其二

迎风笑日海榴花,血染猩猩首夏夸。
造化枝头如有约,呼童翦插胆瓶斜。

其三

紫萼丹须四月天,优于桃李满堂前。
秋风未嚼天浆美,一段红妆女子怜。

其四

匪是寻常一胚胎,肯同芍药殿春开。
丹葩满树风翻火,知有珠玑满腹来。

(录自清光绪《滆川梁氏宗谱》卷十)

赋得榆青缀古钱(课艺)

清·梁杰

榆荚当春茂,依稀缀古钱。用难三品重,相似五铢圆。
陶铸非炉冶,穿纫直万千。珠联承雨露,锦簇绕云烟。

大货羞为觅。贪夫孰敢搴。不须泉化地，宝树亦参天。

（录自清光绪《渥川梁氏宗谱》卷十）

二十七　梁淳文选

梁淳（1743—1818），字太元，号朴轩。娶丽水北乡凤山前贡生张树绩侄女（1742—1824），侧室永嘉叶氏（1745—1834），生二子：金濂、万金；生一女：适横降王永耀。

赋得秋色老梧桐（课艺）

清·梁淳

萋萋梧叶缀秋光，昨夜西风折众芳。
雁阵纵横挥淡霭，蝉声幽咽散斜阳。
春葩零落惭留月，老干萧疏欲傲霜。
莫道桑榆齐样晚，凌空直上可栖凰。

（录自清光绪《渥川梁氏宗谱》卷十）

二十八　梁位文选

梁位（1749—1795），字素卿，号白斋。渥川梁氏第二十六世孙。娶丽水县城掾吏褚绍桂女（1749—1786），生三子：梁隐、梁舍、梁虚。

宿普照寺

清·梁位

游目龙宫体势尊，先朝巨典至今存。
香烟宿蕴庄严地，钟磬长鸣法喜门。
鸟过苍苔心不竞，花飞旃树象无言。
波提只夜思前慧，好启银函共讨论。

补春夜宴桃李园诗三首 （限集序中字）

清·梁位

其一

诗酒高人会，春园不夜天。幽怀花醉客，佳况月依筵。
乐地如金谷，清谈有惠连。文章皆大雅，桃李若生烟。

其二

清赏春园乐，烟飞桃李芳。人游良夜月，客醉坐花觞。
雅咏群伦叙，琼筵百物光。吾生诗酒事，天地大文章。

其三

诗酒成良会，住园桃李芳。幽人谈夜月，大块假春光。
花秀文章地，筵开金谷觞。醉怀伸雅况，秉烛作高阳。

（录自清光绪《渥川梁氏宗谱》卷十）

二十九　梁定国文选

梁定国（1750—1826），字维屏，号万礼，娶陶湾赵氏（1752—1807），生二子：明宪、明典；生一女：适丽水北乡下岠业儒徐周南。继娶青田腊口陈氏（1770—1837），生一子：明光；生一女，适丽水北乡小安庠生杨大列长子业儒。

赋得白日莫蹉跎（课艺）

清·梁定国

金鸟飞不息，志士勿蹉跎。旋转出同流，水升沉等掷。
梭惜阴会若彼，待旦更如何。趋响云梯步。工夫铁砚磨。

承蜩非巧获，贯虱以神摩。莫道修途远，还须火候多。

（录自清光绪《渥川梁氏宗谱》卷十）

三十　梁畴文选

梁畴（1751—1818），字佩九，号西圃，行余五十。娶芦湾庠生朱洪勋女（1751—1802），生三子：儒望（出祀）、儒珍、儒臣。续娶丽邑张村街朱瑞太之女（1777—1835），生五子：儒书、儒冠、儒英、儒勋、儒范。

三岩观瀑布奉和周一鹏师台元韵

清·梁畴

三岩仙梵胜偏多，一道飞泉景若何。
细漱微波舒白练，高悬赤壁暴轻罗。
青纱缥缈千寻挂，薄雾蝉联万丈拖。
翘首探幽崖畔立，倾流疑是下银河。

（录自清光绪《渥川梁氏宗谱》卷十）

三十一　梁畦文选

梁畦（1753—1841），字佩采，号梅坡。娶板桥庠生陈涛女（1756—1775）。继娶吴氏（1757—1840），生二子：儒林、儒醇；生二女：长适渠溪增广生杨履谦子庠生名洵，次适老竹增广生江必浩三子名柱。

九日东岩登高

清·梁畦

秋高气爽逼晴空，四节何如此节中。
会集龙山诗共酒，花寻临海雨和风。
题糕得句摩崖翠，承露无囊酿柿红。
俯瞰上湖群雁过，清声应破画楼东。

（录自清光绪《渥川梁氏宗谱》卷十）

紫荆花

清·梁畦

澹红映水浅笼沙，门外香农兄弟花。
有态不随春意闹，多情偏向晚凉斜。
鬓摇钗影鸿齐案，屋钻烟痕爨合家。
温道无皮轻视尔，同根气谊最堪嘉。

（录自清光绪《渥川梁氏宗谱》卷十）

三十二　梁佐文选

梁佐（1753—1820），字帝臣，号平巷。娶破桥廪生王灏妹（1751—1781），生一子：时新（早世）；一女：适小王弄詹云茂。续娶丽水北乡下墺处士徐文栋女（1760—1825），生三子：醉、短、歉。

赋得九月筑场圃（课艺）

清·梁佐

营筑三秋日，群黎乐岁丰。物华依地利，人事相天工。
曲曲新场辟，登登旧圃空。杵舂畦外月，箕覆陌头风。
雁写霜林杪，虫鸣茅屋东。瓜壶收已毕，车籧事方同。
似砥平初就，如墉积未崇。三农沾帝德，万井庆田功。

（录自清光绪《渥川梁氏宗谱》卷十）

西湖十景（录六）

清·梁佐

苏堤春晓

胜游花信好，迢递揽春堤。绿草衔鱼尾，青泥印马蹄。
烟笼高下树，桥渡短长霓。千古繁华处，使君作话题。

雷峰夕照

矗起雷峰秀，斜阳侧影空。腹栖母子燕，顶碍往来鸿。
突兀擎天柱，斑斓映水虹。归舟迎晚岸，遥望此巃嵷。

断桥残雪

霁色满江城，游人气骨清。波澄光万顷，雪晓映千闳。
屐齿吴山峻，桥联苏岸平。钱塘门外过，士女祝春晴。

南屏晚钟

静挹湖中景，尘心付碧川。人乘一艇月，水击半篙烟。
山色模糊看，钟声远近传。红灯明灭里，摇曳酒家帘。

平湖秋月

湖上住山水，秋来爽气多。丹飞千嶂木，翠绕一亭波。
国色芙蓉逗，天香橘柚拖。朱栏人似玉，细语问姮娥。

三潭印月

秋湖闲泛艇，秋景碧苍苍。酒对蓬莱醉，星辉牛斗光。
圆灵烟霭净，上下水天长。照解湖中客，风流诗几囊。

(录自清光绪《渥川梁氏宗谱》卷十)

三十三　梁偕文选

梁偕（1757—1793），字同甫。娶珊溪太学生江希诵女（1760—1829），生二子：千里（出祀）、谦谦。

赋得草色入帘青（课艺）

清·梁偕

草际风光动，湘簾一色青。新芳来小砌，嫩绿透疏棂。
冉冉浮芸案，芊芊映竹屏。晴晖斜更好，空翠满春庭。

（录自清光绪《渥川梁氏宗谱》卷十）

三十四　梁畏文选

梁畏（1764—1847）字知三，号东圃。渥川梁氏第二十六世孙。娶丁川增广生邓开贡女（1763—1840），生四子：儒文、儒行、儒忠、儒信；一女，适曳岭脚贡生蔡志元六子博文。

仙都石笋

清·梁畏

仙都异境古于今，崒崔巉岩形似笋。
似笋巍峨势千霄，项之依栖有鹰准。
参天拔地岂虚心，春夏秋冬无凋殒。
仰而观之高千寻，恍若盘龙之飘雨员。
灵运若闻曳履来，周王戾止必停轸。
人谓直垂玉带形，我谓迥立金鳌嶙。
几株对耸蒂何漾，挺特森森岂成茵。

（录自清光绪《渥川梁氏宗谱》卷十）

登钓台二首

清·梁畏

其一

垂纶一往老江阴，独立高台万古心。
名利茫茫何处着，思君若简可招寻。

其二

功名隔代如尘迹,庙像于今并地传。
却为先生能弃世,热肠冷眼自生怜。

(录自清光绪《渥川梁氏宗谱》卷十)

夏登南明山

清·梁畏

山半花宫寂,松风漾远天。洞中沾雾冷,池畔纳凉偏。
水碓涵残照,石梁翳晚烟。登临情不极,着意想安禅。

(录自清光绪《渥川梁氏宗谱》卷十)

石门洞

清·梁畏

绝壑迷樵径,寻流到石门。悬崖明练影,喷雾散珠痕。
宛是天河落,还疑地轴翻。片时独留赏,幽寂欲消魂。

(录自清光绪《渥川梁氏宗谱》卷十)

题青田试剑石　叶法善古迹

清·梁畏

大石今留迹,剖然四块分。神仙微试幻,宝剑宛无群。
尚忆当年术。犹怜断碣文。充宗西幸日,法善果何闻。

(录自清光绪《渥川梁氏宗谱》卷十)

三岩寺纪梦

清·梁畏

梦到三岩启石扉,一帘珠雨挂斜晖。

泉深细细流丹冷，花影殷殷点翠微。
色里观空僧榻稳，动中思静宦缘非。
风尘困顿才恒拙，拟向深山老蕨薇。

（录自清光绪《渥川梁氏宗谱》卷十）

游江心寺

清·梁畏

盈盈带水隔尘寰，岛树汀烟一味闲。
大地乾坤浮蜃海，诸天龙象护禅关。
浪痕摇动东西塔，云影平分远近山。
我欲万缘都洗了，坐聆清磬悟无还。

（录自清光绪《渥川梁氏宗谱》卷十）

石门瀑布和邑谕张湘友韵

清·梁畏

濛濛非色亦非空，花雨漫天到处通。
洗出一潭磨好月，拟从万里驾长风。
银涛净浴青田鹤，金镜光流碧涧虹。
山水亦分佳士品，我将徒跣拜其中。

（录自清光绪《渥川梁氏宗谱》卷十）

山意冲寒欲放梅（周宗师考贡第一）

清·梁畏

子月阳初动，芳梅发岭端。天心将酿雪，山意为冲寒。
珠药凌霜绽，琼英拨冷攒。生机钟碧嶂，花气溢青峦。
直藉吹嘘厚，能效凛烈宽。松间窥萼小，竹外具枝单。
霭霭情方好，融融冻欲残。巡檐追杜老，孤与兴何兰。

（录自清光绪《渥川梁氏宗谱》卷十）

清明祭扫赋（以题为韵）

清·梁畏

　　四顾郊野，一色蔓菁，元草绿缛而争茂，黄鹂掷柳以先鸣，适三春之届阳，遂四境而悲声。携手同行，尽出闺门之女子；荷篝行迈，多是素服之伯兄。招魂魄而插柳，越关山而祭清。

　　原夫清明之先日，赏禄勿及子，母抱死于火中绵。上有封苗裔，受禄于永世。凄怆怛惕，离思无穷，东郭墦间扫地而祭，最怜魂升魄降，叹重泉之难返，还逢光阴先阳，爰祭祖于勿替陋郑风之上巳，比屈原而垂涕尔，其子职无旷，妇道有成，抢地呼天，吾祖吾父，长跪百拜，至虔至诚，纸灰纷飞似蝴蝶，妇女哭泣声满长城。嫩柳对眉兮如画月，繁花映水兮启阳明。烈女焚心，爰及姑舅；孝子守墓，岂仅铏羹。至若遣戍役于他邦，几失亲视；如其飘白骨于城下，难享祭扫。备物孝飨，苾芬于墦塚之前；飞烟冲天，香袭于炉峰之岛。墓门有棘，怒焉獮如，其新孔悲，其旧益昊。忽而夕阳在山，人影散乱，初期如见白发疚趋云路，终叹空遇土块艰难，天步，野母烽火，慎严三月三日之政路；转桑麻，咸悯鳏夫孀妇之苦，感极目于尔室，遂挥毫而作赋。

（录自清光绪《渥川梁氏宗谱》卷十）

三十五　梁燕文选

　　梁谊（1755—1841），名燕，字则古。娶叶氏（1753—1812），生三子：以柟、以槐、以桂；一女，适老竹陈成礼。

赋得鸡鸣而起

清·梁燕

　　不同高士卧，假寐候鸣鸡。唤起芸窗读，惊醒绣阁笄。
　　喈喈催凤驾，喔喔警安栖。待旦思难效，分阴勉可齐。
　　盈朝畏逸欲，视夜戒昏迷。笾簠原非乐，寝兴必敬跻。

（录自清光绪《渥川梁氏宗谱》卷十）

赋得人咏其寿

清·梁燕

难老谁非喜，仁人可咏贞。遐龄惟养气，弥性在忘情。
寡欲母形役，恬安立意诚。神凝心自泰，气足数充盈。
泮涣商山皓，优游昔老彭。康衢歌击壤，多寿庆华庚。

（录自清光绪《渥川梁氏宗谱》卷十）

三十六　梁谔文选

梁谔（1764—1835），字一士，号廷育。娶郡城纸店聂仁湟女（1763—1827），生三子：以梅、以权、以霖；生一女，适丽水北乡潘村徐朝栋。

赋得成人之美

清·梁谔

大美谁非悦，曲成善得之。士人怀好尚，君子戒游移。
谋始劳来用，图终劝勉规。岂同旁视败，惟惕局中思。
忠孝心堪立，贤能事可期。圣王旌别徽，敢不慎猷为。

（录自清光绪《渥川梁氏宗谱》卷十）

故理义之悦我心

清·梁谔

同然惟理义，实获在研寻。孔曰从吾好，孟云悦我心。
六言呼子路，一贯悟会参。道味原堪美，俗情岂足歆。
膏粱何所愿，富贵不能淫。好乐真知后，彤廷藉作霖。

（录自清光绪《渥川梁氏宗谱》卷十）

学而优则仕

清·梁谔

学本非千禄，登庸在既优。十年精乃业，一旦拔其尤。
开未斯之信，柴为宰尚优。酬知还与点，从政孰如由。
崇德王朝选，靖恭尔位修。无忝贤圣理，达顺有何求。

（录自清光绪《浥川梁氏宗谱》卷十）

山梁悦孔性

清·梁谔

孔子中和圣，天机在在彰。怡人山下泽，悦我水边梁。
触境抒怀远，临深得趣长。情随波澹荡，性肖艮端庄。
乍见潜鱼跃，旋观好鸟翔。车前新黛色，眼底活晴光。
会意林泉际，移神木石傍。时哉雌雉举，妙感悟行藏。

（录自清光绪《浥川梁氏宗谱》卷十）

三十七　梁俭文选

梁俭（1766—1832），字不奢，又字质庵。娶陈村国学生朱之网女（1767—1831），生三子：天爵、天禄、天职；生一女，适本邑双门，寓居丽水北乡敏河郑元辅。

牡丹花

清·梁俭

画阁文章春色奢，牡丹焕发胜凡花。
红衣粉面迎风舞，醉脸朱唇向日斜。
作态娇娆临玉砌，含容绰约透珠纱。
佳人当此凭眺赏，自觉诗情兴不赊。

（录自清光绪《浥川梁氏宗谱》卷十）

赋得九日登高

清·梁俭

暗修一室几时休，忽兴登高在九秋。
挈伴良朋怀远道，呼同知友步云楼。
清风爽气情何极，对酒吟诗志未收。
簇菊花开关不住，任人纵眼乐无忧。

（录自清光绪《渥川梁氏宗谱》卷十）

劝诸生勉学

清·梁俭

青年方富力方多，劝汝诸君勤切磋。
考道穷经深谙练，唫诗说礼莫蹉跎。
三余灯火尝甘苦，十载寒窗尽琢磨。
异日倘逢时会泰，步云得路早登科。

（录自清光绪《渥川梁氏宗谱》卷十）

桃山岩

清·梁俭

孤峰卓立杳难攀，彷佛桃源洞口湾。
莫谓微区无胜境，须知小邑有名山。
层峦耸翠凌千仞，气势峥嵘带两间。
岂特岚光成峭拔，犹闻绿水韵潺潺。

（录自清光绪《渥川梁氏宗谱》卷十）

三岩寺

清·梁俭

地隐山深佳景幽，三岩洞古好优游。

白云满屋浓还淡，绿树撑天温且柔。
皎月凌空花上照，丹泉有本涧中流。
骚人当此凭眺赏，对酒吟诗志未收。

（录自清光绪《渥川梁氏宗谱》卷十）

三岩观瀑

清·梁俭

瀑水飞悬势急湍，三岩胜景此奇观。
千寻缟素缠苍壁，万斛珠玑泻石坛。
雪濑高腾书室白，龙销倒挂夏天寒。
登临最是凝眸久，寄语游人仔细看。

（录自清光绪《渥川梁氏宗谱》卷十）

三岩地鼓

清·梁俭

偶过三岩景，鼓鼓地鼓鸣。敲来惊野鹤，击去怯山精。
响激灵鼍穴，风翻舞凤城。几疑天欲雨，隐隐杂雷声。

（录自清光绪《渥川梁氏宗谱》卷十）

三岩丹池

清·梁俭

三岩诚足爱，此地有丹池。石涧珊瑚涌，岩泓琥珀滋。
红鲤难分色，朱光泻凤匜。潺溪漾猩血，荡澹染胭脂。
会闻天生一，地六火推移。瀑泉虽可羡，紫水乃为奇。
千秋流不断，万古总如斯。试问源头事，寞寞有谁知。

（录自清光绪《渥川梁氏宗谱》卷十）

石门瀑布

清·梁俭

石门开胜景,瀑布势严威。泼地金星散,喷岩玉屑飞。
鲛人缠缟带,织女挂丝机。恍似中流柱,霏霏伴落川。

（录自清光绪《渥川梁氏宗谱》卷十）

游石门访刘清田读书精舍

清·梁俭

寻芳选胜到芝田,元鹤洞中别有天。
石削如门相对峙,双峰突兀亦自然。
古木荫翳迷曲径。嶙嶙石笋耸危巅。
俯瞰碧潭风四起,深丛微露两三椽。
笔床茶灶都精洁,铁砚磨穿几十年。
扫壁题诗气象雄,墨痕惨淡开两面。
左图右史不敢吟,只见银河散作霰。
噫！先生,此日归何处,槛外飞泉空自悬。

（录自清光绪《渥川梁氏宗谱》卷十）

路感

清·梁俭

仆仆风尘车马环,朝来直到暮时闲。
谁知此事皆辛苦,千里家乡一梦间。

（录自清光绪《渥川梁氏宗谱》卷十）

都中感怀

清·梁俭

独坐思心事,潸然泪欲流。奔波藏活计,淡薄旧交游。

空有还家梦，何消羁旅愁。三秋如一日，此志最难酬。

（录自清光绪《渥川梁氏宗谱》卷十）

鹤岭腊梅

清·梁俭

鹤岭种新梅，新梅雪里开。一枝初破萼，消息报春魁。

（录自清光绪《渥川梁氏宗谱》卷十）

奉和黄邑尊（官印）焕东岩留题次韵

清·梁俭

峭拔挺岩东，山灵鬼斧工。笔峰青以润，鸟道曲而通。
绝壁凌云起，层峦吐气雄。肩摩天尺五，疑在太虚中。

（录自清光绪《渥川梁氏宗谱》卷十）

三十八　梁明旦文选

梁明旦（1746—1824），字清存，号醒园，娶渠溪章恒天女（1747—1822），生四子：企度、企震、企斡、执中；生二女：长适畎岸庠生陈起封，次适前湾潘守玉。

首夏重游玉岩

清·梁明旦

昨赏重阳去，今来又麦秋。老僧逢客笑，古佛对人愁。
过过清风峡，登登赤石楼。浑忘身世事，舒啸上峰头。

（录自清光绪《渥川梁氏宗谱》卷十）

三十九　梁明泰文选

梁明泰，字见大。娶丽邑义渡陈士魁女（1758—1838），生五子：维和（出祀）、维仁、维城、维祯、维祥；生一女，适马村庠生陈有勇四子议浩。

咏牡丹

清·梁明泰

园中移小景，角北吐新妆。题处皆名品，开时正艳阳。
露凝酣酒色，风度返魂香。解道称姚魏，繁华压众芳。

（录自清光绪《渥川梁氏宗谱》卷十）

竹露滴清响

清·梁明泰

左右环修竺，高吟契浩然。滴残三径月，响彻九秋天。
玉戛琤琤细，珠倾颗颗圆。呼君承体液，有客忆相联。
静对新篁好，难忘旧雨缘。兹当荷气送，妙趣鹿门传。

（录自清光绪《渥川梁氏宗谱》卷十）

残荷

清·梁明泰

炎威坐对想残荷，叶破花凋水面过。
香远心清常自得，时闲意适快如何。

（录自清光绪《渥川梁氏宗谱》卷十）

重九游玉岩山

清·梁明泰

胜地佳辰得壮观，秋山拟作画图看。
清风峡险愁吹帽，飞瀑岩巍笑正冠。
吊古有怀碑已没，题糕遗兴菊为餐。
崖巅直上身能健，醉采茱萸意未兰。

（录自清光绪《渥川梁氏宗谱》卷十）

四十　梁天鸢文选

梁天鸢（1767—1843），字翠亭，号张羽。

赋得轻燕受风斜

清·梁天鸢

碧海翔元鸟，翻飞趁好春。微风依主旧，细雨入帘新。
下上多林际，差池亦水滨。紫颔穿绿柳，翠尾掠青苹。
远写横斜意，遥传飘忽神。扶摇聊借力，南徙岂无因。

（录自清光绪《渥川梁氏宗谱》卷十）

赋得芍药殿春红

清·梁天鸢

独殿群芳后，欣看芍药红。娇颜凝晓露，锦瓣醉春风。
漫抱朝霞亲，好将旭日烘。当阶姿绰约，近砌态鲜浓。
郁李情难比，牡丹艳与同。英华频反侧，吐舌气冲融。

（录自清光绪《渥川梁氏宗谱》卷十）

赋得桂林一枝

清·梁天鸢

对策彤庭上，一枝特出丹。幽姿辉艺苑，秀气逼文翰。
挂月流光净，含风咀味寒。珠圆清露滴，玉润碧烟团。
讵比三株艳，休夸八树繁。桂林推独步，许折复何难。

（录自清光绪《渥川梁氏宗谱》卷十）

和黄父台东岩次韵

清·梁天鸢

屹立峙西东，巨灵按置工。凭岩千涧合，路讶九霄通。

到峡清风软,凌空卓笔雄。高臻天阅顶,人在白云中。

(录自清光绪《渥川梁氏宗谱》卷十)

四十一 梁儒珍文选

梁儒珍(1775—1844),字朝聘,号芝园。娶丽水县城国学生褚绍成次女(1774—1807),生一子:毓才。续娶郡城陈志义长女(1786—1831),生四子:毓枬、毓梅、毓芹、毓棠;生一女:适丽邑畎岸太学生陈起中三子国学生光琇。继娶潘山头潘正凤之女(1769—1873),同治癸酉年十二月初四日戌时卒,年一百零五。

谦吉堂五古二首

清·梁儒珍

天道盈则亏,地道盈则变。再观神与人,斯道倍灼见。
愚者只喜盈,盖将易理研。旨哉谦吉堂,嘉祥度重郅。
鸣豫何以凶,鸣谦何以吉。与其亢有悔,曷若卑无失。
消息与盈虚,此理谁能悉。悬之在高堂,尊光想如明。

(录自清光绪《渥川梁氏宗谱》卷十)

四十二 梁儒林文选

梁儒林(1784—1862),字翘秀,号拙斋。娶曳岭脚庠生蔡定文长女(1785—1846),生五子:崇晋、崇唐、崇韩、崇晋、崇虞;生二女,长适松阳板桥叶遇春长子国钧,次适王弄国学生赵宜民长子秉芝。续娶郡城江氏(1812—1892)。

东岩步黄邑候焕韵

清·梁儒林

突兀插西东,巨灵破凿工。红尘飞不到,碧汉望疑通。
扫石吟肩耸,凌云赋笔雄。登临时一啸,声落大荒中。

(录自清光绪《渥川梁氏宗谱》卷十)

题东岩十景

清·梁儒林

何人注锡此逍遥，日月池边眼界超。
赤壁远连牛鼻洞，桃花深钻石梁桥。
玉甑炊断烟犹湿，卓笔书成墨未消。
欲问将军寻旧石，清风茗椀话前朝。

桃花洞

隐隐飞桥隔绛霞，问谁种遍此桃花。
溪边鹤去春常在，洞口人来日正斜。
渔父可能重买艇，刘郎底事得为家。
丹成寂寞炉灰冷，空忆仙源避世哗。

将军石

卸甲归来老此陬，将军化作石千秋。
戎衣事业苍苔钻，汗马功名宿雨流。
赤日初斜疑尘战，新篁才展讶持矛。
当年饮羽曾传李，射虎芳名万古留。

卓笔峰

拔地高峰笔势扬，凌空似欲写天章。
云为蜡纸文成绮，月挂银钩颖有芒。
画出秋林倪瓒嫩，飞廻雁字米颠狂。
宣州诸葛传佳制，付与东坡细较量。

日月池

岩撑一掌凿双池，日月标名讵未宜。

横逗霞光红玛瑙，荡开云影碧玻璃。
金乌皎洁应频浴，玉兔分明许共窥。
倚剑扶桑还折桂，此情脉脉有谁知。

清风峡

路转峰回峡自通，故人最好拟清风。
定飘秋雨延山白，时破林花绕砌红。
过客刚宜消溽暑，游人遮莫问雌雄。
倘教宋玉台前赋，一样披襟便不同。

石梁桥

雨峰高插郁岩峣，天作奇工夸石桥。
一道长虹横绝涧，千寻飞雪下层霄。
田衣绘影冲行脚，芒履留痕渡采樵。
却忆虎溪传逸事，临风长笑韵萧萧。

注锡泉

行脚何年此地经，泉闻注锡湿淋泠。
流延雾气中央白，树拥岚光四面青。
云顶有时来野鹤，石渠何用乞山灵。
盘桓为忆幽居客，米拣长腰得暂停。

牛鼻洞

自从老子过函关，便落凡尘卧此山。
我欲叱来犁雨脚，谁能牵去饮溪湾。
青萝穿鼻丝丝贯，碧苏成毛点点斑。
扣角狂歌今不发，一声长啸出云间。

玉甑坛

秀削嶒崚玉甑寒，持煤敲石欲烧坛。
三分气白峦烟合，一抹光红夕照残。
释米自抄云子滑，逢僧漫作火头看。
而今勘破卢生梦，自古黄粱熟本难。

赤壁楼

巉岩置屋最清幽，赤壁缘何署此楼。
正好轩开新月夜，恰如艇泛大江秋。
眼前忽忆红羊劫，林外先明白鹭洲。
尽日僧房闲倚槛，恍携佛印伴清游。

兰亭怀古

山阴道上旧兰亭，高会群贤姓氏馨。
曲水依然环带绿，崇山空见钻烟青。
栖禽唤客春无主，脉望成仙字有灵。
为揽斯文增感慨，后人心事昔人经。

（录自清光绪《渥川梁氏宗谱》卷十）

过高浦赠蔡梅村舅兄

清·梁儒林

幽栖直欲了平生，我慕山中宰相名。
犬吠篱边新客到，梅开月底梦乡清。
诗情慷慨嵇中散，酒量宽宏阮步兵。
虎迹溪头应独往，何当重与订鸥盟。

（录自清光绪《渥川梁氏宗谱》卷十）

贼陷婺州，令处郡人民四散逃避，旋归难必，因赋七绝以自志

清·梁儒林

处金相去隔三邑，贼陷金华奚处急。
只恐城门火一然，池鱼不免殃遂及。
自来唇齿每相依，唇若亡兮齿曷围。
漫道马牛风不及，春蚕食尽柘桑稀。
人情谁不恋家乡，为避尘氛客一方。
其奈欲归归不得，管教日夜费思量。
社去社来来去旋，姚家情女击红线。
天空难任我飞腾，自叹不如梁上燕。
生逢天怒处其间，理乱且将置莫关。
得一目来过一日，沽春何必到中山。

（录自清光绪《渥川梁氏宗谱》卷十）

七绝

清·梁儒林

七月初六日，生元侄孙。是日晨起，闻喜鹊连叫三声，隔日问信，因赋七绝一首以纪其事。

乾鹊噪檐应有意，报云天上麒麟赐。是真英物大来知，不必啼声今日试。

（录自清光绪《渥川梁氏宗谱》卷十）

四十三　梁儒行文选

梁儒行（1788—1859），字戴书，号墨壮。娶丽水徐岸江国维长女（1792—1857），生六子：沛霖、沛时、沛仁、沛国、沛泽、沛义；生一女，适郡城国学生褚维新孙拜炜。

访轩辕皇帝升天处

清·梁儒行

为忆仙都古洞巅，遥闻此地可升天。
轩辕于此腾云去，乘龙栖鹤会群仙。
两峰巀嶪聆缙邑，石壁巍峨无梯级。
我问渔翁何人登，说从皇帝开云笈。
百尺苔峣旸谷广，延访当年人已往。
只见崇岩花木存，一朝飘飘黄鹤。
廷凡尘净寂自优游，身在云头心自幽。
而今一去不复返，此山千载空悠悠。

（录自清光绪《渥川梁氏宗谱》卷十）

秋夜怀友 二首

清·梁儒行

其一

碧纱窗外小楼前，一日相思似隔年。
遮莫更疑颜色近，月轮凄绝井梧边。

其二

挑灯独自检诗牌，风卷秋声叶满阶。
不解关情缘底事，离魂已落在天涯。

（录自清光绪《渥川梁氏宗谱》卷十）

四十四 梁儒忠文选

梁儒忠（1798—1862），字蔚贤，考名国桢，号崇台。娶丽水北乡太平国学生吴必进女（1799—1849），生四子：济舟、济美、济成、济众；

生二女，长适丽水北乡雅岭国学生李国杰长子，次适曳岭脚蔡希俊四子。

登严子陵钓台二首

清·梁国桢

三过钓台前，惭予萦尘事。兹快一登临，纵目得高视。
所嗟后世人，显晦各殊志。披裘钓桐江，偶为众所识。
当日喜隐沦，于此留物色。咄咄严予陵，咸仰高尚客。

（录自清光绪《渥川梁氏宗谱》卷十）

严陵濑

清·梁国桢

桐江之水清且深，油油千顷静涵襟。
贾艇渔船往来疾，百丈挛云失前林。
危峰迥互掩朝日，异鸟参差鸣好音。
名利要人各鹿鹿，山川隐秀有谁寻。
千古子陵钓此濑，犹闻水底有龙吟。
先生虽往名长在，巍然祠宇俯江阴。
尚忆客星犯帝座，不将布衣易冠簪。
再过钓台动仰止，顿忘富贵可薰心。

（录自清光绪《渥川梁氏宗谱》卷十）

田家留饮

清·梁国桢

我行至田家，野趣使我悦。田父招我饮，况味自清绝。
葵菽见古风，胡卢项未折。新蒭一尊清，好山人樽洁。
相邀前席谭，致词更朴拙。酒兴间方浓，情话畅不竭。
桑麻细评论，境真理斯惬。殷勤送我行，亦似解惜别。
更约早晚来，登高看红叶。

（录自清光绪《渥川梁氏宗谱》卷十）

偕友游东西岩即事

清·梁国桢

两岩东西耸崔嵬，同君访路上山隈。
行行止止路盘迴，不觉身已入云堆。
怪石斑剥护苍苔，此中别有一天开。
回头凝望拟蓬莱，休夸桃洞与天台。
榱桷不用梓与材，石为楼宇岩为台。
更有长松修竹千百栽，四围青碧无喧哜。
山僧见客笑哈哈，伊蒲一馔倒新醅。
兴来肯放掌中杯，吁嗟此会诚佳哉。
嗤予乘醉著芒鞋，奋衣历险登悬崖。
凭高纵眼极无涯，忽闻晚钟穿林声。
声来惊动游人欲归怀。满腔胜意诗思催，
诗成不解自敲推。安得常携换酒钗，
一觞一咏乐同侪。

（录自清光绪《渥川梁氏宗谱》卷十）

思归吟集栝苍山川古迹二首

清·梁国桢

春到三岩（山名）万象（山名）辉，白云深护檡山（山名）薇。
南明（山名）霁雪滋幽壑，小栝（山名）迟留忆少微（山名）。
烟雨（亭名）苍茫带突星（水名），少微阁（阁名）上漫谈经。
拂云（亭名）好渡恶溪（水名）去，怕涉绿波（名亭）车小停。

（录自清光绪《渥川梁氏宗谱》卷十）

醉中吟

清·梁国桢

一湾新月挂峰头，河汉无声只自流。

空山独醉谁是伴。今夜不知几处秋。

（录自清光绪《渥川梁氏宗谱》卷十）

和韩邑候县志台山八景诗用元

清·梁国桢

步云梯

如来接引布丹梯，幻山霞光五色迷。
识得西归真道路，千寻鹫岭可攀跻。

来翠亭

纷纷松蔼漾孤亭，才挹清芬梦已醒。
倚杖暂时小成憩，风飘梵呗耐人听。

显圣岩

法教西来满万函，慈容犹复现崇岩。
山光水色迎禅意，会得尼珠缀褊衫。

挂镜屏

石镜光摇泻万灵，天堂地狱差星星。
中生自照各能得。好向心窝置此屏。

双树门

双树依然表刹门，法坛仍似给孤园。
僧徒欲证三乘觉，叶叶枝枝认到根。

伏虎石

说法能令虎化石,虎含佛性纪仙籍。
致道还须自在求,当时伏虎留名迹。

天然池

扶上山岭步屡迟。一泓止水鉴须眉。
杨枝洒遍三千界,八部天龙钻到池。

挂榜岩

梵宇由来未易剿,移将密部到层岩。
从教佛法流南国,榜向台山万古御。

（录自清光绪《渥川梁氏宗谱》卷十）

夏夜口占

清·梁国桢

夜半轻凉生葛衣,稻田风影乱萤飞。
数声欸乃江村月,知是渔翁钓艇归。

（录自清光绪《渥川梁氏宗谱》卷十）

山斋四时咏

清·梁国桢

春

枕上听莺声,花外正呖呖。屋檐三两峰,翠雨书窗滴。

夏

蛤吠月痕淡，萤飞水气凉。初停纨扇影，闻得稻花香。

秋

罗云澹欲灭，玉宇净如揩。黄叶何处落，萧萧点石阶。

冬

孤村无严漏，四聆有余清。西风何气力，烟外送钟声。

（录自清光绪《渥川梁氏宗谱》卷十）

石门瀑布步庆元姚佃芝讳梁先生韵

清·梁国桢

翠嶂丹崖挂飞瀑，迢遥好似卢山落。
素练一条天半来，何年巨手五丁凿。
天绅垂兮蘸碧深，喷雾奔流悬如玉。
恍若投杼裂齐纨，还拟海水摇空绿。
为问名胜谁氏寻，吟诗石上谢康乐。
伊人猜异安在哉，遗句千秋殊凡俗。

（录自清光绪《渥川梁氏宗谱》卷十）

登南明山

清·梁国桢

寺古残碑在，山名旧迹存。盘厓迷鸟道，绝顶破天门。
微见莲城堞，平临斗宿垣。荒亭喜幽寂，小坐已黄昏。

（录自清光绪《渥川梁氏宗谱》卷十）

三岩寺

清·梁国桢

十里延溪径,三岩闭寂禅。悬崖飞瀑雨,古洞钻流烟。
曝背依盘石,清心煮赭泉。山林容静者,一笑谢金仙。

(录自清光绪《浬川梁氏宗谱》卷十)

白云山

清·梁国桢

蔓草迷樵径,披云更上山。风林清磬彻,霞岭野花殷。
有法留名刹,无人启悟关。遐思白云子,宛在白云间。

(录自清光绪《浬川梁氏宗谱》卷十)

题石帆

清·梁国桢

何年舟过此溪东,留住锦帆不受风。
藤缆结根托水底,松樯缀叶倚云中。
丹青未易图真迹,墨翰从教纪化工。
最是登临舒醉眼,清虚直觉地天空。

(录自清光绪《浬川梁氏宗谱》卷十)

踏社竹枝词

清·梁国桢

淡红裤子绿长衫,两朵春兰鸦鬓嵌。
笑倩檀郎陪我去,阿侬最怕过松杉。
两瓣金莲蹈社来,樱桃笑口对花开。
前头听打击击鼓,奴不祈蚕莫乱催。
正欲梳妆出远村,邻家报我客登门。

漫嫌午饭无兼味,鸡卵蒸虾笋满盆。
相逢说话不嫌粗,姐说情郎妹说夫。
我筒官人还算好,铺床煨饭尚听呼。
岭上看看日已斜,移同伴与约归家。
明年此日经奴处,奴不先行好泡茶。

(录自清光绪《渥川梁氏宗谱》卷十)

壬午获稻歌

清·梁国桢

村鸡喔咿鸣,西峰挂残魄。金飙作峭寒,瓦沟霜影白。
东村打稻声彭彭,西村打稻声拍拍。
今年三秋风雨时,禾黍满陇黄云垂。
高田下田皆倍收,官租一完有余资。
有余资乐不支,孤灯闪闪出茅篱,
犹闻童子有啼饥。

(录自清光绪《渥川梁氏宗谱》卷十)

四十五 梁儒书文选

梁儒书(1803—1851),字群芳,号蕉轩,名省成。娶郡城国学生褚绍周女(1803—1862),生四子:毓楷、毓模、毓藻、毓荃;生四女:长适丽水太学生翁国正次子廷璠,次适外洋庠生廖进璇三子发英,三适丽水北乡梅田周作丰,四适曳岭脚贡生蔡云次子庠生锡玠。

人淡如菊

清·梁儒书

司空诗品妙清虚,雅淡精神菊自如。
情恰瓣香三径绕,韵宜佳句一联书。
餐英赋罢秋高候,落帽吟成月上初。
谢尽酸醎尘世味,何须娇艳似红蕖。

(录自清光绪《渥川梁氏宗谱》卷十)

拟游玉岩山阻雨

清·梁儒书

才宜结伴步芳丛,度过东岩觅径通。
阻我偏多留客雨,妒人不独打头风。
十分愁寄莺花里,一半春归旅梦中。
何日买双新蜡屐,和烟和雾踏残红。

(录自清光绪《渥川梁氏宗谱》卷十)

四十六 梁企愈文选

赋得林密舍余清

清·梁企愈

林下多余清,浓阴爱晓晴。寒光浮几席,翠色拥檐楹。
日射高梧碧,风挠野竹鸣。静中天地我,慷慨有深情。

(录自清光绪《渥川梁氏宗谱》卷十)

四十七 梁毓才文选

兰花

清·梁毓才

移植无妨客土壅,一经女手便葱茏。
色非倾国何须媚,香自宜人不在浓。
禅榻晚烟初点笔,书窗晴日偶闻蜂。
平生与尔忘形久,空谷寻来几度逢。

(录自清光绪《渥川梁氏宗谱》卷十)

建兰

清·梁毓才

采遍武夷溪水旁，数花一榦倍芬芳。
携将幽谷千年楠，散作虚堂六月凉。
友唤荔支原并里，奴称抹丽敢争香。
会须购取黄磁斗，养此尖新缥叶长。

（录自清光绪《渥川梁氏宗谱》卷十）

荷花

清·梁毓才

红兰十里数真州，掉拂明珠忆旧游。
未必花开会解语，只因我见动生愁。
半湾香气清于水，一片凉波飒似秋。
好是吴娃歌艳曲，潇潇暮雨为勾留。

（录自清光绪《渥川梁氏宗谱》卷十）

白莲

清·梁毓才

不施雕饰本天然，素荫轻盈泛碧川。
褪尽红衣波瑟瑟，翻来玉尺叶田田。
一时名士多依社，千古佳人半入禅。
好是柳阴凉月坠，空濛花气乍停船。

（录自清光绪《渥川梁氏宗谱》卷十）

金莲

清·梁毓才

亭亭一干远氛埃，知是金丹巧化裁。
十丈身边呈妙果，三生舌底吐香台。

光依学士灯笼去，影逐宫人步响来。
却向沧洲寻韵事，纷纷齐傍向谁开。

（录自清光绪《渥川梁氏宗谱》卷十）

四十八　梁建康文选

柳城

清·梁建康

邑小才三里，环栽柳作城。直将花县品，未许锦宫名。
缩版春风重，坏隍细雨轻。桃源形胜美，旧志见宣平。

（录自清光绪《渥川梁氏宗谱》卷十）

虎迹溪步蔡梅村舅父韵

清·梁建康

当年传逸事，那有笑图留。窟合蛟龙饮，桥通虎豕游。
东西岩对峙，曳篆水同流。未许从垂钓，闲情付白鸥。

（录自清光绪《渥川梁氏宗谱》卷十）

四十九　梁建侯文选

新竹

清·梁建侯

玉版禅参几度秋，疏枝才长叶才抽。
此君箨解全标节，任尔墙高总出头。
扫月且须秋夜赏，满轩已称雅人游。
煎茶欲买樵青婢，近日园林景最幽。

（录自清光绪《渥川梁氏宗谱》卷十）

五十　梁文舟文选

放生潭观鱼

清·梁文舟

放生潭下放生鱼，鱼放潭中意自如。
切莫因饮含钓饵，西流十里任吹嘘。

（录自清光绪《渥川梁氏宗谱》卷十）

五十一　梁品芳文选

梁品芳（1837—1900），字抡秀，号梅舫。娶渠溪武生章家班之女（1835—1858）。续娶本里徐庄谢炳贵长女（1842—1919），生二子：绍棠、绍衣；四女：长适老竹贡生江德孚长子国学生允龄，次适新屋征仕郎郑培椿三子增广生庆志，三适隐浦涂义树长子国学生寿山，四适珊溪李德槐之子国学生春芳。

戒吃鸦烟赋（以"乐此不归，后悔无益"为韵）

清·梁品芳

原夫鸦烟之为物也，造于奸徒，来自广漠，百沸成膏，一气喷薄，知非人世要资，旧传船家妙药，快道通宵之不寐，醒我精神，爽凌万壑之茫然；伺他侵掠，因而藉以防危。本非借此取乐，无如佻达狂徒，风流浪子，日驰逐于柳巷花街，时种情乎。秾桃艳李未免有情，谁能遣此恋香胜于恋杯。开馆直如开市，不分内外，入户穿房，不避嫌疑，交头接耳，只幸引我为欢，不知陷我于死。则见结伴呼侪盘床接膝，寻味无穷，挥金奚惜灯映罗帷铃藏枕席，吹气如怒蛙之膨脖，置身同尺蠖之盘屈，喉间烟绕，已直熏透心肝；管下火煎，不觉熬枯筋骨。君代我兮调持，我代君兮发掘，中鸩毒兮谁知，交戕贼兮岂不，尔乃心如猿走，意若马驰，舍此似无生路，得此便见开眉。不顾父母训叱，何忌妻子咨嗟。永朝永夕，如醉如痴，俨若自得，乐此不疲，乍称戒之戒之，旋谓已而已而，掩过饰非，心难自问，损身伤命，咎将谁归。况乎既有嘉肴，又多旨酒，戏赌兮不尽余欢，分菓兮更堪适口，月下之门可敲，桑间之约难负。一任夫钻穴逾墙，正不须跋，前裦后实，忘却乐尽悲来。方且谓天长地久，未几而改步换形，穷神变态，囊已全空，时乎不再。目失神，鼻流涕，肩耸如山，面若卢杞，人遇之而失惊，犬见之而狂吠，命存呼吸之间，毒入肺腑之内，试问足下馆还来兮，不来到这地头尔也。悔而不悔？然而入迷已久，多病相须，苦鲜精力，悲乏锱铢，子不以我为父，妻不以我为夫，田园俱废，衣食早无觅，余灰以延残喘，何颜面而对诸姑良友。何在知已，谁呼痛深父母，害及妻孥，贫也病也，天乎人乎。爰告诸君子曰：过贵自知，品须自立，虽云人寿无多，夫何至于此极，试即回首无迟，勿致追悔莫及。倘能自怨自艾，痛改前愆，安知以告以箴，竟无少益。敢请有心戒烟之君子，谨录静观，将我刍荛之劝语，猛省细绎。

（录自清光绪《渥川梁氏宗谱》卷十）

五十二　梁登云文选

梁登云（1816—1862），字占魁，号翠峰。娶下樟官氏（1829—1898），生一子：永昌；生一女，适渠溪高田刘晚儿。

春山如笑

清·梁登云

一睡方惊觉，春光正满山。层峦如欲笑，众壑宛开颜。
黛拨仙人掌，岚浮玉女鬟。嫣然青障列，莞尔翠屏环。
不啻拈花餐，殊难着履攀。蓬瀛韶景丽，珥笔集仙班。

（录自清光绪《渥川梁氏宗谱》卷十）

分秧及初夏

清·梁登云

炎夏当初届，农民事不遑。鸟鸣催布谷，马跃正分秧。
暖欲开红药，寒还压绿杨。排针田上壤，析缕水中央。
十指梳青急，千头棘翠忙。省耕沾帝泽，我稼味茨梁。

（录自清光绪《渥川梁氏宗谱》卷十）

秋菊有佳色

清·梁登云

人淡如秋菊，黄花佐酒怀。经霜颜更秀，浥露色逾佳。
三径餐英好，重阳插帽皆。淡容添画本，傲骨赋诗牌。
月下芬芳放，篱笆次第排。陶公留妙句，玩赏乐无涯。

（录自清光绪《渥川梁氏宗谱》卷十）

冬吟白雪诗

清·梁登云

白雪纷纷落，严冬好作诗。丰年来瑞兆，妙句得吟思。
评可梅花断，题将柳絮疑。惠连当献赋，道韫亦陈词。
晚景随时遇，寒风趁势吹。三分情有感，搁笔正攸宜。

（录自清光绪《渥川梁氏宗谱》卷十）

五十三　梁寅文选

梁寅（1885—?），字明之，号愚山老叟。娶小黄弄龚礼焕之女（1890—?），生一子：梦仙；生一女，适李坑口曾福兴之子。

叩马书生论

清·梁寅

国家当危急存亡之秋，士有以一言而并兴衰成败之机。彼仓仓者，于恢恢之中，若有深意在焉。观夫会稽鏖兵之时，天生一范蠡，劝越臣吴；终能沼吴；鸿沟分争之际，天生一子房，劝汉王楚，卒能灭楚。

予读史而有感于宋之南渡焉。夫宋自高宗南渡，任用岳武穆，一捷于郾城，再捷于朱仙镇，岳家军至，金虏寒心。乃天不祚宋复生，一书生叩马而谏曰：自古未有权臣在内，而大将能立功于外者，使最尔金虏大肆猖狂。未几和议成，十二金牌一日迭至，终宋之世，半壁河山。嗟夫！予不知书生其何许人也。天何压于宋耶？抑何予于金耶？而生此一书生耶？或者谓宋事之失败，由于秦张汪黄先后朋奸有以致之，然高宗之昏庸，岳武穆之愚忠，亦不得谓无咎焉。使高宗内亲赵李，外用宗韩，从任岳武穆，必能扫清腥膻，以靖夷氛。而秦张汪黄河能展半筹之奸谋乎？当岳武穆身拥重兵，手握符节，曷□以"群命召，不俟驾而行"之言，易而谓"将在外，君命有所不受"之语，转战逐北，克复旧物，以期功成而折罪也，亦未尝不可。乃计不出此，卒使秦张汪黄得施其误国害贤之毒手，而为千百代下之罪人，实高宗使之，而岳武穆成之也。

予得而言之曰非也，实天也。宋自太祖陈桥兵变，黄袍加身，固以强臣得天下于寡妇孤儿之手，故不数传后群盗蜂起，辽金交攻，天生数君子以赞成之，复生数小人以破坏之，天生一岳武穆以恢复之，复生一书生以掣肘之，十年战功弃于一旦，使千古英雄同抱长恨。噫嘻！予不为宋惜而为岳武穆惜，不为岳武穆惜而为一书生痛，而更为数千年后之书生同病斯疾者，痛且哭矣！

（录自清光绪《渥川梁氏宗谱》卷十）

隐士

清·梁寅

竹丛幽邃嚣尘绝，荷塘倒映茅屋远。韵声声秋水一篇，郎读玩游处，水碧山深。谈笑时，高三逸添得蛙鸣，又来猿啼，洵非孤读终南捷径。

千禄概匹夫尸位，贻讥食肉时，事尤非。聊且足音空谷，渭滨习钓，好为渔莘野效，耕时抱犊求志全真，行义无时聊群麋鹿。

（录自清光绪《渥川梁氏宗谱》卷十）

拟构牛塘山居未遂

清·梁寅

为爱山居空谷边，构间茅屋住苍烟。
门开绿树鸟通语，灶近清流竹引泉。
糊口尚愁无宿粒，肯构那得有余钱。
此生未作高士卧，踏破芒鞋望渥川。

（录自清光绪《渥川梁氏宗谱》卷十）

赠东岩老衲

清·梁寅

跌坐岩崖不计年,松声竹影悟真禅。
名山斋供有谁似,不踏人间尘俗缘。

(录自清光绪《渥川梁氏宗谱》卷十)

参考书目

1. 郭忠、刘宣修纂：《处州府志》，丽水，明成化二十二年（1486）。
2. 何镗修纂：《栝苍汇纪》，丽水，明万历七年（1579）。
3. 许国忠修，叶志淑纂：《处州府志》，丽水，明万历三十一年（1398）。
4. 曹抡彬修：《处州府志》，丽水，清雍正十一年（1733）。
5. 金学超纂：《丽水志稿》，丽水，清道光十六年（1836）。
6. 张铣修：《丽水县志》，丽水，清道光二十六年（1846）。
7. 彭润章修：《丽水县志》，丽水，清同治十三年（1874）。
8. 潘绍诒修：《处州府志》，丽水，清光绪三年（1877）。
9. 皮树棠修：《宣平县志》，宣平，清光绪四年（1878）。
10. 李钟岳、孙寿芝修纂：《丽水县志》，丽水，民国十五年（1926）。
11. 徐庆嵩、邹家箴修纂：《宣平县志》，丽水，民国二十年（1931）。
12. 浙江省社会科学院编著：《浙江人物简志》，浙江人民出版社1985年版。
13. 莲都区委宣传部、区文联编著：《莲都历史人物》，中国文史出版社2009年版。
14. 莲都区档案局编著，吴志华主编：《莲都历代书画图录》，浙江古籍出版社2013年版。
15. 张作楠著，吴志华校注：《梅簃随笔校注本》，浙江古籍出版社2013年版。

后　　记

　　自从第一次踏入这个村庄，就给笔者留下了极为深刻印象。这里有古意盎然的前街后街，有被誉为神仙所架、千年之久的独石桥，有诗意翩翩的渥山十景和梁溪八景，还有传说中宫宇巍然、古柏参天，却仅存残垣门楼的太傅庙……

　　翻阅清光绪十七年（1891）《渥川梁氏宗谱》，发现梁氏先人留下的诗词文赋、朝廷奏章竟有400余篇。细细读之，篇篇佳作皆情感真挚、文采飞扬，梁氏家族真可谓人才济济、文脉延绵！可以说，梁氏家族是一个极具研究价值的文化世家，梁村是一个极富历史文化底蕴和旅游开发前景的古村落。

　　梁村地处丽水市区西北部，距丽水中心城区15公里，据国家级4A级景区——东西岩景区仅5公里，区位优势非常突出。尤其从历史文脉来看，东西岩与渥川梁氏关系极为密切，可谓源远流长。早在北宋末年，渥川先人梁孚将兄弟抗击洪载部队于东岩，战斗惨烈。乡人建禋德祠于东岩之巅，祀奉梁氏先人，吏部尚书韩元吉为之记。南宋初，梁安世建天阅堂于东岩，并作有诸多诗文。宋元以降，每遇兵荒，东岩是梁氏先人避难御敌之所，也涌现了诸多忠勇无畏的义士和殉节贞烈节妇。更为难能可贵的是，历史上的东西岩，也叫玉岩山，为渥川梁氏之后花园，历代均有梁氏名贤吟诵东西岩奇景的诗词歌赋，目前存世就有近百篇。因此，单从地缘和文脉来论，梁村就是东西岩景区极为重要的组成部分。

　　梁村境内山川灵秀，远在宋代，就有渥山十景和梁溪八景，并有先人诗赋，载入方志族谱。

　　渥山十景中"花楼绝巘、高峰卓笔、西山画彩、白象卷鼻、飞鹤下田、长蛇出穴"等七处景观因属纯自然景观，没有任何破坏，难能可贵。其中"祖庙古柏、丙申鹤唳、龟山云舍"三处当年附有建筑，今建筑颓圮，遗址尚存。

梁溪八景中，"澄潭石龙、清宁翠屏、半岭石鼎"，依然风景如画。"石桥仙踪"，虽属历史建筑，经历千年，仍横卧梁溪之上，它有着美丽而神奇的神仙建桥传说，极富浪漫又甚是宏伟。"东井清泉"，古井尚存，爱惜之情宛然而生。"远堂书屋、梵兴晚钟"两处，历史建筑颓圮，遗址尚存，如原址复建，以传承渥川千年之文脉。

梁村，作为一个有着千年历史的古村落，原本有许多极富历史文化的建筑遗迹。清光绪《渥川梁氏宗谱》记载：梁村历史上有梁氏宗祠1座，有梁太傅庙、世子庙、忠孝义烈祠、安定宗祠等祖庙4座，有渥溪桥、河桥、新岭桥、同春桥、神仙桥、沈堰桥等桥梁6座，三阳亭、丙星亭、玩月楼、白云堆、亦好轩、竹韵轩等亭台楼阁20余座，有文武宫、关帝庙、清宁寺、延福庵等宫观庙宇23座。虽经历宋代洪载溃部、矿工起义、太平天国及日本侵略军的洗劫，大部分古迹已湮没无存，但仍有许多历史遗迹能留存至今，殊为难得。梁村现有省级文物保护单位1处（河桥）、市级文物保护单位1处（梁安世墓）、区级文物保护单位1处（新屋古民居）。

梁村作为以农耕文化为核心的千年古村落，非常适合开发传统民俗、传统小吃、传统劳作体验等旅游项目，尤其是可以申报"梁村豆腐制作技艺"这一非物质文化遗产。据清光绪《渥川梁氏宗谱》记载，早在宋代，渥川梁氏第十世孙梁泰来就写过梁村人制作豆腐的诗文《豆腐次侄达泉韵》：

> 巧出淮南仙术妙，今人只作食蔬看。
> 转旋蚁磨滋银汁，缥缈龙茶瀹碧湍。
> 落刃不闻冰有韵，覆盘惟见雪成团。
> 此时好入调羹手，已免醯儿风味寒。

清雍正年间，又有渥川梁氏第二十三世孙梁元伟（1673—1736）作《豆腐店》一诗，生动地描写了乡人制作豆腐的过程：

> 五行妙济水为先，摩荡乾坤汁液鲜。敛就精华堪比玉，尘埃半点不濡沾。

一转一转复一转，转到多时气欲喘。溜出中间白玉浆，挹彼清泉洗渣滓。

　　凤涵一滴构其精，团圞太白光莹莹。鸾刀一割如雪片，和羹味达金华殿。

可见梁村卤水豆腐制作技艺传承谱系清晰，制作工具保存完整，技艺历史极为悠久，申请区级乃至省级、国家级非物质文化遗产，可提升旅游小吃文化品位。

田园文化是古代处州的核心文化，梁村作为历史悠久的传统古村落，人才济济，文化底蕴丰厚，书院传承有序。村中古民居密集，古街道两侧有多幢大体量传统四合院，古朴而典雅。景色秀丽的渥溪穿村而过，两岸青山、梯田相衬其间，有着古老传说的村落田园浑然天成，极富真趣。

遐想着王岳成先生征集的20余幢江南古民居如期矗立于渥川之野，与梁村现存的古民居群交相辉映。清波荡漾的渥溪环绕在渥川绿野之中，两岸垂柳依依，溪中雏鸭嬉水，村中楼台亭榭错落有致……游客置身其间，犹如走进古意盎然、景色宜人的世外桃源。

撰稿期间，我与志华兄常常利用业余休息时间，走村串巷，访耆谒宿，踏遍梁村山水胜景，走近渥川先人留下的一处处古迹遗存，迫切于用最短的时间把这个极富古韵魅力的村落介绍给世人。经过近两年时间的辛勤耕耘，终于定稿付梓。

本课题研究得到了王岳成、叶欣华、梁佰平先生的大力支持，张健先生为本书创作了渥川胜境图，潘贵铭先生为本书提供诸多图片，值此成书之际，一并致谢！

2017年1月25日